Histoire de la Littérature Française

Alcée Fortier

BIBLIOBAZAAR

HISTOIRE

DE LA

LITTÉRATURE FRANÇAISE

PAR

ALCÉE FORTIER, D.Lt.

Professeur à l'Université Tulane
de la Louisiane

NEW YORK

HENRY HOLT AND COMPANY

PRÉFACE

———

C'EST par la comparaison, par le contraste, qu'on se
rend compte des beautés de la nature: c'est l'obscurité de la nuit qui nous fait apprécier la lumière du
jour. Si nous nous trouvons dans un grand jardin
nous admirons les fleurs de toutes couleurs qui nous
entourent. Elles sont toutes des plantes, mais chacune a sa nuance, son parfum particulier. Qu'on
analyse ces fleurs et l'on verra leurs corolles, leurs
pétales, leurs pistils, leurs étamines, et on les admirera
d'autant plus en voyant les points de différence et les
points de ressemblance entre elles. Qu'on prenne les
chefs-d'œuvre des différents peuples, ces fleurs exquises
de leur culture, de leur civilisation, et on ne pourra les
apprécier pleinement qu'en les comparant les uns aux
autres. Dans nos collèges on doit donc tâcher d'étudier toutes les grandes œuvres de l'esprit humain,
de quelque nationalité qu'en soient les auteurs, en
les groupant, cependant, selon l'affinité des langues.
Les langues romanes ont une admirable littérature,
les langues teutoniques aussi. Qu'on lise Dante et

Pétrarque, Cervantes et Calderon, Camoëns, en les
comparant à Molière et à Hugo; qu'on étudie en
même temps Shakespeare et Tennyson, Goethe et
Schiller; qu'on voie d'abord quels sont les traits caractéristiques des auteurs d'un même groupe, et ensuite
qu'on compare entre eux les groupes eux-mêmes.

C'est pour aider à l'étude de la littérature française
et, par conséquent, à celles des autres langues romanes, que cette histoire littéraire a été écrite.
L'auteur de ce livre sait qu'il faut lire les ouvrages
des grands écrivains pour étudier la littérature d'un
peuple, mais il sait aussi qu'il faut appeler l'attention
sur ces œuvres pour que l'élève les lise. On comprend
bien mieux un ouvrage quand on sait quelque chose
de la vie de l'auteur, du milieu dans lequel il a vécu,
des contemporains qui ont pu exercer une influence
sur lui. Une histoire littéraire doit accompagner
l'étude des œuvres elles-mêmes, mais il faut que cette
histoire puisse intéresser l'élève, qu'elle ne soit pas un
simple tableau chronologique, qu'elle ne soit pas écrite
d'un style aride et sec. Nous avons tâché, dans cet
abrégé, de donner des détails suffisants sur les principaux écrivains, surtout depuis la Renaissance jusqu'à
l'avènement de l'école Romantique. Nous avons fait
une large place aux femmes auteurs: Mme de La
Fayette, Mme de Sévigné, Mme de Staël et autres,
parce qu'il nous a semblé que dans les petites histoires
de la littérature française on n'attachait pas une assez
grande importance aux œuvres fines, délicates et profondes de ces écrivains célèbres.

Nous avons consulté un grand nombre d'ouvrages
en écrivant ce livre, mais nous avons donné, autant
que possible, notre propre opinion sur les œuvres que

nous avons citées. Il nous faut, cependant, mentionner d'une manière toute spéciale les ouvrages suivants
qui nous ont été d'un grand secours: *la Littérature
Française au Moyen Age*, par Gaston Paris, *le Seizième Siècle en France*, par Darmesteter et Hatzfeld,
et les excellents travaux de M. Petit de Julleville sur
le Théâtre en France. Nous donnons un index complet des noms d'auteurs cités dans cet ouvrage, avec
la date de leur naissance et de leur mort, imitant ainsi
plusieurs histoires de la littérature publiées en France.

Nous espérons que les élèves étudieront ce petit
livre avec intérêt. Nous l'avons écrit avec plaisir,
avec amour même. Depuis quinze ans que nous en-
seignons la littérature française nous l'admirons et
nous l'aimons de plus en plus chaque jour, car, comme
nous le disons aux dernières lignes de notre livre:
"Aucune littérature n'est plus féconde, plus sublime,
que celle de ce grand pays qui s'appela la Gaule de
Vercingétorix et qui est maintenant la France républicaine."

ALCÉE FORTIER.

NOUVELLE-ORLÉANS, 15 septembre 1898.

TABLE DES MATIÈRES

―――

PREMIÈRE PARTIE

LE MOYEN ÂGE

SECONDE PARTIE

LE SEIZIÈME SIÈCLE

TROISIÈME PARTIE

LE DIX-SEPTIÈME SIÈCLE

QUATRIÈME PARTIE

LE DIX-HUITIÈME SIÈCLE

CINQUIÈME PARTIE

LE DIX-NEUVIÈME SIÈCLE

PREMIÈRE PARTIE

LE MOYEN ÂGE

CHAPITRE I

ORIGINE DE LA LANGUE FRANÇAISE

La France actuelle s'appelait autrefois la Gaule, un pays qui avait pour limites naturelles, l'Océan au nord et à l'ouest, les Pyrénées et la Médi- *Conquête de* terranée au sud, les Alpes au sud-est, et le *la Gaule par* Rhin à l'est et au nord-est. Les Romains *les Romains.* s'établirent de bonne heure en Gaule sous prétexte de venir en aide aux habitants de Marseille, la ville d'origine grecque. Ils y établirent la province romaine (*nostra provincia*, d'où Provence), et se rappelant les anciennes invasions des Gaulois, ils comprirent que Rome ne serait pas en sûreté tant que les hommes hardis et belliqueux qui habitaient au nord de la Gaule Transalpine ne seraient pas subjugués. En 58 avant J. C. le grand capitaine, Jules César, fut appelé en Gaule par les Éduens en guerre avec les Helvètes,

et en 51 il avait fait de la Gaule entière une province
romaine. Les Gaulois avaient vaillamment combattu,
mais leurs discordes intestines ne leur avaient pas
permis de résister au conquérant, et malgré le dévouement et l'héroïsme d'un Vercingétorix, César vainquit
et fit mourir un million de Gaulois et se rendit maître
de tout le pays.

La Gaule, dit César dans ses commentaires, était
divisée en trois parties : le sud, habité par les Aquitains (*Aquitani*), le centre, par les Gaulois proprement
dits (*Galli*), et le nord, par les Belges (*Belgæ*). Les
Aquitains étaient de race ibérienne ; les Gaulois et les
Belges parlaient la langue celtique, de la famille indo-
européenne, comme le sanscrit, le grec et le latin.
Les Gaulois n'avaient point une forte cohésion politique et étaient bien moins civilisés que leurs vainqueurs, aussi adoptèrent-ils rapidement la civilisation
et la langue des Romains. César et son successeur,
Auguste, tâchèrent de faire perdre aux Gaulois tout
souvenir de leur ancienne indépendance en divisant
le pays en sections géographiques, sans avoir égard
aux divisions par tribus et en proscrivant la caste
sacerdotale des druides et leur religion. Au bout de
quelque temps la Gaule devint un pays roman de
langue et de coutumes ; c'est-à-dire que la langue des
Romains, quelque peu modifiée, devint celle des
Gaulois. Voyons comment se fit cette transforma-
tion.

Lorsque les Romains vinrent en Gaule ils parlaient
le latin, dialecte de la langue italique, mais ce latin
Le latin   avait deux formes distinctes, la langue
populaire.   écrite ou littéraire, *sermo nobilis*, et la
langue parlée par le peuple, *lingua rustica*. On

raconte que Cicéron, après avoir prononcé ses admirables discours au Forum, parlait en rentrant chez lui, avec sa femme et ses enfants, la langue populaire. Quoiqu'il y eût dans le vocabulaire de cette langue beaucoup de mots de la langue littéraire, les deux idiomes différaient considérablement, et l'on peut dire que la langue que parlaient les soldats de César était loin d'être celle dans laquelle étaient écrits les admirables commentaires de leur général. Ce ne fut pas la langue de César que les Gaulois apprirent, ce fut celle de ses soldats. Ce fut donc la langue populaire (*lingua romana rustica*) qui donna naissance aux idiomes romans. Ces idiomes différèrent dans les différents pays que les Romains conquirent et colonisèrent, et devinrent les huit langues romanes sœurs, nées du latin populaire, modifié par les vaincus et leurs descendants, selon les circonstances. Ces huit langues sont le français, le provençal, l'espagnol, l'italien, le portugais, le catalan, le rhétoroman et le roumain.

Nous avons vu la Gaule devenue romaine adopter la langue du vainqueur; l'invasion des tribus germaniques vers le IV⁰ siècle va-t-elle faire disparaître le latin? Non, les Francs s'établissent au nord, les Burgondes à l'est, les Visigoths au sud-ouest; les Germains sont les vainqueurs, mais étant moins civilisés que les Gallo-Romains, ils vont adopter la langue et la civilisation des vaincus. Ils apportèrent cependant de nouvelles idées et il fallut pour les exprimer qu'on se servît en Gaule des termes de la langue germanique. On compte en français un assez grand nombre de mots venant directement du germain et se rapportant principalement à la guerre et aux coutumes féodales.

En Gaule la langue romane se divisa en deux
branches: au nord il y eut la langue d'oïl, au sud, la
La langue
d'oc. langue d'oc, et toutes deux eurent des
dialectes différents. La langue d'oc
périt comme langue littéraire après la Croisade des
Albigeois au XIIIᵉ siècle et ce n'est que de nos jours,
grâce au génie de Mistral et au zèle des félibres, que
le doux idiome des troubadours semble renaître et
reprendre un rang littéraire.

Les principaux dialectes de la langue d'oïl étaient
le picard, le normand, le bourguignon, le poitevin, et
Les dialectes
de la langue
d'oïl. le dialecte de l'Ile-de-France ou français.
Chacun de ces dialectes eut, à une
certaine époque, une importance litté-
raire, et ce ne fut pas à cause de la supériorité des
ouvrages écrits en français que ce dialecte devint
plus tard la langue de tout le pays. Les derniers
Carlovingiens réfugiés à Laon n'eurent aucune puissance, et les ducs de Normandie et les ducs de France,
comtes de Paris, avaient un territoire bien plus
étendu que celui de Louis d'Outremer et de Lothaire.
Hugues le Grand joua quelque temps le rôle de
faiseur de rois, et les Carlovingiens restèrent sur le
trône en s'appuyant, soit sur le duc de Normandie,
soit sur le comte de Paris. Lorsque ceux-ci s'unirent
contre le roi, la royauté carlovingienne tomba et celle
des capétiens commença en 987. La nouvelle dynastie eut Paris pour capitale, et les successeurs de
Hugues Capet surent étendre leur pouvoir sur toute
la France. Au XIIIᵉ siècle, après les conquêtes de
Philippe-Auguste, la domination du roi fut solide-
ment établie, la langue que parla le roi devint la
langue nationale. Le dialecte de l'Ile-de-France, par

l'avènement de Hugues Capet et l'extension de
l'autorité royale, devint la langue littéraire du pays,
et les autres dialectes, d'importance à peu près égale
à l'origine, tombèrent à l'état de patois, c'est-à-dire
de langue parlée par le peuple et non écrite.

En étudiant l'histoire de la littérature du moyen
âge, de ces œuvres écrites en vieux français, il faut
se rendre compte de la principale diffé- **Le vieux**
rence qui existe entre le vieux français et **français.**
la langue moderne. Le vieux français, à l'imitation
du latin, avait une déclinaison à deux cas, le cas
sujet et le cas régime, et ce ne fut qu'au xvᵉ siècle
que disparut le cas sujet. A l'époque de la Renaissance le vieux français fit place au français moyen
qui, à son tour, devint la langue moderne au xviiᵉ
siècle.

Il est fait mention plusieurs fois de la langue
romane en Gaule, et en 768 les " Gloses **Les premiers**
de Reichenau " nous présentent quelques **monuments**
mots de l'idiome que l'on parlait lorsque **de la langue**
Charles, fils de Pépin, succéda à son père. **française.**
Le premier monument, cependant, qu'il y ait de la
langue d'oïl est le fameux Serment de Strasbourg,
en 842, entre Charles le Chauve et Louis le Germanique, fils de Louis le Débonnaire.

SERMENT DE LOUIS LE GERMANIQUE.

" Pro deo amur et pro christian poblo et nostro
commun salvament, d'ist di in avant, in quant deus
savir et podir me dunat, si salvarai eo cist meon
fradre Karlo et in aiudha et in cadhuna cosa, si cum
on per dreit son fradra salvar dift, in o quid il mi

altresi fazet, et ab Ludher nul plaid nunqua prindrai,
qui meon vol, cist meon fradre Karle in damno sit."

On voit que cette langue a bien des formes latines,
mais on y voit aussi poindre le français moderne.
En voici la traduction :

" Pour l'amour de Dieu, et pour le peuple chrétien
et notre commun salut, de ce jour en avant, autant
que Dieu m' en donne le savoir et le pouvoir, je
sauverai mon frère Charles, ici présent, et lui serai
en aide en chaque chose (ainsi, qu'un homme, selon
la justice, doit sauver son frère), en tout ce qu'il ferait
de la même manière pour moi, et je ne ferai avec
Lothaire aucun accord qui, par ma volonté, porterait
préjudice à mon frère Charles ici présent."

La Cantilène de Sainte-Eulalie, qui est du x° siècle,
est très intéressante au point de vue de la langue.
Nous n'en citerons que les premiers vers :

> " Buona pulcella fut Eulalia ;
> Bel auret corps, bellezour anima.
> Voldrent la veintre li Deo imini,
> Voldrent la faire diaule seruir."

" Bonne pucelle fut Eulalie ; bel avait le corps,
plus belle l'âme.   Les ennemis de Dieu voulurent la
vaincre, voulurent la faire servir le diable."   Eulalie
ne voulut pas renier son Dieu, et Maximien, l'empereur romain, la condamna à être brûlée.   Ils la jetèrent
dans le feu, mais comme elle n'avait aucun péché,
elle ne brûla pas.   Alors, l'empereur lui fit ôter la tête
avec l'épée et, dit le chant : " la domnizelle celle cose
non contredist et en figure de colomb volat au ciel."

Parmi les premiers monuments de la langue française, plus importants pour la linguistique que pour

la littérature, citons encore la "Vie de Saint-Léger," la "Vie de Saint-Alexis," la "Passion du Christ" et "Gormund et Isembard." Ces ouvrages ne concernent pas exactement l'histoire de la littérature, mais il n'y a pas de doute que pour comprendre la littérature du moyen âge, il faut étudier le vieux français, et pour arriver à bien se rendre compte de la langue de la "Chanson de Roland," il faut d'abord étudier d'une manière critique les premiers monuments du français. Le principal attrait de l'étude du vieux français est d'arriver à comprendre, non seulement les œuvres littéraires du moyen âge, mais les coutumes et les institutions d'une des époques les plus curieuses et les plus intéressantes de l'histoire de l'humanité.

Mille ans séparent le Serment de Strasbourg des œuvres de Lamartine et de Victor Hugo, mais la langue du IX⁰ siècle et celle du XIX⁰ siècle est la même langue que parlaient les soldats romains lors de la conquête de César. C'est la langue latine rustique, modifiée par les siècles, qui a servi d'interprète aux hommes de génie qui, depuis mille ans, ont illustré la France et l'esprit humain.

CHAPITRE II

L'ÉPOPÉE

"L'ÉPOPÉE française," dit M. Gaston Paris, "est le produit de la fusion de l'esprit germanique, dans une forme romane, avec la nouvelle Origine de civilisation chrétienne et surtout fran- l'épopée. çaise." "Elle peut être définie une histoire poétique fondée sur une poésie nationale antérieure," ajoute l'éminent professeur. Ces remarques si précises s'appliquent en réalité aux épopées dites chansons de geste, dont le sujet est tout français, mais il est plus commode de classer parmi les épopées les ouvrages du cycle breton et du cycle de l'antiquité et de dire avec Jean Bodel,

> " Ne sont que trois matières...
> De France, de Bretagne et de Rome la grant."

Le mot geste signifie *actions, histoire* et aussi *famille* ou *cycle* des héros dont on raconte l'histoire, **Le cycle** ainsi le cycle français se divise en trois **français.** parties, nommées, cycles ou gestes *du Roi,* de *Garin de Monglane,* ou de *Guillaume,* et de *Doon de Mayence.* Jetons un coup d'œil sur le cycle du roi. Nous sommes au XIᵉ siècle, le seigneur féodal est presque tout-puissant, la bourgeoisie n'existe pas encore, et le serf est taillable et corvéable à merci. Il n'y a en France que deux puissances, le baron et le roi, et celui-ci n'a pas encore réussi, en s'appuyant sur le peuple, à dominer celui-là. . Le baron est dans son castel perché sur le roc et n'a pour toute société, lorsqu'il revient de ses expéditions guerrières, que sa femme et ses enfants. Le temps paraît long au rude guerrier, et c'est avec joie qu'il accueille le jongleur, le trouvère, qui vient lui chanter les exploits d'un Olivier et d'un Roland. Le seigneur féodal est quelquefois lui-même un trouvère, aussi comprenons-nous que dans ces poèmes chantés chez le baron, et parfois par lui-même, le beau rôle soit à la féodalité. Le cycle français exprime en général le triomphe du seigneur féodal et ce n'est que rarement que le roi est placé au premier rang. Quelquefois, en se rappelant les exploits de Charles Martel, de Pépin et de Charlemagne, le trouvère s'incline devant le roi, mais le plus souvent on a confondu avec l'empereur à *la barbe chenue* ses faibles descendants ou les premiers Capétiens. La chanson de geste du cycle français parle de combats contre les Sarrasins et des hauts faits fabuleux des guerriers; le ton en est essentiellement belliqueux, et la femme et l'amour n'y jouent qu'un faible rôle. Les couplets ou laisses sont réglés par l'assonance et sont souvent d'une longueur excessive, ce qui cause, dans un grand nombre de poèmes, quelque peu de monotonie. La langue, cependant, est généralement forte et sonore, et la naïveté de ces épopées du moyen âge est parfois charmante. Ces ouvrages nous représentent une société qui nous rappelle celle du temps d'Homère, et la simplicité, la loyauté, la bravoure téméraire des héros des chansons de geste nous intéressent tout autant que ces mêmes traits chez les héros de l'Iliade.

Prenons comme type de l'épopée du moyen âge la "Chanson de Roland." En 778 Charlemagne revint de son **La "Chanson de Roland."** expédition d'Espagne et son arrière-garde fut attaquée et détruite dans la vallée de Roncevaux par les Basques. Eginhard mentionne parmi ceux qui furent tués, Hrodland, comte de la marche de Bretagne. L'imagination populaire s'empara de cet événement et on en fit la fameuse "Chanson de Roland." Les Basques devinrent des Sarrasins païens, et le désastre de Roncevaux servit à animer l'esprit religieux aussi bien que l'esprit patriotique des Français.

Marsile, roi de Saragosse, voyant qu'il ne peut

résister à Charlemagne, lui envoie des ambassadeurs pour traiter de la paix. Roland fait choisir Ganelon, son *parâtre*, le mari de sa mère, pour porter la réponse. Ganelon est jaloux de la gloire du paladin et complote sa mort avec Marsile. Roland commandera l'arrière-garde et les Sarrasins l'attaqueront avec toute leur armée et l'écraseront, avant que l'empereur puisse venir à son secours. Selon le complot, Roland est assailli à Roncevaux par une grande armée. Olivier, le frère d'Alde, la fiancée de Roland, voyant l'immense armée des ennemis, veut que Roland sonne son cor, son *olifant*, pour appeler Charlemagne. Le fier guerrier refuse, de crainte que sa famille n'en soit honnie, et le combat commence. Ils font tous des prodiges de valeur, mais ils vont être accablés sous le nombre, et l'archevêque Turpin prie Roland de sonner du cor pour que Charlemagne puisse venir les venger et que leurs corps soient mis en terre sainte. Roland sonne son *olifant* d'une si puissante haleine que Charlemagne l'entend et revient sur ses pas. Mais hélas, il a beau chevaucher au grand galop, il arrivera trop tard. On entend en France du tonnerre et du vent, il grêle, les maisons tombent, la terre se fend. On croit que c'est la fin du monde, mais non, " c'est le grand deuil pour la mort de Roland."

Les Français à Roncevaux sont tous tués excepté Olivier, Roland et l'archevêque Turpin. Olivier meurt le premier, ensuite l'archevêque, après avoir béni les corps des pairs et leur avoir donné rendez-vous en paradis. Roland, qui s'est rompu la tempe en sonnant son *olifant*, sent qu'il va mourir. Les Sarrasins sont défaits et le paladin est seul. Il veut,

cependant, empêcher que sa fidèle épée, sa Durendal,
ne tombe entre les mains des infidèles. Il veut la
briser sur un rocher, mais le roc se fend, l'acier grince,
cruist, mais ne se rompt pas. Le preux chevalier se
prépare à la mort, il tourne son visage du côté de
l'Espagne, met Durendal et son *olifant* sous sa
tête, se confesse de ses péchés et offre son gant droit
à Dieu. L'archange Gabriel le prend et les anges
emportent l'âme du comte en paradis. Charlemagne
arrive à Roncevaux, recueille les corps des paladins,
et demande à Dieu d'allonger la journée pour qu'il
puisse vaincre l'émir sarrasin, Baligant. Dieu lui
accorde sa demande, il détruit l'armée païenne et
retourne bien triste à Aix-la-Chapelle. Là, il annonce
à la belle Alde la mort de Roland et celle-ci tombe
morte aux pieds de l'empereur. Ganelon est écartelé,
la veuve de Marsile reçoit le baptême, et Dieu envoie
Saint Gabriel dire à Charlemagne de recommencer la
guerre contre les païens. " L'Empereur voudrait bien
n'y pas aller: 'Dieu'! s'écrie-t-il, 'que ma vie est
peineuse!' Il pleure de ses yeux, il tire sa barbe
blanche. . . ." La "Chanson de Roland" est réellement une belle œuvre, et l'on s'intéresse grandement
à ces preux chevaliers qui meurent pour que "la
douce France ne soit pas honnie." On ne sait qui a
écrit ce beau poème, car Turold, dont le nom paraît
à la fin de l'œuvre, est probablement un copiste.
M. Gaston Paris dit: " *Le Roland* soulève encore
d'innombrables questions, que la critique n'arrivera
sans doute jamais à résoudre toutes. La patrie et la
date de la rédaction dont nous avons conservé les
textes indiqués plus haut ne sont pas encore fixées
sans contestation. Le plus probable est qu'elle

repose sur un poème originairement composé dans la Bretagne française, remanié ensuite en Anjou, et qu'elle a pour auteur un 'Français de France,' qui a dû achever son œuvre, à laquelle il a donné une inspiration plus largement nationale et royale, sous le règne de Philippe Ier."

Les trois épopées les plus anciennes sont la "Chanson de Roland," le "Pèlerinage de Charlemagne" et le "Roi Louis." Nous pouvons aussi mentionner parmi les poèmes de la geste du roi, "Ogier le Danois," "Renaud de Montauban," "Girard de Roussillon," "Huon de Bordeaux," "Berte aux Grands Pieds," et ne se rattachant à aucun cycle particulier autre que le cycle français, "Aioul" et "Amis et Amile." Les gestes de *Garin de Monglane* et de *Doon de Mayence* sont des récits généalogiques, c'est-à-dire que l'auteur raconte *les enfances* (les premiers exploits) d'un héros connu, et invente alors des aventures extraordinaires du prétendu père ou des ancêtres supposés du héros. Ainsi, souvent le héros semble naître avant son père ou son grand-père. Les épopées qui ont pour sujet les croisades, comme la "Chanson d'Antioche," appartiennent aussi au cycle français, à la matière de France. Notons ici l'immense popularité des chansons de geste au moyen âge, non seulement en France, mais dans toute l'Europe. Elles méritent cette popularité; quoique aucune épopée en vieux français n'arrive à la hauteur de la "Divine Comédie" et des grands poèmes épiques de l'antiquité, nous pouvons dire que la "Chanson de Roland" est digne de toute notre admiration, et nous regrettons que l'auteur de cette noble épopée et ceux de la

plupart des chansons de geste du cycle français ne
soient pas connus.

Les poèmes du cycle breton sont souvent appelés
romans; ils expriment le sentiment chevaleresque du
moyen âge et on y voit apparaître l'idée de
courtoisie envers les dames, de protection **Le cycle**
de la veuve et de l'orphelin, ainsi que de **breton.**
l'opprimé, quel qu'il soit. La plupart des romans
bretons sont intéressants, et les incidents qui y sont
entassés indiquent chez les auteurs de ces ouvrages une
imagination plus fertile que celle qu'indiquent les épopées du cycle français. L'amour jouant un grand rôle
dans les poèmes du cycle breton, les incidents sont plus
variés que ceux des chansons de geste, et il n'y est pas
question seulement de combats et de grands coups
d'épée. Le merveilleux y joue un rôle important et
les histoires d'amour sont charmantes et touchantes.
Arthur, autour duquel se groupent les romans de
ce cycle, est devenu un personnage aussi grand
que Charlemagne, et sa dignité royale est plus
respectée que celle des rois francs. Chef d'une tribu
celtique il combat en héros contre l'envahisseur
saxon, et transporté dans l'île d'Avalon il attend que
son peuple l'appelle pour repousser l'étranger.
L'imagination populaire s'empare de l'histoire d'un
petit prince celtique comme elle l'avait fait de la
défaite de Roland par les Basques, l'histoire réelle et
insignifiante devient une légende, nous pourrions
dire, un mythe, les poètes s'y attachent et la racontent
en vers harmonieux, les trouvères chantent les exploits d'un Roland invincible, à la douce musique de
leur vielle, et les chanteurs bretons accompagnent de
leur rote les paroles rythmées qu'ils ont consacrées à

Arthur et aux chevaliers de la Table Ronde. Les Celtes vaincus par les Saxons se sont retirés dans les pays de Galles et de Cornouaille et dans l'Armorique gauloise, et leurs légendes ont servi de base aux lais et aux romans bretons.

Au xᵉ siècle parut sous le nom de Nennius "l'Histoire des Bretons," où nous voyons, pour la première fois, le nom du héros celtique, Arthur. Au xiiᵉ siècle, Gaufrei de Monmouth écrivit son "Historia Regum Britanniæ," où la vie d'Arthur est racontée avec détails. L'œuvre de Gaufrei fut traduite plusieurs fois en français, notamment par Wace, dont le "Brut" eut une influence considérable sur les romans subséquents. Ce n'est pas, cependant, chez Gaufrei et chez Wace qu'il faut chercher l'origine réelle des poèmes du cycle breton; ce sont les récits des chanteurs gallois, modifiés par les poètes français, qui furent la base de ces vers innombrables consacrés à Arthur et à la Table Ronde.

Arthur et la Table Ronde.

Il y eut d'abord les lais, courts poèmes d'amour, puis les longs romans, dont un grand nombre furent basés sur le sujet des lais. Lorsqu'on lit les lais du "Chèvrefeuille," de "Lanval," de "Tidorel," et bien d'autres de Marie de France, on est attiré par les vers charmants de l'aimable femme, on se sent pris de pitié pour la tendre Iseut et le valeureux Tristan, et l'on a hâte de parcourir les œuvres de Chrétien de Troies pour connaître les autres aventures des héros gallois.

Les lais de Marie de France.

Chrétien de Troies, Raoul de Houdan, et Robert de Boron sont les principaux auteurs du cycle breton. C'est au premier, cependant, que l'on doit les meilleurs

ouvrages tirés des légendes galloises. Il écrivit beaucoup de romans, parmi lesquels on peut Chrétien de
citer le "Conte de la Charrette," le Troies.
"Chevalier au Lion," "Cligès," et "Perceval." Les
œuvres de Chrétien furent traduites et imitées par
les poètes allemands, Hartmann d'Aue et Wolfram
d'Eschenbach, et jouirent d'une immense popularité.
On les lit encore de nos jours avec grand plaisir ainsi
que les autres romans du cycle breton, et Arthur,
Lancelot, Ivain, Gauvain, Merlin l'enchanteur, Perceval et le saint Graal, représentent des types chevaleresques et romanesques que le génie d'un Tennyson
a su introduire de nouveau dans la littérature.

Le personnage principal des épopées du cycle de
l'antiquité est Alexandre le Grand, qui servit de sujet
au XIIᵉ siècle à un poète de la langue d'oc, Le cycle de
Albéric de Besançon, dont l'ouvrage eut l'antiqué.
un grand succès et fut imité par les poètes de la langue
d'oïl. Parmi ceux-ci nous citerons Lambert le Tort et
Alexandre de Bernai, du XIIᵉ siècle, qui écrivirent en
vers de douze syllabes, d'où vers alexandrins. Dans
les épopées du moyen âge le héros macédonien a les
aventures les plus extraordinaires et les moins conformes à son caractère historique. Benoît de Sainte-
More écrivit aussi au XIIᵉ siècle des poèmes intéressants sur des sujets antiques, et son roman de "Troie"
et son roman d' "Enéas" furent célèbres au moyen
âge. De même qu'Alexandre, Jules César fut un
héros favori, et l'antiquité comprise par les hommes
du XIIᵉ et du XIIIᵉ siècle, nous paraît curieuse à observer. Quoique le latin fût encore la langue des
clercs, le moyen âge ne comprit nullement le monde
grec et le monde romain, et il faut attendre le XVIᵉ

siècle pour la renaissance des chefs-d'œuvre grecs et latins.

Sous le titre de romans d'aventure on groupe un certain nombre d'épopées qui n'appartiennent en réalité à aucun des trois grands cycles. Citons parmi les romans grecs et byzantins, " Floire et Blanche fleur," qui fut l'origine d' "Aucassin et Nicolète," que nous analyserons plus tard. "Guillaume de Dôle," "Cléomadès" par Adenet le Roi, et surtout " Parténopeus de Blois," poème charmant, où le héros perd par son indiscrétion la femme aimée, mais la reconquiert, après mille aventures, par sa valeur et sa constance.

Romans d'Aventure.

Appelons ici l'attention sur la littérature de la langue d'oc, appelée généralement provençale, du nom d'un de ses dialectes. Les œuvres des troubadours sont moins énergiques que celles des trouvères, on y trouve peu de poèmes épiques, mais beaucoup de chansons d'amour. Bertrand de Born, dont parle Dante, Guillaume IX, comte de Poitiers, et Arnaud Daniel sont les meilleurs poètes de la langue d'oc. De nos jours, comme nous l'avons déjà dit, Mistral, avec son admirable "Mireille," a fait revivre la littérature provençale. Il eut pour principaux collaborateurs Jasmin, Roumanille et Aubanel.

La littérature provençale.

CHAPITRE III

LE DRAME

LE drame représente le côté sérieux et le côté comique de la vie humaine, et les mots *tragédie* et *comédie* réprcsentent ces deux genres. Au moyen âge, cependant, la tragédie et la comédie, telles qu'elles furent comprises plus tard, n'existaient pas, et l'on doit diviser le drame de cette époque en deux genres généraux, le drame sérieux et le drame comique ; le premier comprend principalement les miracles et les mystères, le sëcond, les moralités, les sotties, les farces, les monologues, et les sermons joyeux. Voyons quelle fut l'origine du drame en France et traçons rapidement l'histoire du genre sérieux et du genre comique.

De même que la religion des Grecs donna naissance au drame de l'antiquité, la religion chrétienne donna naissance au drame du moyen âge. **Le drame** L'église en fut le berceau ; les prêtres et **sérieux.** le peuple furent les premiers acteurs, et acteurs consciencieux et sérieux. Les représentations liturgiques furent d'un si grand intérêt qu'elles furent bientôt agrandies et portées hors de l'église, et les miracles et les mystères furent créés.

Le drame le plus ancien où le français apparaît est le "Sponsus" ou les "Vierges Sages et les Vierges Folles." L'ouvrage est du commence- **Les drames** ment du XIIᵉ siècle et est écrit en latin et **les plus an-** en langue d'oc, avec quelques mots dans **ciens.** la langue d'oïl. La première pièce, réellement, de la littérature française est la "Représentation d'Adam." On la jouait sous le porche de l'église et elle n'est liturgique que par le sujet. Elle est du XIIᵉ siècle et fut probablement écrite en Angleterre. L'ouvrage a un certain mérite, ainsi qu'une petite pièce nommée la "Résurrection." Ces deux drames étaient très sérieux et n'avaient rien de cet esprit bouffon et grossier que nous voyons dans un si grand nombre des pièces du moyen âge.

Deux drames du XIII° siècle sont entièrement différents de l'" Adam"; c'est le "Jeu de St. Nicolas," par Bodel, et le "Miracle de Théophile," par Ruste-beuf. L'ouvrage de Bodel est très original et nous présente ce mélange du sérieux et du comique, que nous observons dans Shakspeare et que l'École Romantique de Victor Hugo a introduit de nouveau sur la scène française, après qu'il en eut été banni pendant trois siècles. La tragédie classique n'a aucun rapport avec le drame du moyen âge, mais il est intéressant de constater la différence qui existe entre les miracles et les mystères et les tragédies de Corneille et de Racine. Il est intéressant aussi d'indiquer en quoi les pièces du moyen âge ont quelque ressemblance avec celles de Victor Hugo.

Le "Miracle de Théophile" est le premier ouvrage de ce genre. Le mot *miracle* désignait le récit de quelque action surnaturelle attribuée à la Vierge ou aux saints. Les miracles du XIV° siècle, dont quarante nous sont parvenus, étaient joués par les *puys*. Ce mot, qui signifie en réalité une montagne, se rapportait à l'estrade où l'on jouait les pièces. Les *puys* étaient des sociétés littéraires, et étaient placés sous la protection de la Vierge. Les miracles doivent leur caractère particulier à la dévotion à la Vierge, à la foi entière en la miséricorde de Marie et en son influence sur son Fils. Quel que fût le crime commis le coupable était gracié s'il appelait la Vierge à son secours. Les *puys*, au XV° siècle, abandonnèrent le drame sérieux et ne jouèrent plus que les moralités et les farces.

Les miracles

La mise en scène pour les miracles était des plus
élémentaires, et l'on changeait à volonté le lieu de
l'action d'un endroit à un autre; par exemple, dix
pas séparaient Rome de Jérusalem; quatre hommes se
battant représentaient une armée, et une pierre avec
des inscriptions indiquaient les villes. Il n'y avait
pas d'actes, pas de changement de décors; toute
l'action se passait en présence du spectateur, qui
pouvait voir la Vierge et les saints descendre d'une
élévation au-dessus de la scène et secourir les malheureux qui avaient imploré leur secours.

M. de Julleville appelle l'attention sur les différents
noms donnés aux pièces du moyen âge et ajoute que
ces noms indiquent le siècle où ces pièces furent
écrites. Le mot *représentation* se rapporte au XII⁰
siècle, *jeu* au XIII⁰, *miracle* au XIV⁰, et *mystère* au
XV⁰.

Les mystères se divisaient en deux classes, les
entremets, qui étaient des représentations mimiques
des sujets sacrés, et les mystères parlés.
Le sujet de ceux-ci était toujours pris des   **Les mystères.**
Écritures ou de la vie des saints. Il n'y avait rien
d'original dans ces ouvrages; c'était la représentation
exacte d'une action historique ou légendaire. Il y
eut environ cent auteurs de mystères, qui écrivirent
plusieurs millions de vers, dont plus d'un million
nous sont parvenus. Le cycle de l'Ancien et du
Nouveau Testament était supérieur en mérite à celui
de la vie des saints. Dans presque tous les mystères
nous voyons les tortures infligées décrites si minu-
tieusement, et les scènes grotesques et immorales si
étrangement mêlées avec les scènes religieuses qu'il
nous est difficile de comprendre le succès de ces

pièces. Ce succès était dû, sans doute, au profond sentiment religieux des spectateurs, et à l'intérêt qu'ils portaient au sujet du drame. La représentation d'un mystère durait quelquefois quarante jours et plusieurs centaines d'acteurs y jouaient.

Le merveilleux formait l'essence du drame religieux, mais pour varier la monotonie des mystères on jouait aussi des farces grossières, sans penser à mal, cependant, car, après la farce, tout l'auditoire allait bien dévotement à l'église. Il n'y avait aucune des règles des unités dans les mystères, pas même celle de l'unité d'action. Toutes les pièces pouvaient être subdivisées sans que l'intérêt fût détruit, cet intérêt consistant, non en la représentation d'un caractère ou d'une passion, ou d'une intrigue suivie menant à une catastrophe, mais en les événements d'une longue action, qui s'étendait sur une période de centaines et de milliers d'années, comme dans le mystère du " Viel Testament."

Nous voyons dans les mystères, non seulement les personnages sacrés, mais aussi les personnages abstraits, tels que Justice, Paix, Vérité, Miséricorde, et plus rarement, les héros et les dieux de la mythologie païenne et les personnages modernes. Un mystère était donc un mélange du sacré et du profane, de choses anciennes et de choses modernes, une monstruosité en un mot, à nos yeux, mais les délices de toute l'Europe pendant près de deux siècles.

Nous avons dit que le comique était un des éléments des mystères, nous devons, cependant, nous rappeler que cet élément comique n'était qu'une diversion, car un mystère était, avant tout, un ouvrage sérieux. En théorie l'idée était grandiose, celle de placer devant ce peuple plein de foi tous les événements de l'histoire sacrée. L'idée mise en pratique donna lieu à des scènes révoltantes qui devaient amener l'abolition des mystères.

Le drame religieux du moyen âge fut méprisé par le XVIe, le XVIIe et le XVIIIe siècle. Ce n'est que de nos jours qu'on a compris cette branche de la littérature. Il est de la plus grande importance, si nous voulons étudier le drame classique français, de comprendre l'art dramatique des siècles précédents. Les grands noms de Corneille et de Racine ne doivent pas nous faire oublier ceux des auteurs des mystères. Un grand nombre de ces ouvrages sont anonymes, mais Arnoul et Simon Greban, Jean Michel, André de la Vigne, Gringore, Marguerite de Navarre, méritent qu'on se rappelle leurs noms. On ne peut comparer leurs œuvres à " Polyeucte " ou à " Athalie," mais elles représentent une civilisation particulière que nous ne pouvons ignorer dans nos études littéraires.

Les acteurs des mystères étaient en partie le peuple de la ville où avait lieu la représentation, les membres des confréries, des corporations, en réalité chacun s'intéressait à la représentation.

La mise en scène a souvent été décrite d'une manière incorrecte. On croyait que la scène consistait en une maison de plusieurs étages, d'où passaient les acteurs, selon l'action. Tel n'était pas le cas, d'après Paulin Paris, et son opinion est maintenant acceptée comme étant correcte. La scène était composée de deux parties distinctes: premièrement, les *mansions*, telles que la maison de la Vierge, le temple de Jérusalem, le palais de Ponce

Importance des mystères.

La mise en scène.

Pilate; secondement, la scène proprement dite, ou l'espace entre les *mansions*. Quand les acteurs avaient fini de parler, ils s'éloignaient un peu et attendaient, sans quitter la scène, que revînt leur tour de jouer. Au-dessus de la scène était une estrade représentant le ciel, d'où Dieu observait ce qui se passait; et sous la scène était l'enfer dont l'entrée était la gueule d'un dragon. On indiquait généralement les palais par un fauteuil entre deux colonnes. La scène était ordinairement de cent pieds carrés, ce qui suffisait aux nombreux acteurs, vu l'état élémentaire des décors. Quant aux spectateurs on calcule qu'il y en avait jusqu'à trois mille par jour. Le peuple, opprimé par roi et nobles, sacrifiait tout au plaisir de contempler des événements surnaturels, qui leur donnaient l'espoir d'une vie future et leur faisaient oublier leur misérable vie terrestre.

En 1402 Charles VI autorisa la Confrérie de la Passion à jouer les mystères. Longtemps avant ces lettres patentes il y avait eu des sociétés **La Confrérie de la Passion** dramatiques, mais elles ne jouaient pas à des époques régulières. Avec les confrères de la Passion commence le premier théâtre permanent. Ils obtinrent le monopole du drame à Paris et dans les faubourgs et jouèrent pendant longtemps. Ils louèrent en 1548 l'Hôtel de Bourgogne, et la même année, on leur défendit de représenter des sujets sacrés. Ils prirent alors leurs sujets de la chevalerie, mais n'eurent aucun succès, et en 1598 ils cessèrent de jouer et cédèrent leur salle à une troupe de comédiens de province, conservant néanmoins leur monopole et exigeant une contribution de tous les acteurs à Paris. Cet état de choses dura jusqu'en 1676, quand Louis XIV abolit la confrérie et leur monopole.

La tragédie classique n'est pas la continuation du drame sérieux du moyen âge et n'a aucun rapport avec les miracles et les mystères; la comédie classique, au contraire, n'est que le développement du drame comique des siècles précédents. *Le drame comique.*

L'histoire de la comédie, que Molière devait porter à un si haut point de perfection, est plus intéressante que celle de la tragédie; celle-là se développe depuis le XIII° siècle jusqu'à nos jours, et se maintient à un certain degré de mérite, celle-ci commence au XVI° siècle, atteint son apogée au XVII° et tombe à la fin du XVIII° siècle dans une médiocrité banale. Il est intéressant aussi de jeter un coup d'œil sur les acteurs aussi bien que sur les œuvres comiques du moyen âge. Le mot *comédien* était inconnu en France avant le XVI° siècle et ne fut employé que quand il y eut des acteurs de profession. Les acteurs, pendant plusieurs siècles, furent les membres des confréries, qui tous avaient une profession ou un métier. *Les acteurs au moyen âge.* Les saturnales qui accompagnaient le drame semi-liturgique, la Fête de l'Ane ou la Fête des Fous, contiennent les éléments de la sottie et du sermon joyeux. Ces fêtes, reniées par l'église, disparurent vers le milieu du XV° siècle et donnèrent naissance à une foule de sociétés joyeuses qui furent plus décentes que les fêtes abolies. Leur devise était généralement *stultorum numerus est infinitus,*—le nombre des sots est infini. La principale de ces sociétés était les Enfants sans Souci, dont les chefs s'appelaient le Prince des Sots et la Mère Sotte. Ils jouaient les moralités, les farces et les sotties et

comptaient parmi leurs membres le grand poète,
Clément Marot, l'acteur célèbre, du Pont Alais, et le
poète Gringore.   Les Clercs de la Basoche jouaient
le même genre de pièces que les Enfants sans Souci.
On dit que les Clercs obtinrent des lettres patentes
de Philippe IV en 1303.   Ils devinrent si populaires
qu'en 1435 les Confrères de la Passion se les ad-
joignirent, ainsi que les Enfants sans Souci, pour
jouer des scènes comiques après la représentation des
mystères.   Ce mélange des mystères et des farces fut
connu sous le nom singulier de *pois pilés*.

Les étudiants dans les collèges rivalisèrent avec les
Clercs de la Basoche et les Enfants sans Souci dans
leurs attaques contre le gouvernement et la religion
et constituèrent avec ces deux sociétés les principaux
acteurs du moyen âge.

Dès le règne de Saint Louis nous avons le " Jeu du
Garçon et de l'Aveugle " et deux ouvrages remarquables et uniques dans leur genre, le

Adam de la Halle.

" Jeu de la Feuillée " et " Robin et Marion " par Adam de la Halle, d'Arras.   Le premier
est une amusante comédie aristophanesque, où l'auteur
met en scène les principaux personnages de sa ville et
même sa femme et son père.   " Robin et Marion "
est le premier opéra comique en français.   La pièce
fut jouée à la brillante cour des rois de Naples de
la maison d'Anjou et c'est une charmante et naïve
pastorale.

Il est étrange de penser que les deux pièces d'Adam
de la Halle soient les seules que nous ayons au XIII°
siècle, et que le XIV° ne nous présente aucun ouvrage
que l'on puisse citer.   Le règne de Charles VI est
l'époque la plus importante de l'histoire du drame

comique ainsi que du drame sérieux. De ce siècle
datent réellement la moralité, la sottie, la farce, le
monologue, et le sermon joyeux.

La moralité est didactique et souvent sérieuse, et
quoique, d'après son titre, elle soit *pathétique* et *édi-
fiante*, elle est généralement satirique. Le Moralités.
goût pour l'allégorie rendait la personnification des vices et des vertus au théâtre très populaire.
Quelques-unes des soixante-cinq moralités que nous
possédons sont intéressantes. Voyons ce qu'étaient
"Les Enfants de Maintenant." Maintenant cause
avec sa femme Mignotte et lui dit que leurs deux
enfants Finet et Malduict sont d'âge à avoir une
profession. Ils consultent Bon Avis qui les envoie
trouver Instruction. Mignotte demande à celle-ci de
donner à ses fils une profession où ils n'aient rien à
faire. Instruction répond qu'il faut envoyer les
garçons chez Discipline. Dès que Finet et Malduict
voient le fouet de Discipline ils se sauvent et reviennent chez leur père, qui leur donne de l'argent et de
beaux habits. Ils deviennent alors élèves de Jabien,
qui leur enseigne à mépriser la religion et les conduit
à Luxure. Ils se laissent guider entièrement par leur
nouvelle compagne et jouent aux cartes avec elle.
Malduict perd tout son argent et se retire, mais Finet
continue à jouer et perd jusqu'à ses habits et son
poignard. Il s'abandonne alors à Honte, qui le
mène chez Désespoir et Perdition, par qui il est
pendu. Quant à Malduict, après qu'il a quitté
Luxure, il rencontre Bon Avis qui lui dit de revenir
à Discipline et de lui obéir aveuglément. Il est
sévèrement puni par Discipline, et il retourne chez ses
parents, où il mène une vie vertueuse et heureuse.

La sottie était satirique, misanthropique, et souvent politique. Dans la " Sottie des Trompeurs," Sottie, la

Sotties. mère, demande à Teste Verte et à Fine Mine combien il y a de sots au monde. Ils répondent qu'on ne peut les compter, parce qu'ils sont trop nombreux. Chascun entre en ce moment et suit la mère sotte partout. Le Temps donne à Chascun d'excellentes leçons. Il lui dit qu'afin de réussir il doit toujours flatter ceux qui sont présents et calomnier les absents, mais qu'il faut avoir bien soin de dire que ce n'était qu'une plaisanterie, si ce qu'il a dit en l'absence de quelqu'un lui était répété. Chascun doit aussi oublier son père et sa mère. S'il agit de cette manière il parviendra sûrement au succès. Le Temps trouve en Chascun un élève obéissant, mais celui-ci, après avoir trompé tous ceux qu'il rencontre, est à la fin trompé à son tour par son maître.

Le sermon joyeux était une parodie d'un texte de l'Écriture et était très irrévérencieux. Le monologue,

Sermons joy- qui est redevenu si populaire de nos jours, **eux et mono-** était le récit burlesque, fait par le per- **logues.** sonnage lui-même, de ses vices ou de ses ridicules. Le modèle du genre est le " Franc-Archer de Bagnolet," où nous voyons le vantard, le *miles gloriosus*, le faux brave, admirablement dépeint.

La farce du moyen âge se rapproche beaucoup de celle de notre siècle. C'était à l'origine une pièce comi-

Farces. que où l'on parlait différentes langues ou differents dialectes, ainsi le célèbre " Avo-cat Pathelin " est une vraie farce, à cause des dialectes que parle l'avocat madré à sa dupe. Dans la farce,

ainsi que dans la sottie, se trouve souvent la satire
des différentes classes et des institutions de la société.
Comme il n'y avait pas de journaux pour dénoncer
les abus du gouvernement il fallait avoir recours au
théâtre. Nous sommes étonnés de la hardiesse des
sotties et des farces quand nous pensons au despotisme du roi, mais nous devons nous rappeler que le
roi se servait quelquefois du drame pour atteindre
ses ennemis. Louis XII, dans sa querelle avec Jules
II, fit attaquer le pape d'une manière sanglante par
les Enfants sans Souci et les Clercs de la Basoche.

La farce était souvent empruntée aux fableaux ou
tirée des événements du jour. Nous en avons environ
cent cinquante, mais elles sont le plus souvent si grossières qu'on ne peut les analyser. Elles sont en
général hostiles à la femme et au mariage. On les
annonçait comme étant "nouvelles, très bonnes et
très joyeuses."

Quoique la comédie du moyen âge soit intéressante
et importante elle n'a pas grand mérite littéraire.
Elle a produit, cependant, une œuvre de L'Avocat
génie, l'"Avocat Pathelin," où nous Pathelin.
voyons dans toute sa force le *vis comica* si estimé des
anciens. Cet ouvrage remarquable offre un excellent
exemple de la finesse de l'esprit français et mérite sa
popularité. C'est un fait étrange que les deux meilleurs ouvrages du moyen âge soient anonymes. Nous
ne saurons jamais qui a écrit l'héroïque et émouvante
"Chanson de Roland" et le spirituel et amusant
"Avocat Pathelin." Cette farce fut écrite vers
l'année 1470 et elle est, sans aucun doute, la meilleure
comédie avant le "Menteur" de Corneille. Il est
difficile de comprendre comment le XVIᵉ siècle a pu

mépriser tellement tout le drame du moyen âge,
quand nous considérons à quel point " Pathelin " est
supérieur aux ouvrages de l'école de Ronsard que
nous allons bientôt étudier.   Il est vrai que " Pathelin " n'a pas d'actes, que l'action continue sans inter-
ruption depuis le commencement jusqu'à la fin, mais
comme cette action est rapide, comme les caractères
sont vrais : l'avocat rusé qui a dupé le marchand de
drap crédule et sot, le berger malin à qui Pathelin
a dit de répondre " Bée ! " à toutes les questions que
lui poserait le juge, et qui répond " Bée ! " à chaque
fois que l'avocat lui demande son argent.   Le trom-
peur est trompé à son tour ; ceci est une morale bien
négative, mais le but de l'auteur est de faire rire et de
présenter des portraits réels.   Le fameux " revenons
à nos moutons " est digne de Molière, et la farce du
XV° siècle est presque une comédie de caractère.

CHAPITRE IV

FABLEAUX, FABLES, ET ROMAN DE RENARD

La forme la plus connue du mot *fableau* est *fa-
bliau ;* c'est un conte en vers, généralement comique
Fableaux.   et satirique.   Le sujet était parfois tiré
d'aventures locales, ou venait de l'Inde.
On croit que le " Dolopathos " en vers, nommé " les
Sept Sages " en prose, ont fourni le sujet de quelques
fableaux.   M. Gaston Paris, cependant, semble croire
que les fableaux sont d'origine populaire, et que les
Italiens et les Anglais les possédaient aussi bien que

les Français; "Richeut," le plus ancien fableau connu,
est d'environ 1165, les plus récents sont du commencement du xiv⁰ siècle. Ces petits contes en vers sont
généralement anonymes et sont spirituels et gais,
parfois mordants et philosophiques, mais le plus
souvent d'une gaieté grossière et choquante. Le
" Decameron " de Boccace, les " Cent Nouvelles Nouvelles " du règne de Louis XI, l' " Heptameron " de
la Reine de Navarre, les " Contes " de La Fontaine,
sont en grande partie tirés des fableaux ou inspirés
par ces récits. Citons parmi les fableaux les plus
intéressants, le " Vilain Mire " (le Paysan Médecin),
d'où Molière a tiré son " Médecin malgré lui."

Le poète Rustebeuf fut un des auteurs des fableaux.
Comme exemple du fableau moral citons **La Houce**
"la Houce Partie" de Bernier.   Ce **Partie."**
fableau nous fait bien voir le côté philosophique de
la littérature de la langue d'oïl.

Il y avait une fois un homme qui vint d'Abbeville
à Paris avec sa femme et son fils. Il fit de bonnes
affaires et s'enrichit. Étant devenu veuf il éleva son
fils avec une sollicitude toute maternelle et voulut le
marier à la fille d'un chevalier, offrant de céder à son
héritier la moitié de sa fortune. Le chevalier refusa
la main de sa fille à moins que le père du jeune
homme ne donnât tout ce qu'il avait. Le vieillard
consentit à cet arrangement, se disant que son fils lui
donnerait toujours de quoi vivre. Au commencement
tout alla bien, mais au bout de quelques années la
bru se fatigua de ce vieux bonhomme qui mangeait
et ne faisait rien, et elle dit à son mari qu'il fallait
mettre le père à la porte. Le fils alla trouver le
vieillard et lui dit de s'en aller. Le malheureux ré-

pondit que si on le renvoyait, il mourrait de faim et
de froid, et supplia son fils d'avoir pitié de lui.
N'ayant pu fléchir l'ingrat, le père demanda la couverture du cheval (*la houce*) pour se garantir du
froid.   Le fils envoya son petit garçon, âgé de douze
ans, chercher la couverture du cheval.   L'enfant prit
la *houce*, et l'ayant coupée en deux, il donna une
moitié à son grand-père et garda l'autre.   Le pauvre
vieux vint se plaindre à son fils, qui demanda au
garçon pourquoi il n'avait pas donné toute la couverture à son grand-père.   L'enfant répondit: "Je
garde l'autre moitié pour te la donner quand tu seras
vieux et que je te renverrai de chez moi comme tu
renvoies aujourd'hui mon grand-père."   Le coupable
comprit alors l'énormité de son crime, et lui et sa
femme traitèrent bien le vieux père jusqu'à sa mort.

Le principal mérite des fableaux est qu'ils nous
font connaître la vie intime du moyen âge, celle des
petites gens.

"Aucassin et Nicolète," charmant petit roman
tiré, comme nous l'avons dit, de "Floire et Blanche-
fleur," n'est pas un fableau, mais comme
l'auteur l'appelle un *cantefable*, nous en
donnerons l'analyse ici: Le comte Bougars de Valence
faisait une guerre acharnée au comte Garin de Beaucaire.   Celui-ci étant vieux et faible fait appel à son
fils Aucassin et lui dit de venir défendre son héritage.
Le jeune homme ne veut pas sortir de sa chambre à
moins que son père ne lui donne pour femme Nicolète
au clair visage.   Le comte Garin refuse, en disant
que Nicolète a été achetée des Sarrasins et qu'on ne
sait qui elle est, mais qu'il donnera à son fils la fille
d'un roi ou d'un comte.   Aucassin préfère sa douce

"Aucassin et
Nicolète."

amie et va demander sa main au vicomte de la ville,
qui a baptisé et élevé Nicolète. Le vicomte, de
crainte du comte de Beaucaire, a fait enfermer la
jeune fille dans une tour avec une vieille comme
compagne et a fait sceller les portes de la chambre,
ne laissant qu'une fenêtre par où la prisonnière peut
voir "la rose espanie et les oisax qui se crient."
Aucassin dit au vicomte: "Ç'aves vos fait de Nicolète,
le riens (la chose) en tot le mont que je plus amoie?"
Le vicomte répond qu'il ne faut pas que le jeune
homme pense à Nicolète et que s'il l'épousait il irait
en enfer. Aucassin lui dit: "En paradis qu'ai je a
faire? je n'i quier (veux) entrer, mais que j'aie
Nicolète, ma très douce amie que j'aim tant." En
paradis, d'après lui, vont les vieux prêtres et les
boiteux et les infirmes et tous ceux qui sont mal
vêtus et qui meurent de faim et de froid. Avec eux
il ne veut pas aller en paradis, mais que Nicolète
vienne avec lui en enfer où vont les beaux chevaliers
qui sont morts au tournoi ou à la guerre, et les belles
dames et les jongleurs et les rois du siècle.

Le pauvre amoureux, cependant, ne réussit pas
dans sa tentative près du vicomte et retourne au désespoir dans sa chambre. C'est là que son père vient
le voir pour lui dire que le comte de Valence assiège
la ville. Aucassin consent à attaquer l'ennemi, si son
père lui jure qu'à son retour du combat, il pourra dire
deux paroles à Nicolète et avoir un baiser d'elle.
Animé par cette promesse Aucassin devient un héros,
il s'avance au milieu de l'armée ennemie et amène le
comte de Valence prisonnier à Beaucaire. Mais le
père, au lieu de tenir sa promesse, met Aucassin dans
une prison où il se désole en disant:

> " Nicolète, flors de lis,
>   douce amie o la clair vis,
>   plus es douce que roisin
>   ne que soupe en maserin. "

Pendant ce temps la jeune fille a réussi à s'échapper de la tour en descendant par la fenêtre. Elle arrive à la prison d'Aucassin et les deux amoureux roucoulent à faire envie aux héros des comédies de Calderon. La garde vient pour saisir Nicolète, alors elle se sauve dans la forêt et dit à des pastoureaux de faire savoir à Aucassin qu'il vienne chasser dans ce bois où se trouve une bête qu'il ne donnerait pour cinq cents marcs d'argent. Elle construit une hutte avec des feuilles et des fleurs et elle attend son amoureux.

A la nouvelle de la disparition de Nicolète, le comte donne la liberté à son fils. Celui-ci prend son cheval et va à la recherche de son amie. Les pastoureaux lui disent où elle se trouve et il la rejoint dans sa hutte embaumée. Alors :

> " Aucassins, li biax, li blons,
>   li gentix, li amorous,
>   est issus du gaut parfont, (*du bois profond*) ?
>   entre ses bras ses amors
>   devant lui sor son arçon.
>   Les ex li baise et le front
>   et le bouce et le menton. "

Ils voyagent ainsi jusqu'à ce qu'ils arrivent à la mer; ils entrent dans une *nef* qui passait et arrivent au pays de Torelore. Là ils sont pris par les Sarrasins. La *nef* où était Aucassin est jetée par la tempête sur la côte de Beaucaire. Le comte était mort et Aucassin devient le maitre du pays, mais il est dolent, car il a perdu sa douce amie.

Nicolète est conduite par les Sarrasins à Carthage, dont le roi la reconnait pour sa fille.   Il lui donne or et argent et veut la marier à un roi; mais rien ne peut retenir la jeune fille, il lui faut son Aucassin.   Elle s'échappe de Carthage et va à Beaucaire sous le costume d'un jongleur.   Là elle voit son amoureux, se fait reconnaître de lui et ils se marient.   Ils vivent de longs jours, sont heureux et l'auteur termine par cette naïve réflexion, que son "cantefable" prend fin, car il n'a plus rien à dire.

Nous avons tenu à raconter cette charmante nouvelle du xiii° siècle, elle nous rappelle "Daphnis et Chloé" de Longus et "Paul et Virginie."   L'amour d'Aucassin et de Nicolète est suave et tendre et leurs aventures sont racontées avec une simplicité qui, néanmoins, n'exclut pas l'esprit le plus fin et la philosophie la plus profonde.

La fable fut populaire au moyen âge; elle était d'origine latine et imitée plutôt de Phèdre que d'Ésope, quoique le nom de ce dernier ait **Fables, et** été donné aux différents recueils.   Diffé- **Roman de** rentes histoires venues de l'orient furent **Renard.** ajoutées aux fables anciennes, et le tout fut traduit en anglais.   Marie de France, si connue au xii° siècle pour ses lais, traduisit le recueil de fables en vers français connu sous le nom d'"Isopet."   Il y eut plusieurs autres *Isopets*, dont le plus intéressant est l'*Isopet* de Lyon.

L'étude du *folk-lore* nous fait voir que dans tous les pays se trouvent des contes dont les animaux sont les principaux personnages.   Dans les contes américains les rusés compères sont toujours le lapin et la tortue, tandis que les sots sont le bouc et le singe.

Au moyen âge les contes d'animaux, d'abord racontés isolément, furent réunis en différentes *branches* et devinrent une vraie épopée, qui prit le nom de Renard, le fin matois, le principal personnage du cycle.

Les *branches* du Roman de Renard forment une œuvre immense, ce sont le " Pélerinage Renard," le **Branches du** " Jugement Renard," le " Couronnement **Roman de** Renard," " Renard le Nouvel " et " Renard **Renard.** le Contrefait." Le premier poème nous présente les animaux sans allégorie, sans autre but que d'amuser, dans les autres nous voyons les animaux représenter les hommes, et l'ouvrage devient une satire des différentes classes de la société, et a même un but didactique, surtout dans " Renard le Contrefait." Les principaux personnages de l'*épopée animale* sont Renard, de l'allemand Raganhard (vieux français *goulpil*, du latin vulgaire *vulpecula*), Isengrin, le loup, Noble, le lion, Belin, le bélier, Chanteclair, le coq, Couard, le lièvre.

Nous reconnaissons dans le Renard du XIIᵉ siècle un aïeul de celui du bon La Fontaine. Tous deux sont de fins matois, de grands faiseurs de niches. Voici les premiers vers du poème du moyen âge:

Renard et les   " Seignors, ce fu en cel termine
pêcheurs.   que li doz tens d'esté decline
                       et ivers revient en saison,
                       que Renart fu en sa maison.
                       Mais sa garison a perdue,
                       ce fu mortel desconvenue ;
                       n'ot que donner ne que despendre
                       ne ses dettes ne pooit rendre ;
                       n'a que vendre ne qu'acheter
                       ne s'a de quoi reconforter."

> "Seigneurs, ce fut à cette époque
> Que le doux temps d'été décline
> Et hiver revient en saison,
> Que Renard fut en sa maison.
> Mais sa provision a perdue,
> Ce fut mortelle déconvenue ;
> N'eut que donner ni que dépendre
> Ni ses dettes ne pouvait rendre ;
> N'a que vendre ni qu'acheter
> Ni a de quoi se reconforter."

Notre gaillard, comme vous voyez, est mal à son aise, il faut qu'il trouve de quoi nourrir sa famille. Il se met à l'affût sur le grand chemin et voit venir des pêcheurs sur une charrette pleine de poissons. Renard fait alors le mort et se laisse mettre sur la charrette par les hommes, qui se proposent de vendre sa peau. Vous pouvez penser s'il mange beaucoup de poissons. Après s'être rassasié, il saute à terre emportant un cordon d'anguilles, se moque des pêcheurs,

> "et vint a son ostel tout droit
> ou sa maisniée l'atendoit :
> encontre lui sailli sa fame,
> Hermeline la preude dame,
> qui moult estoit cortoise et franche,
> et Percehaie et Malebranche,
> qui estoient ambedui frère."

> "Et vint à son hôtel tout droit
> Où sa famille l'attendait :
> A sa rencontre vint sa femme,
> Hermeline la prude dame,
> Qui moult était courtoise et franche,
> Et Percehaie et Malebranche,
> Qui étaient tous deux frères."

Pendant que Renard faisait grande chère avec sa famille arrive Isengrin, le loup, attiré par la bonne odeur des mets.   Il supplie son compère de lui donner un petit morceau.   Renard lui répond qu'il soupe avec des chanoines et que, pour entrer chez lui, il faut étre moine.   Si Isengrin consent qu'il lui rase la tête, il l'admettra. Le loup accepte, alors Renard lui jette une chaudière d'eau bouillante à la tête et lui fait une superbe couronne.

Renard et Isengrin.

Un peu avant Noël, les deux compères vont pêcher des anguilles.   Ils trouvent l'étang glacé, excepté un petit trou qu'on avait fait dans la glace pour abreuver les animaux.   Renard attache l'amorce à la queue d'Isengrin et la lui fait mettre dans l'eau en guise de ligne.   Mais voilà que le froid augmente et la queue du loup se trouve serrée dans la glace comme dans un étau. Renard est enchanté et se met à l'écart.   Arrive le seigneur Costanz avec sa meute.   En voyant Isengrin tous se précipitent sur lui, homme et bêtes.   Costanz lève son épée pour frapper le loup, mais il glisse et l'épée coupe la queue d'Isengrin, qui se trouve délivré de sa prison glacée et qui se sauve, en jurant de se venger du déloyal Renard.

> "Ici prent cette branche fin,
> Mais encore i a d'Isengrin."

C'est-à-dire que cette partie de l'histoire est finie, mais qu'il y a bien des Isengrins, bien des dupés, bien des dupeurs.

Dans les fableaux et le " Roman de Renard " nous voyons l'esprit gaulois, fin, satirique, mordant, caustique, mais souvent philosophique, esprit de Marot, de

Rabelais, de La Fontaine, de Molière, de Voltaire, de Beaumarchais, de Béranger et de bien d'autres dans la littérature française. Comparons cet esprit à celui du "Voyage de Charlemagne à Jérusalem," à la "gaberie" des chansons de geste.

Un trait caractéristique des poèmes en langue d'oïl c'est la "gaberie." Chacun se vante à qui mieux mieux; rois et chevaliers sont capables, **Voyage de** d'après eux, d'entasser Pélion sur Ossa, **Charlemagne** comme les Titans dans la guerre des **à Jérusalem.** dieux. La femme de Charlemagne lui a dit que le roi Hugues le Fort, de Constantinople, est plus grand et plus fort que lui. L'empereur se rend à Constantinople avec ses paladins. Le roi les reçoit bien et leur donne une belle chambre pour passer la nuit. Avant de se coucher Charles veut "gaber." Il dit que d'un coup de son épée, Joyeuse, il peut fendre en deux un adversaire et son cheval, malgré le casque et l'armure du chevalier, et que son épée restera enfoncée si profondément dans la terre que nul homme ne pourra l'en retirer.

Roland "gabe" et dit que s'il souffle dans son olifant, un tel vent s'élèvera que toute la ville s'écroulera et que même la barbe du roi Hugues sera arrachée par la violence du vent.

Le comte Bérenger dit qu'il prendra les épées de tous les chevaliers, qu'il les enfoncera dans la terre en laissant les pointes dehors et qu'il se jettera dessus du haut d'une tour, sans que les épées puissent entamer sa peau; au contraire, c'est l'acier qui sera ébréché.

Cette "gaberie" continue pendant des heures, l'archevêque Turpin, Olivier, Ogier le Danois, tous peu-

vent faire des prodiges qui épouvantent un espion
du roi de Constantinople. Dieu permet que les
"gaberies" s'accomplissent et le roi est amené à la
cour de Charles, où l'impératrice est forcée de reconnaître que l'empereur a toute la tête de plus que
Hugues le Fort.

_____

CHAPITRE V

LA POÉSIE ALLÉGORIQUE ET DIDACTIQUE ET LA POÉSIE LYRIQUE

COMME nous l'avons vu en parlant des moralités,
l'allégorie était populaire au moyen âge. Le poème
allégorique le plus intéressant de cette époque est le
célèbre " Roman de la Rose."

L'Art d'Aimer d'Ovide avait été souvent traduit et
imité et les poèmes sur l'amour étaient fréquents,

**Roman de
la Rose.**

quand, vers 1237, Guillaume de Lorris
composa la première partie du " Roman
de la Rose." L'auteur avait vingt-cinq
ans et écrivit une œuvre charmante et poétique. Il
est bien de son siècle et sa morale n'est guère
sévère, mais l'on ne trouve rien de grossier dans son
œuvre. Il se sert du songe comme cadre du sujet et
réussit, malgré la monotonie ordinaire des composi-
tions allégoriques, à produire un ouvrage qui eût
tant de succès que, quarante ans après sa mort, Jean
de Meun continua le poème resté inachevé. Guillaume de Lorris avait écrit 4670 vers, Jean de Meun
compléta l'ouvrage, qui eut alors 22,817 vers.
Voici une courte analyse du " Roman de la Rose: "

Un jeune homme pénètre dans un jardin entouré de hauts murs sur lesquels sont peintes des figures représentant l'Avarice, l'Envie, la Vieillesse et autres personnages peu agréables. Il voit dans le jardin une magnifique rose, et Amour lui ayant percé le cœur d'une flèche, il veut s'emparer de la rose. Bel Accueil veut l'aider, Raison tâche de le dissuader et Ami l'encourage. Ses ennemis, Danger, Malebouche, Honte, et Peur s'opposent à l'Amant et à Bel Accueil, et malgré l'intercession de Franchise et de Pitié, Jalousie fait enfermer Bel Accueil dans une tour, et l'Amant est au désespoir. C'est ici que finit le gracieux poème de Guillaume de Lorris qui disait:

> " Ci est le Romant de la Rose
> Où l'art d'amors est tote enclose."

Jean de Meun continue l'œuvre de Guillaume de Lorris où celui-ci l'a laissée, mais le poème d'amour devient un prétexte pour étaler toute l'érudition du temps, et dans de longs discours, les personnages allégoriques font des satires acerbes contre les femmes, le mariage et les différentes classes de la société. Amour et ses vassaux viennent au secours de l'Amant qui veut délivrer Bel Accueil, et grâce à Nature que l'on voit travaillant dans sa forge, et à son prêtre, Génius, Bel Accueil est délivré, Amant cueille sa rose et s'éveille. On ne peut guère nommer toutes les abstractions de l'œuvre de Jean de Meun, il faut cependant appeler l'attention sur Faux Semblant, cet ancêtre de Tartuffe, où l'auteur attaque avec hardiesse l'hypocrisie religieuse. Jean de Meun n'a pas la grâce de Guillaume de Lorris, mais il a plus de force, et son poème plaît, tout grossier qu'il est, car il nous présente un aperçu des connaissances du temps et les popularise. La poésie de Guillaume de Lorris et la force satirique de Jean de Meun eurent un immense succès, et le "Roman de la Rose" fut populaire pendant plusieurs siècles. Chaucer le traduisit, Marot le rajeunit, et il fut attaqué et défendu avec ardeur.

Le "Roman de la Rose" est allégorique, mais il est aussi didactique. On se servait aussi pour en-
Poèmes di- seigner la morale, les sciences ou la
dactiques. théologie, des *Lapidaires*, des *Bestiaires*, des *Volucraires*, ouvrages où les pierres précieuses, les animaux, les oiseaux servent de prétexte à la morale. Il y avait aussi les *Bibles*, telles que celles de Guyot de Provins, les *Dits*, courts récits sur différents sujets, et les *Débats*, principalement religieux, comme le "Débat du Corps et de l'Âme" si souvent cité. La poésie didactique, cependant, n'est pas plus intéressante dans la littérature du moyen âge que dans celle des autres époques et nous passerons à la poésie lyrique.

La littérature du Nord, aussi bien que celle du Midi, est riche en poètes lyriques. Nous avons un
Poésie grand nombre de charmants petits poèmes
lyrique. du XIIIᵉ et du XIIᵉ siècle, et peut-être du XIᵉ: *chansons d'histoire* ou *chansons de toile*, que chantaient les femmes en travaillant, " Belle Idoine," " Belle Doette," anonymes, " Belle Argentine," " Belle Isabel," par Audefroi le Bâtard, d'Arras, du XIIIᵉ siècle. Rien de plus gracieux, de plus dramatique, que les petites *chansons d'histoire; motets; rotrouenges* à refrain; *serventois*, composés par ou pour les gens au service des grands seigneurs; *rondeaux, ballettes,*

estampies, *virelis* ou *virelais*, qu'on chantait en dansant; *pastourelles*, où un chevalier rencontre toujours une bergère et lui adresse des paroles d'amour, genre lyrique le plus gracieux de tout le moyen âge, où l'amour est fin, délicat et tendre; *chansons de croisade*, dont la complainte attribuée à la dame de Fayel est le modèle du genre; enfin les *lais*, dont nous avons déjà parlé, et dont les plus célèbres sont ceux de Marie de France qui vivait à la cour de Henri II d'Angleterre.

L'influence de la poésie provençale, presque toute lyrique et consacrée à l'amour, fut grande sur les poètes du Nord, et ceux-ci prirent le genre des chanteurs du Sud et rivalisèrent avec eux en courtoisie. Le XIII° siècle est l'époque la plus florissante de la poésie lyrique, c'est alors que nous voyons Quesne de Béthune, mort en 1224, qui se plaint que les Parisiens se moquaient de son langage picard et qui disait: *Poésie lyrique du xiii° siècle.*

> " Ne cil ne sont bien appris ne cortois,
> Qui m'ont repris, se j'ai dit mot d'artois."

Il écrivait pour Marie de Champagne, cette fille d'Éléonore d'Aquitaine, qui protégeait les lettres et qui inspirait aussi Chrétien de Troies. Mentionnons encore du commencement du XIII° siècle ou de la fin du XII°, le Châtelain de Couci, Gace Brulé, Colin Muset, Blondel de Nesle, à qui la légende attribue la délivrance du roi Richard, et Cœur de Lion lui-même, aussi bon ménestrel que vaillant guerrier. Tout bon poète que fut Richard d'Angleterre il y eut un autre roi trouvère plus célèbre que lui, c'est le chevaleresque Thibaut, comte *Thibaut de Champagne.*

de Champagne et roi de Navarre. Ce fut lui qui
vint en aide à la reine Blanche, lorsque, à la mort de
Louis VIII, les seigneurs voulurent profiter de la
régence d'une femme pour secouer le joug imposé
par Philippe-Auguste. On prétend que ce fut l'amour
de Thibaut pour la mère de Saint Louis qui inspira
ses douces chansons; quoi qu'il en soit, le comte de
Champagne est un gracieux chansonnier et l'on peut
le comparer à ces autres princes poètes, Charles
d'Orléans et Jacques Ier d'Écosse. Malgré l'ignorance de la plupart des seigneurs et des princes du
moyen âge on doit reconnaître qu'il y en eut un assez
grand nombre qui cultivèrent les lettres. C'est à eux
et à leur influence qu'on doit beaucoup d'ouvrages
écrits en langue vulgaire, car les clercs se servirent
du latin et dédaignèrent la langue du pays, que ce
fût la langue d'oc ou la langue d'oïl. Charles d'Anjou
fut poète, Charles V et son fils Louis d'Orléans furent
des lettrés, ainsi que le bon roi René et même Louis
XI, le madré compère.

Bien différents de Thibaut de Champagne sont
Jean Bodel et Adam de la Halle avec leurs *congés,*
Rustebeuf. l'un mélancolique et l'autre satirique,
et Rustebeuf. L'auteur du " Miracle de
Théophile " et de tant de fableaux spirituels et
mordants, atteint à la hauteur de la poésie lyrique,
quand il parle de son sort de pauvre poète sans feu ni
lieu dans "La Pauvreté Rustebeuf," "Le Mariage
Rustebeuf," "La Mort Rustebeuf." Il est cependant,
plutôt satirique et raille les personnes et les choses de
son temps avec une vigueur que nous ne trouvons
nulle part ailleurs avant Villon.

La poésie du XIVe et du XVe siècle est plus artifici-

elle que celle du XIII°, et la *ballade*, le *chant royal*, le
triolet, ont une mesure plus variée et plus
difficile que celle des *rondeaux* plus anciens et des *pastourelles.* Mentionnons
les ballades de Guillaume de Machault et
d'Eustache Deschamps, poètes champenois tous les
deux et vivant dans la faveur des grands, ainsi que
Froissart, le chroniqueur, dont les vers ne manquent
pas de mérite.   Un autre historien, qui fut aussi
poète, fut Christine de Pisan, le second nom important de femme que nous rencontrions dans la littérature française.   Alain Chartier, poète de la cour de
Charles VII, dut être un chanteur bien harmonieux,
puisque Marguerite d'Écosse, Dauphine de France,
femme du prince qui fut plus tard Louis XI, trouvant
un jour le poète endormi sur un banc, embrassa
ses lèvres qui avaient prononcé tant de douces
paroles.
    Les deux meilleurs poètes du xv° siècle furent
Charles d'Orléans et Villon, un prince et un vagabond.   Le nom du premier nous rappelle
une triste époque de l'histoire de France.
Après Crécy et Poitiers le royaume semblait perdu,
mais malgré la Jacquerie, màlgré Charles le Mauvais,
malgré les Anglais, Charles le Sage avait réussi, avec
l'aide de Du Guesclin, à reconstituer le pays et il avait
laissé à son fils un puissant héritage.   Charles VI
devient fou, les grands seigneurs se disputent le
pouvoir, Jean de Bourgogne fait tuer Louis d'Orléans, frère du roi, les Armagnacs et les Bourguignons
s'entredéchirent, l'Anglais pénètre encore dans le
royaume, et en 1415 Henri V est vainqueur à Azincourt.   Sur ce champ de bataille fatal la noblesse est

décimée et les plus grands seigneurs de France sont
tués ou faits prisonniers. Parmi ceux-ci était Charles
d'Orléans, père du roi Louis XII, dont la captivité
devait durer vingt-cinq ans. Dans sa prison d'Angleterre le prince français devient poëte. Il chante,
mais non pas avec énergie; le prisonnier d'Azincourt
n'a pas la voix mâle d'un Tyrtée, d'un Rouget de
Lisle, excitant à la guerre, à la vengeance; il parle
d'amour ou s'occupe du renouveau qui amène les
oiseaux et les fleurs. Charles d'Orléans est le plus
gracieux poète du moyen âge, Villon en est le plus
énergique.

Le xvᵉ siècle, auquel appartenait Villon, est en
réalité une époque de transition entre le moyen âge
Villon. et la Renaissance, et l'on peut considérer
Louis XI le premier roi de la France
moderne, mais de tous les contemporains de ce
monarque, Villon et Comines sont les seuls qui appartiennent plutôt à la nouvelle époque qu'à l'ancienne,
et il vaut mieux les classer parmi les écrivains du
moyen âge. D'ailleurs, le siècle de Louis XI n'était
pas encore pénétré de l'esprit de l'antiquité, qui
amena vraiment la Renaissance, et le xvɪᵉ siècle est
l'époque qui sut s'inspirer des chefs-d'œuvre grecs et
latins. François Villon naquit à Paris en 1431 et
mourut vers 1484. Il eut une vie accidentée et y fait
allusion dans ses récits. Il eut à s'enfuir plusieurs fois
de Paris pour échapper à la justice et fut même condamné à être pendu pour vol. On raconte qu'il dut
sa grâce à l'intercession de Charles d'Orléans et que
Louis XI le libéra de prison à Meung, où l'avait mis
l'évêque d'Orléans. Le poëte vagabond, qui savait
si bien critiquer les gens de tout état, devait plaire au

roi le moins chevaleresque qu'il y eût jamais. Rien,
avant Rabelais, n'égale la verve satirique et la force
du "Petit" et du "Grand Testament" et la grâce
et la philosophie mélancolique de la "Ballade des
Dames du Temps Jadis."

CHAPITRE VI

L'HISTOIRE ET ŒUVRES DIVERSES EN PROSE

L'USAGE universel du latin au moyen âge par les
savants fit beaucoup de tort à la prose française, et
celle-ci ne se développa que fort tard. L'histoire et
tous les genres sérieux furent écrits en latin et il fallut l'intérêt que prenait le peuple aux croisades pour
que les relations de ces grands événements fussent
écrites en français. Il y eut des lettres en cette
langue, telles que celle de Jean Sarrazin au XIIIe
siècle, et les histoires remarquables de Villehardouin
et de Joinville. Les trois premières croisades n'eurent pas d'historiens célèbres, c'est la quatrième qui
sert de sujet à Villehardouin. La croi-   Villehar-
sade contre Constantinople est une des   douin.
expéditions les plus curieuses de l'histoire ; partis
pour combattre les musulmans, les Occidentaux arrivés à Venise, prirent la route de Constantinople et
firent la conquête de la grande ville des empereurs
d'Orient. Le renversement de l'empire grec par les
Latins, un comte de Flandre sur le trône d'Alexis
Comnène, ces événements frappèrent vivement l'imagination et inspirèrent le maréchal de Champagne,
Geoffroi de Villehardouin. Né vers 1160, mort vers
1213, Villehardouin accompagna à la croisade le mar-

quis de Montferrat et dicta dans un style vigoureux et
simple le récit des événements auxquels il assista.
Son histoire a été comparée à une épopée et, au point
de vue du style, c'est l'ouvrage historique le plus
énergique du moyen âge.

Champenois comme Villehardouin fut le sire de
Joinville qui nous raconte la première croisade de
Joinville.   Louis IX. Le compagnon du saint roi
naquit en 1224 et mourut en 1317, et c'est
à la fin de sa longue vie qu'il offrit à Louis le Hutin
le livre "des saintes paroles et des bons faits" de
Louis le Saint. L'œuvre de Joinville est plus inégale
que celle de Villehardouin et n'est pas aussi bien co-
ordonnée. Le sénéchal de Champagne ne possède
pas la vigueur du maréchal de Champagne, mais avec
quelle naïveté, quelle vérité, il nous trace le portrait
de cet homme admirable qui fut le roi Louis IX. Le
récit a tout l'intérêt d'un roman et on lit avec un vif
plaisir le livre de l'aimable biographe du meilleur des
rois.

Le chroniqueur le plus intéressant après Joinville
est Froissart, né à Valenciennes vers 1337, mort vers
Froissart.   1410. La langue de cette époque est plus
facile à comprendre que celle de Ville-
hardouin et même de Joinville, aussi les chroniques
de Froissart sont plus connues que celles de ses devanciers. Le poète-historien va dans toutes les cours
de l'Europe ; il lit ses poèmes aux rois, aux grandes
dames, aux seigneurs, mais en même temps il observe
les événements, il recueille les anecdotes, il écoute les
récits et il met sous les yeux du lecteur la vie réelle de
l'Europe féodale. C'est en lisant Froissart que nous
comprenons bien ce que c'était que la guerre de Cent

Ans; il nous fait voir les Anglais et les Français sur les terribles champs de bataille de Crécy et de Poitiers, mais il nous les montre aussi aux tournois, où enivrés par les doux regards de leurs dames les chevaliers joutaient et rompaient des lances dans l'arène bien souvent ensanglantée.

Christine de Pisan, déjà citée comme poète, écrivit "Le Livre des Faits et bonnes Mœurs du sage roi Charles V," et nous pouvons mentionner encore parmi les chroniqueurs, Enguer- rand de Monstrelet et Juvénal des Ursins. **Christine de Pisan.** Aucun de ces auteurs, cependant, ne cherche les causes des événements et les résultats, au point de vue philo- sophique, aussi ne peut-on les appeler réellement des historiens.   Le premier auteur qui mérite ce titre est Philippe de Comines, né vers 1445, mort en 1511.

Comines naquit sujet du duc Philippe de Bourgogne et nous le voyons au service du comte de Charolais, plus tard Charles le Téméraire. Lorsque Louis XI vint si imprudemment à Péronne se mettre entre les griffes du lion Comines **Philippe de Comines.** apprit à connaître le caractère de son maître et celui du roi.   Il vit que Louis devait triompher de Charles, il servit secrètement le roi à Péronne, et peu après, devint son conseiller le plus intime.   A la mort de Louis XI Comines ne fut pas en faveur sous Charles VIII, mais cependant il prit part à la bataille de Fornoue et remplit quelques missions diplomatiques en Italie.   Louis XII le favorisa et ce fut sous ce règne qu'il écrivit son histoire.   Il ne se contente pas de raconter, il critique, il voit le mobile qui fait agir les hommes.   Il est presque un moderne, mais il n'est pas de la Renaissance, car il ne sait pas le latin.   Ce qui nous intéresse dans Comines c'est l'histoire de la France de Louis XI. Il nous décrit la lutte de la royauté et de la féodalité qui est agonisante, et nous fait voir le roi ayant à côté de lui Olivier le Daim et Tristan l'Hermite, le roi mal vêtu, de petite mine, mais qui a fait tomber la tête de St. Pol et de Nemours et qui a recueilli presque tout l'héritage de Charles le Témeraire et celui de René d'Anjou. Pour Comines, cependant, "la fin justifie les moyens," et Louis XI est grand, puisqu'il a réussi à abattre ses ennemis. L'historien du xvᵉ siècle avait raison d'admirer les talents du politique, mais la postérité n'a pas oublié, comme Philippe de Comines, que l'homme fut mauvais fils, mauvais époux et mauvais père. L'historien de nos jours demande aux grands hommes les qualités du cœur aussi bien que celles de l'esprit, sinon sur le génie il y aura toujours une tache qui en diminuera l'éclat.

La théologie est l'étude principale du moyen âge, et les deux grands théologiens de cette époque sont Saint Bernard, et Abélard si fameux surtout pour son amour pour Héloïse. C'est au moyen âge que parut cette œuvre extraordinaire, l' "Imitation de Jésus-Christ," attribuée à Thomas-à-Kempis et, par quelques-uns, à Jean Gerson.

Saint Bernard et Abélard.

Le principal roman du moyen âge est le "Petit Jehan de Saintré," écrit probablement par Antoine de La Salle, à qui on attribue aussi l' "Avocat Pathelin." Il n'y a rien de plus amusant, de plus gracieux que cette fine critique de la chevalerie, où nous voyons le jeune chevalier, la *dame des Belles Cousines* et le riche abbé jouer des rôles si divers.

Antoine de La Salle.

SECONDE PARTIE

LE SEIZIÈME SIÈCLE

CHAPITRE I

LA RENAISSANCE ET FRANÇOIS Ier

Le pouvoir royal affermi par les quatre grands Capétiens, Louis VI, Philippe-Auguste, Saint Louis et Philippe le Bel, avait agrandi la France et avait amélioré le sort du peuple en diminuant le pouvoir des seigneurs féodaux. Lorsque Philippe de Valois monta sur le trône en 1328 l'avenir semblait promettre une heureuse carrière à la nouvelle dynastie. Les terribles guerres, dites des Anglais, les luttes des Armagnacs et des Bourguignons, mirent la France à deux doigts de sa perte et accablèrent le peuple de maux de toutes sortes. La nouvelle féodalité sortie des fleurs-de-lys était aussi puissante que le roi, et lorsque Jeanne la Pucelle eut délivré le royaume des Anglais il fallut que Louis XI abattît de nouveau le pouvoir des seigneurs. De Philippe VI à Charles VII, la France combat pour son existence nationale, sous Louis XI elle se fortifie, elle arrondit ses frontières, elle se prépare pour la guerre à l'étranger. Charles

La Renaissance.

VIII et Louis XII conduisent leurs soldats en Italie,
François 1er est vainqueur à Marignau et vaincu à
Pavie, les Français sont éclairés par la vive lumière
de la Renaissance italienne et, rentrés chez eux, ils
vont tâcher de l'imiter. Ils essaient de comprendre
quelles sont les causes de cette Renaissance, ils verront
qu'elle est due en grande partie à l'étude de l'antiquité
et ils étudient, eux aussi, les arts et les lettres de la
Grèce et de Rome. Ainsi les guerres d'Italie furent
une des grandes causes de la Renaissance en France;
les Français furent inspirés par le siècle de Léon X
et bientôt égalèrent leurs modèles dans toutes les
branches. Ce contact des Français et des Italiens
activa la Renaissance en France, mais elle eût eu lieu
sans cela. La prise de Constantinople par les Turcs
en 1453 avait répandu les Grecs et leur culture dans
toute l'Europe, et la France eût étudié l'antiquité
comme le fit plus tard l'Angleterre. L'invention de
l'imprimerie, en mettant à la portée de tout le monde
les chefs-d'œuvre grecs et latins, en propageant les
nouvelles idées, les nouvelles découvertes, fit faire de
grands progrès à l'esprit humain, et la découverte de
l'Amérique, en donnant un monde nouveau à la
vieille Europe, lui donna une activité, une énergie
incroyable. Des milliers de navires suivirent celui de
Colomb et bientôt, en présence de l'immensité du
Nouveau Monde, il sembla aux hommes que rien ne
leur était impossible. Les entreprises commerciales
furent hardies, les choses de l'esprit le furent aussi.
Le xvie siècle fut encore le siècle de la Réforme, de
la controverse religieuse; les adhérents des nouvelles
doctrines attaquèrent les dogmes catholiques, furent
obligés de se servir de la langue vulgaire pour exprimer

leurs arguments et firent faire de grands progrès à la
prose française. Les principales causes de la Renaissance furent donc: 1° Les guerres d'Italie; 2°
l'invention de l'imprimerie; 3° la découverte de l'Amérique; 4° la Réforme.

Le XVIᵉ siècle est réellement une grande époque;
c'est le siècle de Léon X, de Charles-Quint, de Henri
VIII, de François Iᵉʳ; c'est le siècle qui
vit l'imprimerie se perfectionner et per-   François Iᵉʳ.
mettre aux hommes de lire les beaux ouvrages des
anciens ainsi que ceux des Marot, des Ronsard, des
Rabelais et des Montaigne; c'est le siècle de Luther
et de la Réforme; c'est le siècle de Raphaël et de
Michel-Ange; c'est la Renaissance enfin. Regardons
François Iᵉʳ à sa cour. Autour de lui se trouvent
Louise de Savoie, sa mère, la belle duchesse d'Étampes,
Anne de Montmorency, le rude connétable, Marguerite
de Valois, tendre sœur, esprit d'élite, toute une cour
de belles dames, de galants chevaliers. Ce n'est plus
le roi Louis XI au château de Plessis-lez-Tours, entouré de gardes et tremblant au moindre bruit, l'esprit
tourmenté par les actions cruelles qu'il a dû commettre
pour abattre les seigneurs féodaux. La féodalité
n'existe plus; Bourbon, le dernier sire des fleurs-de-
lys, est tombé devant Rome. François est absolu,
c'est lui qui doit décider des destinées de la France.
Il n'eut pas une main assez ferme pour bien mener
l'état; il fut assez lâche, dans sa faiblesse, pour laisser
brûler les Vaudois; mais, malgré tout, François Iᵉʳ
restera un grand type aux yeux de l'historien. Le vainqueur de Marignan nous frappe par sa grande mine et
ses manières élégantes. Il est brave, il est éclairé,
c'est l'homme de la Renaissance. Léonard de Vinci

meurt entre ses bras, et Benvenuto Cellini, le célèbre
artiste, parle de lui dans ses mémoires avec le plus
grand enthousiasme. L'homme d'état fut petit,
bien inférieur à ses rivaux, Charles d'Autriche et Henri
Tudor; le général fut imprévoyant et souvent malheureux; le roi ne sut pas empêcher les persécutions
iniques; l'homme lui-même, fut quelquefois déloyal,
mais cependant, de même que le *Corpus Juris
civilis* de Justinien a suffi pour immortaliser cet
empereur d'Orient, la protection accordée aux arts,
aux sciences et aux lettres rachète bien des fautes du
roi de France du XVIᵉ siècle.

CHAPITRE II

LA POÉSIE

Au XVᵉ siècle nous avons vu la poésie française
arriver à un haut degré de perfection avec Charles
d'Orléans et Villon. Tendre et douce
chez le prince, énergique et spirituelle,
mélancolique parfois, chez le vagabond, il semblerait
que la poésie dût continuer à fleurir après ces deux
poètes, mais nous ne rencontrons pendant quelque
temps que des *rhétoriqueurs*, des Meschinot, des
Cretin, des Molinet, auteurs infimes grandement
admirés des contemporains. Un nom important se
présente avant celui de Marot, c'est Jean
Le Maire de Belges. Quoique rhétori-
queur, comme son oncle Molinet, il exerça une grande
influence sur Ronsard et Marot. Malgré un étalage
d'érudition, et un abus du genre allégorique il est

[marginal notes: Marot et son Ecole. — Le Maire de Belges.]

parfois un poète charmant, et sa prose est aussi
poétique. Né dans le Hainaut en 1473 il vécut longtemps à la cour de Marguerite d'Autriche, tante de
Charles-Quint, puis fut attiré en France par Louis
XII, dont il fut l'historiographe. Ses poèmes, les
"Épîtres de l'Amant Vert" et son épopée en prose,
les "Illustrations des Gaules," se recommandent par
la forme.

Octavien de Saint-Gelais est plutôt connu comme
père de Melin que comme poète, et Jean Marot
aussi fut éclipsé par son fils Clément. Jean Marot,
cependant, mérite d'être connu; il a de l'invention
et son style est simple et gracieux.

Jehan de Pontalais, célèbre bateleur, est l'auteur
d'une satire remarquable, les "Contredicts de Songe-
Creux."

Clément Marot, favori de François I⁰ʳ et de sa sœur
Marguerite, nous transporte en pleine Renaissance, à
la brillante cour du roi chevalier. Il **Clément**
naquit à Cahors en 1497, puis fut conduit **Marot.**
à Paris par son père pour y compléter son éducation.
Il s'engagea d'abord chez un procureur et fut un des
clercs de la Basoche. Il fut ensuite présenté à François I⁰ʳ, qui le mit au service de sa sœur Marguerite.
Il suivit, cependant, François en Italie et fut blessé
et fait prisonnier à Pavie. De retour en France il
fut accusé d'hérésie et emprisonné au Châtelet en
1526. Il a décrit sa prison dans ce charmant poème,
"l'Enfer." Le roi le fit mettre en liberté, et touché
par une épître du poète, le protégea encore quelque
temps après en le libérant de prison une seconde fois.
Les persécutions religieuses qui commençaient déjà,
et qui étaient l'avant-coureur des terribles guerres

entre huguenots et catholiques, devaient encore
atteindre Marot et il fut obligé de s'enfuir de la cour
de France. Il se réfugia d'abord chez Marguerite de
Navarre, puis chez Renée de Ferrare, cette aimable
fille du bon Louis XII. Il passa ensuite à Venise,
puis ayant abjuré l'hérésie, il rentra en France en
1536.

Le talent du poète s'était mûri dans le malheur, et
de 1536 à 1543 il produit ses rondeaux et ses ballades,
poésies gracieuses et fines, ses charmantes épîtres, ses
spirituelles et mordantes épigrammes. Nous aimons
à nous figurer Marot à côté de Marguerite, lui lisant
ses vers amoureux et écoutant ceux de la reine,
racontant des contes avec Bonaventure Despériers et
jouissant des joyeux récits de l'Heptameron. Marot,
pénétré de l'esprit gaulois, crée le style *marotique*,
admire Villon et publie une édition des œuvres du
plus grand poète du moyen âge. A la cour de
Marguerite, écrivant et lisant avec la reine, il a dû se
rappeler Villon à Blois à la cour du vieux Charles
d'Orléans, Villon fugitif et menant une vie errante.
Tel avait été le sort de Marot; seulement le poète du
xvᵉ siècle souffrait de son inconduite, de ses propres
erreurs, le poète du xviᵉ siècle fut victime de l'intolérance de son siècle. Ayant traduit les cinquante
premiers Psaumes, à la demande du roi lui-même, les
fureurs religieuses se déchaînèrent contre lui de telle
sorte que le roi ne le protégea plus, et Marot dut
quitter le royaume une seconde fois. Il se retira à
Genève, en fut chassé et alla mourir à Turin en
1544.

Marot continua l'œuvre des trouvères, et ses
premiers ouvrages, "l'Adolescence Clémentine," son

"Temple de Cupido," nous rappellent Thibaut de Champagne et Charles d'Orléans. A son retour d'exil ses vers ont plus d'énergie, mais, néanmoins, il ne crée pas une nouvelle époque, et n'était la culture latine et grecque qu'on aperçoit en ses œuvres on le croirait à peine de la Renaissance. Outre ses ballades, ses rondeaux, ses épigrammes, ses *cimetières*, ses épîtres, dont celles au roi sont les plus célèbres, il écrivit l'éloge funèbre de Louise de Savoie, à l'imitation d'une églogue de Virgile, des poèmes appelés *blasons*, où il fait la description des beautés de sa belle, et des coq-à-l'âne satiriques. Marot est un poète élégant, gracieux, à la langue harmonieuse et correcte, mais quoiqu'il eût des disciples et fût roi de la poésie sous François Ier il n'exerça pas d'influence sur la renaissance poétique. Il est, cependant, un des poètes français les plus populaires, et si l'on excuse la licence trop fréquente de ses vers, défaut de son siècle, on reste longtemps sous le charme des douces et spirituelles paroles du valet de chambre, nous pourrions dire de l'ami de Marguerite.

La sœur de François Ier est un des personnages les plus intéressants de l'histoire de France et nous paraît la fée protectrice des Valois. Elle est bonne, spirituelle, instruite, éclairée, et la première moitié du XVIe siècle garde, grâce à elle et à son influence sur son frère, un reflet de poésie, de loyauté et de bonheur qui va bientôt faire place aux trahisons, aux infamies, des Valois dirigés par Catherine de Médicis. Marguerite est une femme d'un grand cœur et elle devient l'épouse d'un duc d'Alençon qui s'enfuit à Pavie, et plus tard d'un Henri d'Albret

trop inepte pour l'apprécier.   Elle cherche alors
une consolation dans une affection profonde pour
François et dans la culture des lettres.   Elle penche
vers la religion réformée et donne asile aux persécutés, elle s'entoure de poètes, elle-même écrit des
mystères, des farces, des épîtres, des chansons, des
complaintes, des poèmes mystiques, et donne à son
recueil le titre charmant de "Marguerites de la
Marguerite des Princesses."

On voit dans les poésies de la reine de Navarre le
sentiment et la finesse; ne sont-ce pas ces deux qualités réunies au plus haut point qui composent le génie
de Henri IV?   Le petit-fils de Marguerite a hérité
de son cœur et de son esprit et a sauvé la France
perdue par la Médicis.   C'est surtout dans ses contes
que se voit l'esprit de Marguerite, dans cet Heptameron aux contes trop libres terminés par de subtiles
discussions sur la morale et la galanterie.

Après le nom de Marguerite nous devons citer celui
de Louise Labé, de Lyon, dite la *belle cordière,* qui
fut aussi de l'école de Marot, quoiqu'elle écrivît sous
Henri II.

Le plus célèbre des disciples de Marot fut Melin
de Saint-Gelais, dont la popularité fut très grande

Melin de Saint-Gelais. pendant tout le règne de François Ier.
Poète de cour gracieux, élégant même,
il introduit le sonnet de l'italien dans la
littérature française.   Il fut, cependant, complètement éclipsé par l'école de Ronsard, et ses gentilles
poésies sont tombées dans l'oubli.

En février 1550 parut la "Défense et Illustration
de la Langue Française" par Joachim du Bellay,
manifeste de la nouvelle école, qui devait avoir sur la

littérature française une influence tout aussi grande que la célèbre préface du "Cromwell" de Victor Hugo en 1827. Il faut, dit Du Bellay, rendre le français aussi riche que Ronsard et la Pléiade (1550-1600). le grec et le latin, et réformer le rythme poétique, il faut écrire en français des ouvrages aussi nobles que ceux des langues anciennes, il faut dédaigner les poésies du moyen âge, les virelais, les chansons, les mystères, les moralités, il faut créer la tragédie, la comédie, l'épopée, l'ode et, " le Temps viendra (peut estre), et je l'espère moiennant la bonne destinée Françoise, que ce noble et puissant royaume obtiendra à son tour les resnes de la Monarchie, et que notre langue (si avecques François n'est du tout ensevelie la langue Françoise) qui commence encor' jetter ses racines, sortira de terre et s'eslevera en telle hauteur et grosseur, qu'elle se pourra esgaler aux mesmes Grecs et Romains, produisant comme eux des Homeres, Demosthenes, Virgiles et Cicerons, aussi bien que la France a quelquefois produit des Pericles, Nicias, Alcibiades, Themistocles, Cesars et Scipions."

L'Homère, le Virgile du XVIᵉ siècle, fut Pierre de Ronsard. Il naquit à Vendôme en 1524 et entra à l'âge de dix ans au service du duc d'Orléans, fils de François Iᵉʳ. Il suivit ensuite Jacques Stuart en Écosse, puis fut employé à plusieurs ambassades par le duc d'Orléans. Il fut atteint de surdité, et quittant le service des princes, il se consacra entièrement à l'étude. A l'âge de vingt-cinq ans, il reprit le chemin de l'école et, guidé par le savant Dorat au collège Coqueret, à Paris, il se mit à étudier avec ardeur le grec et le latin. Il avait pour condisciples

Jean-Antoine de Baïf et plusieurs autres jeunes gens
à qui Dorat sut communiquer son enthousiasme pour
les chefs-d'œuvre de l'antiquité. En 1551 parurent
les premiers poèmes écrits d'après les préceptes du
manifeste de Du Bellay, c'étaient les odes pindariques
de Ronsard, qui firent entrer Melin de St. Gelais dans
l'obscurité et oublier Marot. Il y a une certaine
noblesse dans les premières œuvres de Ronsard, mais
elles sont si chargées d'érudition qu'il faut un com-
mentaire pour les comprendre. Bientôt, cependant, il
quitta cette imitation servile des anciens, et en 1560,
dans la première édition de ses œuvres, nous voyons
des vers harmonieux, élégants et en même temps
vigoureux. Sous Charles IX il fut poète de cour et
dut écrire un grand nombre de vers sur commande,
mais sous Henri III il se retira à la campagne, en
Vendômois, et là, inspiré par la nature, il produisit
encore de charmants poèmes, tels que les " Sonnets à
Hélène" et d'autres vers ajoutés au " Bocage Royal "
et aux "Amours." Il donna en 1584, ce que nous
pourrions appeler une édition expurgée de ses œuvres,
et mourut en 1585.

Ronsard eut pendant près de quarante ans une réputation extraordinaire en France et dans toute l'Europe et passait pour le prince des poètes français.
Ses contemporains le considéraient un génie de
premier ordre; il le croyait aussi et le dit trop souvent. De même, cependant, qu'il avait fait oublier
Marot, Malherbe le fit oublier. Boileau parle de lui
avec mépris, et pendant deux siècles, il fut presque
tourné en ridicule. Il est vrai que Ronsard et ses
amis sont parfois pédants et vains, mais ils étaient
emportés par leur enthousiasme de réformateurs;

leurs ouvrages imitent de trop près les œuvres grecques et latines et leur vocabulaire est trop rempli de
mots créés du grec et du latin, et leur style est parfois barbare. Ils ont, néanmoins, enrichi la langue
française, ils ont assoupli le vers, ils ont eu des idées
qui ont fructifié, dont Malherbe lui-même s'est servi,
ils ont été les précurseurs du xvii⁰ siècle. Ronsard
écrivit quatre chants d'un poème épique, "la Fran-
ciade," mais cette épopée n'eut aucun succès et n'en
méritait point. Le moyen âge, tellement décrié par
la Pléiade, avait produit deux ouvrages que ne peut
égaler aucune œuvre du xvi⁰ siècle, la "Chanson
de Roland" et "l'Avocat Pathelin." Néanmoins,
comme nous l'avons dit, le manifeste de Du Bellay
est un événement d'une grande importance dans
l'histoire littéraire et nous allons jeter un coup d'œil
sur l'auteur de la "Défense et Illustration de la
Langue Française" et sur les autres amis de Ronsard.

Joachim Du Bellay naquit en 1525 et mourut en
1560. Auteur du manifeste de la nouvelle école il
publia en 1549 des odes et un recueil de
cinquante sonnets amoureux, l'"Olive." Joachim
Du Bellay.
Ces premières poésies sont élégantes et
correctes, mais sans inspiration. Il écrivit aussi le
"Poète courtisan." Ce ne fut que quand l'ami de
Ronsard eut accompagné à Rome le cardinal Du
Bellay, son cousin, que l'inspiration poétique lui vint.
Ses "Regrets," ses "Ruines de Rome," sont écrits
avec autant de vigueur que les meilleurs poèmes de
Ronsard, et sa chanson du "Vanneur de Blé" est
réellement gracieuse.

A côté de Joachim Du Bellay il faut mentionner

Remi Belleau, qui s'inspira de la nature, et dans ses
Remi   " Bergeries " et ses " Pierres Précieuses "
Belleau.   fut un poète descriptif de talent.   Ses
amis de la Pléiade l'avaient nommé le *gentil Belleau*.

Le principal ouvrage d'Antoine de Baïf est les
" Mimes," mais cet auteur est principalement connu
Antoine de par la tentative qu'il fit d'écrire des vers
Baïf.   français sur le système métrique ancien
qui est basé sur la quantité.   Il voulut donner plus
d'harmonie au vers, mais chercha ce rythme dans la
versification de l'antiquité, au lieu de le prendre dans
l'essence même de la prosodie française, comme le fit
de notre siècle l'école de Victor Hugo.   Baïf voulut
aussi réformer l'orthographe et, n'étant pas satisfait
du vers alexandrin, il imagina d'écrire des vers de
quinze pieds.   Ses poèmes, toutefois, de quelque
genre qu'ils soient, sont durs et incorrects.

Jodelle, dont nous parlerons plus loin comme
auteur dramatique, a écrit un grand nombre de vers
Jodelle.   et eût pu être un poète distingué s'il
s'était appliqué au travail.   Il écrit avec
verve et avec une facilité extraordinaire.   Pontus
de Thyard et Dorat sont les derniers membres
Pontus de   de la Pléiade qu'il nous reste à mention-
Thyard et   ner.   Ils n'eurent ni l'un ni l'autre de
Dorat   talent poétique, mais Dorat fut le maître
de Ronsard et sut inspirer à celui-ci et à ses amis cet
enthousiasme pour les chefs-d'œuvre de l'antiquité
qui causa une révolution dans la poésie française.

Nous avons nommé les poètes qui composaient la
Pléiade : Ronsard, Joachim Du Bellay, Remi Belleau,
Baïf, Jodelle, Ponthus de Thyard et Dorat, voyons
maintenant quel fut le résultat de cette école

poétique. La muse de Ronsard n'a pas entièrement
parlé grec et latin; il tâcha de former *Influence*
une langue poétique et se servit beau- *de l'école*
coup de l'inversion. Il fit aussi usage de *de Ronsard.*
l'adjectif employé adverbialement et créa des épi-
thètes composées, telles que Bacchus *porte-lance,*
vent *rase-terre.* Il voulut enrichir la langue et
conseilla de prendre des mots nouveaux dans les
anciens dialectes de la langue d'oïl. On ne peut nier
qu'après Ronsard la langue française ne soit plus
énergique et plus correcte qu'au temps de Marot.

Ronsard modifie le rythme poétique et introduit
dans la poésie la mythologie des anciens. Il veut
aussi, avec Joachim Du Bellay, que l'on ait en français tous les genres poétiques du grec et du latin.
Le but que se proposèrent les poètes de la Pléiade
était certainement louable, le génie leur manqua
pour l'atteindre, mais, néanmoins, comme nous
l'avons dit, ils préparèrent la voie pour Malherbe et
le XVIIᵉ siècle.

L'impulsion donnée à la poésie par Ronsard fut
telle qu'il y eut un nombre infini de poètes dans la
seconde moitié du XVIᵉ siècle. Men- *Quelques*
tionnons Jacques Tahureau, poète anac- *Disciples*
réontique; Jean de la Péruse; Amadis *de Ronsard.*
Jamyn, auteur du "Poème de la chasse" dédié à
Charles IX; Jean de la Taille, poète délicat et
gracieux dans ses *blasons* et ses chansons d'amour,
énergique dans son "Courtisan Retiré," et Jacques
de la Taille, mort à l'aurore de son talent.

Ronsard, le poète catholique, qui tire son inspiration de la mythologie païenne, a pour rival du Bartas
le huguenot, qui s'inspire de la Bible. Jeanne

d'Albret, elle-même, donne à du Bartas Judith pour

Du Bartas. sujet d'un poème, et calvinistes et protestants admirent la " Semaine," où sont décrites les merveilles de la création.   Ce poème biblique eut une immense popularité et inspira Milton, Byron, et Thomas Moore.   Goethe aussi l'admira, et l'œuvre est en quelque sorte digne de l'admiration qu'elle excita; elle a de la grandeur, mais elle est mal écrite, et les belles idées, sans le style, courent grand risque d'être oubliées. Calviniste comme du Bartas, d'Aubigné a produit une œuvre inégale, mais forte, énergique, les " Tragiques."   On sent la colère, la haine, le fanatisme, le patriotisme, dans ce tableau sanglant des terribles guerres de religion du XVIᵉ siècle.

Desportes est peut-être le plus élégant des disciples de Ronsard.   Favori des rois, il est poète courtisan, et met au service de ses maîtres sa

Desportes et Bertaut. plume gracieuse, correcte, éloquente parfois.   Son ami Bertaut a un talent du même genre, et grâce à Boileau, Desportes et Bertaut seront toujours nommés ensemble:

" Ce poète orgueilleux [Ronsard] trébuché de si haut,
    Rendit plus retenus Desportes et Bertaut."

Jean Vauquelin de la Fresnay écrivit les " Foresteries," les " Idylles," où il entre un peu de mièvrerie,

Jean Vauquelin de la Fresnay. des " Satires," où il s'inspire d'Horace et parle du devoir avec conviction, des sonnets, souvent sérieux et patriotiques, enfin un " Art Poétique."   Déjà Sibilet avait écrit, du temps de Marot, un art poétique qui résume, pour ainsi dire, les préceptes de l'école de Marot.   Sibilet fut vite

oublié, dès que parut Ronsard, et Boileau fit oublier
Vauquelin, dont l'œuvre, quoique trop diffuse, ne
manque pas de mérite, au point de vue du goût.

Mentionnons encore Jean Le Houx, dont les
Vaux de Vire font avec entrain l'éloge de *la dive
bouteille*, et nous rappellent le foulon du   **Jean Le**
moyen âge, Olivier Basselin; nommons   **Houx.**
Pibrac, auteur de quatrains moraux estimés, et
terminons la liste des poètes du XVIᵉ siècle par
Régnier.

Mathurin Régnier naquit à Chartres en 1573. Il
était neveu de Desportes et fut destiné à la prêtrise.
Il suivit le cardinal de Joyeuse à Rome,   **Régnier.**
puis fut de l'ambassade à la même ville
du comte de Béthune. Il obtint le canonicat de
Chartres en 1609 et mourut en 1613, épuisé par la
vie déréglée qu'il avait menée. Les satires de Régnier
sont écrites avec vigueur et témoignent d'une parfaite connaissance du cœur humain. Le style est
parfois incorrect, mais les portraits sont frappants de
vérité. On admire surtout la treizième satire,
"Macette," où le poète décrit le rôle honteux de la
fausse dévote qui corrompt la jeunesse. Macette
nous rappelle Faux-Semblant et Tartuffe. Régnier
est bien du XVIᵉ siècle, quoique contemporain de
Malherbe. Il défend avec éloquence l'école de
Ronsard et l'on peut le considérer le dernier disciple
de la Pléiade. Si la débauche ne l'eût emporté si tôt
il eût pu être un poète de génie; s'il n'a pas l'élégance de Boileau il a plus de force que le *législateur
du Parnasse*. Comme Boileau, Régnier imite Horace,
Juvénal, et aussi les satiriques italiens, mais il imite à
la manière de Corneille prenant le Cid de Guillem

de Castro; son œuvre est bien à lui. Les épîtres, les élégies de Régnier sont gracieuses, et ce poète clôt dignement le XVI⁰ siècle. Avec lui disparaît l'influence directe de la Pléiade, et Malherbe ouvre une nouvelle voie à la poésie française.

CHAPITRE III

LA PROSE

THÉOLOGIENS

La Réforme devait exercer une grande influence sur la prose française; l'esprit de controverse suscita beaucoup d'écrits qui durent paraître en français pour être compris par le plus grand nombre de lecteurs. Lorsque François I⁰ᵉ, après son entrevue avec Clément VII en 1533, usa de rigueur envers les luthériens et ne subit plus l'influence de sa gracieuse sœur, Marguerite, un jeune homme de vingt-six ans, Jean Calvin, adressa au roi en 1535 une lettre éloquente en faveur des opprimés. En 1536 Calvin publia son *"Institutio religionis christianæ,"* qu'il traduisit en français quatre ans plus tard et qui devint le bréviaire de l'église réformée. L' "Institution Chrétienne" est le premier livre de controverse religieuse écrit en français, et le style ferme, concis, énergique en a fait un des ouvrages les plus importants de la littérature française. Pour exprimer de nouvelles idées il fallut que Calvin créât un style nouveau. Dans son livre il pousse à l'extrême la doctrine de la prédestination, et ceci ne nous

Calvin.

étonne guère de la part de l'intolérant chef de la
religion réformée en France. Né en 1509 à Noyon
Calvin fut obligé de se réfugier à Bâle, puis à Ferrare
près de Renée de France, protectrice des opprimés,
comme Marguerite de Navarre. Il se rendit ensuite à
Genève, en fut chassé peu de temps après, y retourna
en 1540 et y gouverna avec despotisme jusqu'en 1564,
année de sa mort. Le fanatisme de Calvin est aussi
blâmable que celui de ses adversaires, et nous ne
pouvons lui pardonner la mort de Michel Servet, qu'il
fit brûler à Genève. Il fut, dit-on, de bonne foi,
mais nous ne saurions trop regretter l'esprit d'intolérance qui anime presque tous les théologiens du
xvi° siècle.

Théodore de Bèze, au temps de Calvin, et Duplessis-Mornay, à la fin du xvi° siècle, sont les plus
habiles controversistes du côté des huguenots, et le
cardinal Duperron et Saint François de Sales du
côté des catholiques.

Nous venons de voir à Genève l'âpre et impérieux
Calvin, dans la même ville, quarante ans plus tard,
nous voyons le doux François de Sales. **Saint**
Il naquit à Annecy en 1567, étudia **François de**
d'abord le droit, puis se consacra à l'é- **Sales.**
glise. Il fit de nombreuses conversions, fut nommé
évêque de Genève en 1602 et mourut en 1622, vénéré
de tous. Saint François de Sales est non seulement
un des plus nobles caractères que nous présente l'histoire, mais il mérite d'occuper un rang élevé dans la
littérature. Ses deux livres principaux, l' "Introduc-
tion à la vie dévote," et le "Traité de l'amour de
Dieu," sont écrits avec fermeté, mais aussi avec
élégance, et la mansuétude de l'auteur est exprimée

avec grâce et naturel. Les sermons de Saint François
de Sales sont aussi admirables que ses livres de controverse.   Saint François de Sales était contemporain
de Henri IV et dut approuver l'Édit de Nantes, par
lequel le grand roi de France, animé d'un esprit de
tolérance extraordinaire pour son siècle, apaisa les
querelles religieuses qui avaient déchiré si longtemps
le royaume.

ÉCRIVAINS POLITIQUES ET HISTORIENS.

Sous François Ier et Henri II la monarchie est
absolue, le pouvoir du roi est tel que le voulait Louis
XI, sous Charles IX les terribles guerres de religion
affaiblissent l'autorité royale qui tombe dans le
mépris sous Henri III, et ne se relève que grâce à
l'énergie du Béarnais.   Parmi les écrivains de talent
au XVIe siècle le seul qui soit en faveur du pouvoir
absolu du roi est Jean Bodin qui croit que, de même
que le père est maître dans sa famille, le roi doit
l'être dans l'État.   Bodin tâche de raisonner en
philosophe, mais il oublie que le père ne doit gouverner sa famille qu'avec justice et amour; le roi aussi

**Étienne
de la
Boétie.**   doit être restreint dans son autorité par
les grandes lois de l'humanité.   Après
tout, qu'est-ce que le roi ? demande dans
le " Traité de la Servitude Volontaire " Étienne de
La Boétie, qu'aimait tant Montaigne.   "Celuy qui
vous maistrise tant, n'a que deux yeulx, n'a que deux
mains, n'a qu'un corps, et n'a aultre chose que ce
qu'a le moindre homme du grand nombre infiny de
vos villes; sinon qu'il a plus que vous touts, c'est
l'avantage que vous lui faictes pour vous destruire.
D'où a il prins tant d'yeulx, d'où il vous espie, si vous

ne les lui donnez ? comment a il tant de mains pour
vous frapper, s'il ne les prend de vous ? Les pieds
dont il foule vos citez, d'où les a il, s'ils ne sont des
vostres ? Comment a il aucun pouvoir sur vous, que
par vous aultres mesmes ? " Que faut-il faire de ce
roi ? " Je ne veulx pas que vous le poulsiez, ny le
bransliez ; mais seulement ne le soubstenez plus ; et
vous le verrez, comme un grand colosse à qui on
a derobbé la base, de son poids mesme fondre en
bas et se rompre." Voilà des paroles bien hardies,
écrites sous Henri II par un jeune homme de dix-huit
ans !

François Hotman, en 1573, place aussi la nation,
représentée par les États-Généraux, au-dessus du
roi ; le noble L'Hospital, le patriote La Noue réclam-
ent la justice pour tous, veulent que tous les Français ne pensent qu'à la France, et lorsque Henri III
a été assassiné, et que la France est dans l'anarchie,
l'éloquent du Vair plaide la cause de la loi Salique et
de Henri de Navarre contre la Ligue, les Seize et
Philippe II. Le royaume était perdu si Henri n'était
pas reconnu, il fallait cet esprit si fin, cette main si
ferme pour ramener l'ordre et la prospérité, c'est ce
que comprirent tous les hommes sensés, quelle que
fût leur religion, c'est ce que comprirent surtout les
auteurs de la " Satire Ménippée."

En 1594 six patriotes de talent, six bourgeois de
Paris, publièrent la " Satire Ménippée," ainsi nommée, parce que, à l'imitation du phi- **La "Satire**
losophe grec Ménippe, la prose est mêlée **Ménippée."**
de vers dans leur œuvre. Les auteurs de la Ménippée sont Jacques Gillot, Pierre Le Roy, Jean Passerat,
Florent Chrestien, Pierre Pithou et Gilles Durant.

On dit que Le Roy conçut le plan de l'ouvrage et
que ce fut chez Gillot que se réunissaient les six
amis. Leur but était de tuer Mayenne et la Ligue
par le ridicule et de faire voir aux Français ce que
pourrait faire pour eux Henri de Bourbon. Le
prologue, écrit par Pierre Le Roy, nous présente deux
charlatans, un Espagnol et un Lorrain, qui vendent
le fameux *catholicon* d'Espagne, drogue merveilleuse;
puis viennent les Ligueurs, en procession. On nous
décrit alors la salle des États, et nous allons assister,
dans la seconde partie, aux délibérations des députés.
Mayenne, le légat du pape, le cardinal de Pelevé, le
député de la noblesse, le recteur de l'Université,
prononcent des harangues bouffonnes, chacun ne
pensant qu'à son propre intérêt, mais M. d'Aubray,
député du tiers état, que fait parler Pithou, prononce
une harangue sérieuse, vigoureuse et pleine de bon
sens, où il passe en revue l'histoire de France, montre
les maux qu'endura le royaume pendant les guerres
des Bourguignons et des Armagnacs et pendant la
Ligue du Bien Public, dévoile les projets égoïstes des
Espagnols et de la Ligue et plaide la cause de Henri
IV. N'oublions pas de mentionner aussi la charmante satire de Durand, "Regret Funèbre à Mademoiselle ma commère sur le Trépas de son Âne." La
"Satire Ménippée" est un admirable pamphlet et
une œuvre patriotique qui fit plus pour la cause du
Béarnais que la bataille d'Ivry.

Nous pouvons étudier l'histoire du XVI° siècle
dans les nombreux mémoires de l'époque. La Noue,

Mémoires. le loyal huguenot au Bras-de-Fer, raconte
ses campagnes avec impartialité, et
Montluc, le catholique, parle avec franchise de sa vie

militaire. Le récit de ses actes de barbarie comme
gouverneur de Guyenne ne peut nous indigner, quand
nous considérons que l'auteur croyait faire son devoir
en faisant respecter par tous les moyens l'autorité du
roi. Henri IV a appelé les mémoires de Montluc la
bible du soldat.

Agrippa d'Aubigné écrit aussi des mémoires et
une histoire de son temps, et Brantôme, dont la vie
aventureuse se passe dans tous les pays de l'Europe,
raconte ce qu'il a vu. Il dit les choses telles qu'elles
sont et ne s'indigne nullement de l'immoralité de ses
héros. Ses "Vies des hommes illustres et des grands
capitaines" sont intéressantes, et ses "Vies des dames
illustres" et des "dames galantes" sont curieuses et
donnent une triste idée des mœurs du temps.

Une des dames illustres du siècle de Brantôme
écrit elle-même sa vie et tâche de s'exonérer des
fautes qu'on lui attribue. Marguerite de Valois,
femme de Henri IV, est savante, belle et bonne, mais
la légèreté de sa conduite la fait répudier par son
mari. Nous devons, cependant, savoir gré à la fille
de Catherine d'avoir essayé de sauver quelques malheureux au massacre de la Saint-Barthélemy. Les
belles actions de Henri IV sont racontées par Sully,
qui aida le Béarnais à relever la France. Ses "Œco-
nomies Royales" nous font connaître le caractère du
grand ministre, loyal au roi, administrateur de génie,
mais morose et dur envers ses contemporains qui
admirent son génie mais ne l'aiment pas. En parlant
de mémoires mentionnons les lettres et les harangues
de Henri IV, où le roi parle avec tant de finesse parfois, mais aussi avec tant de bon sens et de fermeté.

La principale histoire du XVIᵉ siècle est celle de

J. de Thou, écrite en latin " *Historia mei Temporis.*"
C'est l'œuvre d'un homme d'un grand caractère et
d'un grand talent, un récit impartial et vrai des événements qui eurent lien en Europe de 1544 à 1607.

CHAPITRE IV

RABELAIS, AMYOT ET MONTAIGNE

LES quatre grands prosateurs du XVIᵉ siècle sont
Calvin, Rabelais, Amyot et Montaigne, tous entière-
Vie de   ment différents les uns des autres, et
Rabelais.   possédant chacun sa propre originalité.
Le plus extraordinaire des quatre, le plus étrange, le
plus complexe est l'auteur de ce livre remarquable,
" Gargantua et Pantagruel."   La biographie de
Rabelais a été grossie d'un grand nombre d'anecdotes
absurdes où on le représente principalement sous les
traits d'un bouffon très irrévérencieux envers toute
chose religieuse.   Voici en quelques mots quelle fut
sa vie: François Rabelais naquit à Chinon en
Touraine vers 1495, et l'on voit encore dans la rue
de la Lamproie la maison où il vint au monde.   Il
étudia au couvent de la Baumette et eut pour condisciples les trois frères Du Bellay, Guillaume, le général,
Jean, le cardinal, et Martin, l'évêque, et Geoffroy
d'Estissac.   Il est probable qu'il fut excellent élève
et qu'il eut dès l'enfance ce goût de l'étude qui fit de
lui un savant universel.   Il sortit de collège pour
passer au couvent des Cordeliers à Fontenay-le-
Comte, ou il devint prêtre, et se consacra avec ardeur
à l'étude des auteurs grecs et latins.   On dit que les

ignorants Cordeliers lui enlevèrent ses livres, ainsi
qu'à son camarade Pierre Amy et que le savant Budé
lui écrivit pour le féliciter qu'on lui ait rendu ses
chers amis, Homère, Aristote et Cicéron. En 1524
Rabelais quitta les Cordeliers et obtint du pape la
permission d'entrer au couvent des Bénédictins, qu'il
abandonna peu après sans autorisation. Il vécut près
de six ans d'une vie indépendante, chez l'évêque
Geoffroy d'Estissac ou en visite chez ses amis, les
frères Du Bellay, et en 1530 il se rendit à Montpellier pour étudier la médecine. On montre encore à
Montpellier la robe de médecin de Rabelais, robe
miraculeuse, dont chaque étudiant coupait un
morceau en quittant l'Université. De 1532 à 1534
Rabelais exerça la médecine à Lyon avant d'être reçu
médecin et devint très populaire comme savant.
Lyon était à cette époque un centre littéraire presque aussi célèbre que Paris, et Rabelais rencontra, dit-
on, dans cette ville, Marot, le savant et malheureux
Étienne Dolet, brûlé plus tard comme hérétique, et
le spirituel conteur Despériers, dont les "Joyeux
Devis" rivalisent de gaieté et de finesse avec
l'"Heptameron" de Marguerite et dont le "Cym-
balum Mundi," œuvre sceptique, fut cause de son
suicide. C'est à Lyon que Rabelais donna une nouvelle édition des "Chroniques gargantuines," ouvrage
où l'on parlait des aventures d'un géant et qui lui
donna l'idée d'écrire son "Pantagruel" en 1534. Il
avait déjà publié une édition de Galien et d'Hippo-
crate et commença en 1533 son almanach, qu'il publia
chaque année jusqu'en 1550. Voilà donc Rabelais
écrivant des livres de science, un roman burlesque et
faisant des prédictions astrologiques, malgré son

dédain pour les sciences occultes. Dans le premier
livre de " Pantagruel," suivi en 1535 de " Gargantua,"
qui devint la première partie de l'ouvrage, nous voyons le sérieux et le comique, mélange que devait
présenter la vie de Rabelais, savant, médecin et
helléniste, et bon vivant aimant le rire et la *dive
bouteille*. Le second et le troisième livre de " Pantagruel" parurent en 1546 et en 1552, et le quatrième livre en 1564. Que fit Rabelais après avoir
quitté Lyon en 1534? Il accompagne le cardinal Du
Bellay à Rome, reçoit l'absolution du pape pour avoir
quitté les Bénédictins, va à Paris, puis à Montpellier,
où en 1537 il est reçu médecin. Pendant deux ans
il pratique la médecine dans différentes villes, et en
1540 nous le voyons chanoine de St. Maur-des-Fossés.
Il repart ensuite pour l'Italie, revient en France, où
il passe quelques années, mais en 1547 est obligé de
s'exiler à Metz, à la mort de François Ier, son protecteur. Le cardinal Du Bellay l'appelle encore à
Rome et le protège, et le cardinal de Châtillon lui
obtient en 1551 la cure de Meudon. En 1552, cependant, il résigne sa cure et son bénéfice de Jam-
bet, et meurt en 1553, laissant la réputation, non d'un
bouffon, comme on a voulu le croire si longtemps,
mais d'un grand savant et d'un grand écrivain. Il
n'est pas étonnant, toutefois, que la vie de Rabelais
ait donné lieu à un si grand nombre de légendes, car
l'imagination populaire lui a attribué les faits et gestes de ses héros.

Qui n'a entendu parler du géant Grandgousier et
de sa femme Gargamelle et de leur fils Gargantua?
Celui-ci s'écrie en venant au monde: "à boire!"
"à boire!" et fait preuve d'une intelligence extra-

ordinaire. Ses belles aptitudes, cependant, ne sont
guère développées par les pédagogues, "Gargantua."
Tubal Holopherne et Jobelin Bridé, et
Grandgousier, mécontent des progrès de son fils, se
plaint à son ami, le vice-roi de Papeligosse, qui
lui envoie le page Eudemon, "tant testonné, tant
bien tiré, tant bien espousseté, tant honeste en son
maintien, que trop mieux ressembloit quelque petit
angelot qu'un homme." Eudemon parle en si beau
latin à Grandgousier que celui-ci se décide à donner à
son fils pour précepteur, Ponocrates, le maître du
savant page, et les envoie tous trois à Paris pour voir
quelles étaient les études des jouvenceaux de France.
Gargantua entre à Paris monté sur son énorme
jument, décroche les cloches de Notre Dame, les
passe au cou de sa jument et ne les rend aux Parisiens
qu'après une docte harangue de maître Janotus de
Bragmardo. Maintenant vient la partie la plus importante du livre de Rabelais, l'éducation de Gargantua, celle que lui donnaient les maîtres de l'ancienne école, et le système de Ponocrates. Rabelais
veut que son élève cultive son corps autant que son
esprit, et s'occupe des exercices physiques autant que
des exercices intellectuels. Ce système suggéra probablement bien des points à Montaigne pour son
"Institution des enfants" et à Rousseau pour son
"Émile." Remarquons toutefois que malgré d'excellentes idées les trois éducateurs, Rabelais, Montaigne et Rousseau n'ont pas un système assez pratique, puisque l'éducation qu'ils donnent à leur élève
ne peut être donnée que par un précepteur particulier et ne peut s'appliquer à des classes d'étudiants.

Pendant l'absence de Gargantua à Paris son père fait la guerre à Pichrocole et appelle son fils à son secours. C'est pendant cette guerre que paraît le fameux frère Jean des Entommeures, qui donne le plan de l'abbaye de Thélème, dont la devise sera, "Fay ce que vouldras." Rabelais fait ici une mordante critique des moines, de même qu'il a critiqué les pédagogues du temps en Jobelin Bridé et les docteurs de l'Université en Janotus de Bragmardo. Avec le plan de l'abbaye de Thélème finit " Gargantua;" voyons maintenant " Pantagruel." Le fils "Panta- de Gargantua et de Badebec a beaucoup gruel." d'aventures que nous ne pouvons raconter ici, mentionnons seulement quelques incidents du "Pantagruel." D'abord la critique du langage macaronique de quelques écrivains de l'époque, indiquée par le langage de l'écolier limousin qui vient de "l'alme, inclyte et célébre académie, que l'on vocite Lutèce," où, dit-il, "nous transfretons la Sequane au dilucule et crépuscule; nous deambulons par les compites et quadrivies de l'urbe; nous despumons la verbocination latiale : et comme verisimiles amorabonds, captons la benevolence de l'omnijuge, omniforme, et omnigene sexe feminin." La création la plus originale de Rabelais est celle de Panurge, ce savant qui parle toutes les langues, qui " mange son blé en herbe," qui joue mille tours à tout le monde, qui désire se marier, consulte les savants, la sibylle, ses amis, et part pour obtenir l'avis de l'oracle de la Dive Bouteille. C'est pendant le voyage au pays Lanternois qu'a lieu l'incident des moutons de Panurge qui ajouta un proverbe à la langue française. Nous voyons aussi Raminagrobis, Herr Tripa, le Docteur Rondibilis, le juge Bridoye, les papimanes et les papefigues et bien d'autres caractères dont se sert l'auteur pour critiquer les mœurs et les coutumes de son temps.

Le livre de Rabelais est certainement une satire, mais le but fut, avant tout, de faire rire, car "le rire" n'est-il pas "le propre de l'homme"? L'ouvrage est écrit d'un style parfois excellent et il s'y trouve des créations aussi immortelles que celles de Molière. Regrettons que le curé de Meudon ait revêtu des pensées si souvent fortes et profondes d'une forme en général si grossière qu'on a peine à se décider à finir l'ouvrage, dès qu'on a ri pendant quelque temps des hauts faits de Gargantua, de Pantagruel, de frère Jean et de Panurge.

Les principaux savants du XVI° siècle sont les trois amis, Vivès, Erasme, et Budé. Il y eut, cependant, un grand nombre d'érudits qui publi- *Amyot.* èrent des travaux de philosophie grecque et latine et des traductions des auteurs de l'antiquité. Parmi ceux-ci aucun ne peut rivaliser avec Amyot qui *translate* Héliodore, Longus, Plutarque et Diodore de Sicile d'une manière admirable, et dont Montaigne a dit: "Nous autres ignorans estions perdus si ce livre ne nous eust relevés du bourbier; sa mercy (grâce à lui) nous osons à cette heure et parler et escrire." Vaugelas aussi loue sa langue si claire, si purement française.

Amyot naquit à Melun en 1513 de parents pauvres et il fut obligé de servir de domestique aux élèves du collège de Navarre pour se procurer les moyens d'acquérir de l'instruction. Marguerite le fit nommer professeur au collège de Bourges et il commença sa

carrière de traducteur incomparable. Les Valois lui
accordèrent de hautes dignités: il fut précepteur des
enfants de Henri II, qui devenus rois sous les noms
de Charles IX et de Henri III, le comblèrent de bien-
faits.   Il mourut en 1593 évêque d'Auxerre.   Amyot
traduisit "Théagène et Chariclée" d'Héliodore, ce
roman grec qui devait inspirer à Racine sa première
tragédie; "Daphnis et Chloé," la délicieuse pastorale
de Longus que Paul-Louis Courier devait aussi
traduire dans un français admirable qui ne surpasse
point, cependant, en élégance la traduction du XVI⁰
siècle.   Ce sont surtout les "Vies" de Plutarque qui
rendirent Amyot célèbre.   Il sut créer, pour ainsi
dire, une langue pour rendre les idées de l'écrivain
grec, et sans être toujours parfaitement exacte sa
traduction est si claire, si élégante que l'on peut dire
qu'elle est supérieure à l'original et qu'elle a rendu
Plutarque un classique français.

Claude   Fauchet, Étienne Pasquier et Henri
Estienne produisirent des travaux importants sur
l'histoire de France et sur la langue française.   Remarquons surtout les
œuvres d'Henri Estienne, où le savant helléniste
plaide la cause du français envahi par l'italien à
l'époque de Catherine.   Mentionnons encore trois
autres savants distingués, Ambroise Paré, le grand
chirurgien, Bernard Palissy, le potier de génie, et
Olivier de Serres, l'agronome, qui écrivent en français des ouvrages scientifiques de grande valeur, et
passons à un des plus illustres prosateurs du XVI⁰
siècle, Montaigne.

Michel Eyquem de Montaigne naquit en 1533 au
château de Montaigne en Périgord.   Son père voulut

qu'il apprît le latin comme une langue maternelle et
lui donna pour professeur un Allemand
qui ne parlait pas le français. Le père, **Montaigne.**
les domestiques, tout le monde à la maison, dut apprendre quelques mots de latin pour que l'enfant
n'entendît jamais d'autre langue. Il apprit ainsi la
langue de Cicéron, comme s'il eût vécu du temps du
grand orateur, et l'on en vit la preuve dans les nombreuses citations dont son livre est rempli. Au collège il eut occasion de jouer dans des tragédies
latines écrites par Muret et Buchanan, et lorsqu'il
alla à Rome, bien des années plus tard, il se trouva
comme chez lui parmi les ruines de l'ancienne ville
et dit qu'il aurait pu servir de guide aux guides eux-
mêmes.   Son père s'occupa avec tendresse de
l'éducation de son fils et celui-ci lui en garda une
profonde gratitude. A l'âge de quatorze ans Montaigne commença l'étude du droit et il devint ensuite
conseiller au parlement de Bordeaux. C'est là qu'il
rencontra La Boétie, l'auteur de la "Servitude
Volontaire" ou le "Contr'un," qui mourut jeune et
qui est mentionné d'une manière si touchante dans
les "Essais." Montaigne fut conseiller au Parlement
jusqu'à l'âge de trente-huit ans, puis il se retira de la
magistrature et se mit à écrire cette œuvre extraordinaire, la plus remarquable du xvi° siècle, les
"Essais." Il est bien difficile de donner une idée de
ce livre; Montaigne s'étudie lui-même, parle de lui-
même, et en ce faisant étudie l'humanité, parle de
l'humanité. Il a le jugement clair et sain et son
style, quoique original, est un modèle d'élégance et
de clarté. Il n'y a aucun ordre dans les "Essais;"
ce sont des réflexions sur divers sujets auxquels a

pensé l'auteur et qui lui sont suggérées par ses
lectures ou par les événements ordinaires de la vie.
Le chapitre le plus célèbre est probablement celui
qui est consacré à "l'Institution des Enfants" et
qu'il faut étudier avec l'ouvrage de Rabelais sur le
même sujet.   Voici quelques paroles bien sensées sur
l'étude de l'histoire: "Quel proufit ne fera il, en
cette part là, à la lecture des vies de nostre Plutarque?   Mais que mon guide se souvienne où vise sa
charge; et qu'il n'imprime pas tant à son disciple la
date de la ruyne de Carthage, que les mœurs de
Hannibal et de Scipion; ny tant où mourut Mar-
cellus, que pourquoi il feut indigne de son debvoir
qu'il mourust là.   Qu'il ne luy apprenne pas tant les
histoires qu'à en juger."   Voilà ce que veut Montaigne, c'est de juger, et son esprit sceptique tâche
de se servir de la raison pour tout comprendre.   Il
explique clairement ce qu'il veut dire, il raisonne
bien, mais il n'arrive à aucune conclusion et termine
en disant: "Que sais-je?"   Il veut que son élève
étudie avant tout la philosophie, mais il semble avoir
séparé la morale et la religion de la philosophie et ne
mentionne ni l'une ni l'autre.   C'est là le grave
défaut du livre de Montaigne, c'est le scepticisme,
indiqué de la manière la plus naturelle, avec toute
franchise, comme il le fait d'ailleurs en parlant de
ses défauts et de ses qualités.   C'est surtout dans
"l'Apologie de Raymond Sebond" que se voit le
pyrrhonisme de Montaigne.   Disons pour sa jus-
tification qu'il vivait dans un temps où il était difficile d'avoir une croyance ferme en quoi que ce fût.
Ce n'était pas à la cour des Valois, où il était sur un
pied d'intimité, qu'il pouvait prendre des exemples

de vertu, et Henri IV, qu'il connut et aima, ne pouvait prétendre à la sainteté de son aïeul, Louis IX. Montaigne est essentiellement, comme l'a dit Mme. de Sévigné, de bonne compagnie et on lira toujours les " Essais " avec plaisir et aussi avec profit; car si l'auteur n'arrive à aucune conclusion, il nous permet de le faire, en nous présentant avec vigueur et clarté tous les sujets qui concernent l'homme.   La première édition des " Essais " parut en 1580; ensuite Montaigne voyagea en Allemagne, en Suisse et en Italie. Pendant son absence il fut appelé à remplir les fonctions de maire de Bordeaux, une position de haute dignité, dont il s'acquitta si bien qu'après deux ans il fut réélu.   Malheureusement, avant la fin de son second terme, la peste éclata à Bordeaux et le maire fit ce que nous condamnerions sévèrement aujourd'hui, il abandonna son poste pour échapper à la contagion.   En 1588 il donna une nouvelle édition des " Essais," augmentée d'un troisième livre.   Pendant les troubles de la Ligue il eut à souffrir des violences des deux partis, les catholiques et les huguenots, et fut même enfermé à la Bastille.   Il fut libéré peu après et rencontra à Paris Mlle de Gournay, qui était venue de sa province pour le voir et qu'il appela sa *fille d'alliance.*   On sait qu'elle donna en 1595 une troisième édition des œuvres de Montaigne.   Ce grand écrivain mourut en 1592, et le sceptique, l'homme du "que sais-je?" rendit son âme à Dieu, selon Étienne Pasquier, en joignant les mains devant l'hostie qu'élevait le prêtre pendant la messe dite à sa demande dans sa chambre.

Nous ne dirons rien des autres moralistes du XVIe siècle et du "Traité de la Sagesse" de Charron,

imité de Montaigne; voyons maintenant le théâtre de
la Renaissance.

———

CHAPITRE V

LE DRAME

NOUS avons vu que le drame du moyen âge continua jusqu'au milieu du XVI° siècle et que, le 17
novembre 1548, le Parlement défendit la
représentation des mystères sacrés à la
Confrérie de la Passion établie depuis peu
de temps à l'Hôtel de Bourgogne.   Ceux-ci jouèrent
pendant quelque temps des pièces profanes, puis en
1588 louèrent leur salle à une troupe de comédiens
venus de province et qui devaient être plus tard les
grands comédiens de l'Hôtel de Bourgogne.   La chute
des mystères fut amenée, non seulement par des
scrupules religieux, mais aussi parce que les écrivains
de la Renaissance voulaient rompre avec les traditions
du moyen âge et prendre l'antiquité pour modèle.
On traduisit des pièces grecques et latines, et en 1552
Jodelle fit jouer une tragédie et une comédie imitées
des anciens.   "Cléopâtre" fut jouée devant Henri
II à l'Hôtel de Reims et au collège de Boncourt et
inaugura la tragédie classique.   L'auteur n'avait que
vingt ans et joua la pièce lui-même avec ses amis de la
Pléiade.   L'œuvre de Jodelle n'a pas grand mérite
littéraire, mais elle est la première *tragédie* française,
de même qu'"Eugène" est la première *comédie*.
Avec des pièces divisées en actes et en scènes, ayant
un plan régulier, nous voyons un grand progrès sur le

*Tragédie—
"Cléopâtre"
(1552)*

drame sérieux et le drame comique du moyen âge.
"Cléopâtre" est en cinq actes, l'action y est presque
nulle, et c'est par des récits que nous apprenons ce qui
se passe. L'ombre d'Antoine se lamente sur son sort
et apparaît à Cléopâtre, à qui elle dit que la reine
suivra de près son époux au tombeau. Cléopâtre
forme le dessein de se donner la mort, et le chœur
parle de l'instabilité des choses humaines. Octave
paraît dans le second acte et plaint Antoine, mais ses
officiers lui disent que les dieux ont puni l'orgueil de
celui-ci. Le chœur cite de nombreux exemples de
personnes dont les dieux ont puni l'orgueil. Au
troisième acte nous voyons Octave et Cléopâtre;
celle-ci implore la pitié du vainqueur pour elle et ses
enfants et lui livre ses trésors. Séleuque, serviteur de
la reine, dit à Octave qu'elle a caché presque toutes
ses richesses, Cléopâtre frappe Séleuque, Octave tâche
de la calmer, et le chœur parle du courage et de
l'énergie qu'a déployés la reine et prévoit qu'elle ne
se soumettra pas au vainqueur. Le quatrième acte
nous montre Cléopâtre qui annonce qu'elle va se tuer
sur le tombeau d'Antoine, et le chœur déplore cette
résolution. Au cinquième acte on annonce au peuple
d'Alexandrie la mort de Cléopâtre, et le chœur, dans
de grandes lamentations, célèbre son courage.

Les unités de temps, de lieu, et d'action sont ob-
servées dans l'œuvre de Jodelle et le dialogue est
parfois vif. La pièce est en vers de dix pieds dans
trois actes et en vers alexandrins dans deux. Elle
contient le germe de toutes les tragédies classiques
françaises, dont le but sera, non le développement
d'une intrigue, mais l'étude psychologique des passions humaines. Jodelle écrivit aussi "Didon" en

1558, dont il prit le sujet de l' " Énéide." La pauvre reine se lamente d'une manière pitoyable lors du départ du héros troyen, et quoique le style de cette tragédie soit meilleur que celui de "Cléopâtre," nous nous sentons soulagés, quand la fondatrice de Carthage a mis un terme à ses souffrances, et surtout à ses doléances, en se sacrifiant sur un bûcher. "Didon" est écrite en vers alexandrins.

Après Jodelle, Jean de la Péruse, Jacques Grévin, Jacques et Jean de la Taille suivirent l'exemple de
Garnier et Mont-chrestien. l'auteur de "Cléopâtre" et écrivirent des tragédies classiques. Ce fut surtout Sénèque qu'imitèrent les tragiques du XVI⁰ siècle, parmi lesquels Garnier et Montchrestien sont les plus célèbres. Robert Garnier écrivit avec force et élégance, et dans ses chœurs se montra grand poète lyrique. Son chef-d'œuvre est " Sédécias " ou "les Juives." Dans "Bradamante" il créa la tragi-comédie, dont "le style," dit M. de Julleville, "est plus souple et plus familier que celui de la tragédie et dont l'amour est le principal et presque l'unique ressort."

Antoine de Montchrestien arrive parfois au sublime de Corneille. Son "Aman" inspira l' "Esther" de Racine, et son "Écossaise," où il eut la hardiesse de mettre sur la scène un événement aussi récent que la mort de Marie Stuart, est une pièce touchante.

La tragédie classique inaugurée par Jodelle fut certainement bien supérieure aux miracles et aux mystères du moyen âge, mais comme ceux-ci le théâtre du seizième siècle ne produisit aucune œuvre de génie. Il fallait attendre Pierre Corneille pour que la France pût comparer son théâtre à ceux de l'Espagne et de l'Angleterre.

Avec sa "Cléopâtre" Jodelle commença réellement
une nouvelle école et créa la tragédie, mais son
"Eugène," joué en 1552, la même année
que "Cléopâtre," n'est rien autre chose *Comédie.*
qu'une farce, quoique lui et ses amis s'écrient avec
orgueil qu'ils écrivent des *comédies* et non des farces.
Leurs pièces sont divisées en actes et en scènes, et
sont mieux écrites que celles du moyen âge. Ils ont
cependant moins d'originalité que leurs prédécesseurs
du XIVᵉ et du XVᵉ siècle et imitent les anciens et les
Italiens. Les trois amis, Étienne Jodelle, Jacques
Grévin et Remi Belleau étaient très jeunes quand ils
écrivirent leurs comédies, n'ayant guère plus de
vingt à vingt-deux ans. "Eugène" est une pièce de
peu d'intérêt et d'une extrême immoralité, de même
que "les Esbahis" de Grevin et "la Reconnue" de
Remi Belleau.

Dans les œuvres dramatiques du XVIᵉ siècle et
même dans Molière nous voyons l'influence de la
comédie italienne. La France se trouvait
en rapports constants avec l'Italie, depuis *La comédie*
les guerres de Charles VIII, de Louis XII *italienne.*
et de François Iᵉʳ; le mariage de Henri II et de
Catherine de Médicis répandit en France l'usage de
la langue italienne, et pendant les règnes de Henri et
de ses fils on joua des drames italiens dans l'original,
et aussi traduits ou copiés. On représenta la "Ca-
lendra" du cardinal Bibbiena à Lyon en 1548 pour
féter le roi et Catherine. Traçons brièvement l'histoire des troupes italiennes en France.

La comédie italienne, dit M. Moland, est divisée en
deux genres, la comédie régulière ou écrite, et la
comédie populaire, *commedia dell' arte.* La première

date du xv⁰ siècle, mais on peut dire que la dernière provient directement des mimes de l'antiquité. La *commedia dell' arte* n'était pas écrite mais représentait certains types. On donnait aux acteurs un canevas qu'ils devaient compléter sur la scène selon le type qu'ils représentaient. Les principaux types étaient le *Pantalon*, le *Docteur* ou *Pédant*, le *Matamore* ou *Capitan* qui n'était que le *Miles Gloriosus* de Plaute qu'avaient ressuscité les Espagnols, le *Zanni* ou valet, canaille et rusé et célèbre sous les noms d'*Arlequin*, *Scapin* et *Pierrot*. On ajoutait naturellement à ces types comiques ceux des amoureux, *Horace* et *Isabelle*, et les soubrettes intrigantes, *Francisquine* et *Zerbinette*. Nous trouvons dans Molière et ses successeurs du xviii⁰ siècle les types que nous venons de mentionner et que Scarron dans son " Roman Comique " et Théophile Gautier dans son " Capitaine Fracasse " ont si bien décrits.

En 1576, Henri III, le dernier des Valois, le roi des *mignons*, le fils favori de Catherine, fit venir la troupe des *gelosi* pour égayer la réunion des États-Généraux à Blois. Sur la route les comédiens tombèrent entre les mains de quelques austères Huguenots qui forcèrent le roi à payer une rançon pour ses Italiens. Ceux-ci se rendirent ensuite de Blois à Paris et furent bien accueillis par les Parisiens. Les comédiens italiens restèrent en France pendant la plus grande partie du règne de Henri III, mais la confusion qui suivit le meurtre du duc de Guise les chassa du royaume et ils ne revinrent que lorsque Henri IV eut épousé Marie de Médicis. Nous les voyons sous Louis XIV partageant avec Molière la salle du Petit Bourbon et recevant une forte pension

du roi. Ils eurent, cependant, la hardiesse ou plutôt
le malheur de représenter Mme. de Maintenon
comme une fausse prude, et Louis les chassa avec
ignominie. Ils revinrent en France pendant la
Régence, mais abandonnèrent l'usage de la langue
italienne. Disons ici que le célèbre Goldoni fit
partie de la troupe italienne au XVIII⁰ siècle et
écrivit pour eux des comédies en français.

L'influence de la comédie italienne se fit sentir en
France, non seulement par la *commedia dell' arte*,
mais aussi par la comédie régulière ou
écrite introduite par Pierre de Larivey, **Larivey.**
né en Champagne en 1550. Nous avons de lui neuf
comédies imitées de l'italien ou *adaptées*, selon l'expression actuelle. Les comédies de Larivey sont
intéressantes en ce qu'elles sont écrites en prose.
Déjà Jean de la Taille avait traduit en prose deux
pièces de l'Arioste, et Louis le Jars avait écrit en
1574 sa "Lucelle," mais ces ouvrages n'eurent
aucune influence sur la littérature française. Larivey est réellement le premier comique qui écrivit
en prose; il publia ses six premières comédies en
1579, et les trois dernières en 1611, un an avant sa
mort. De ces neuf comédies, les meilleures sont,
"les Esprits," tirés de l'"Aridiosio" de Lorenzino de
Médicis, et "le Fidelle," tiré du "Fidele" de Luigi
Pasqualigo.

"Les Esprits" commencent par un amusant prologue, où l'auteur annonce que les écrivains de l'antiquité, ses prédécesseurs, ont dit tant de belles
choses qu'ils ne lui ont rien laissé à dire. De même
que Plaute a copié Epicarme, et Térence a copié
Ménandre, lui, à son tour, copiera Plaute et Térence.

La pièce est bonne et le caractère de Séverin, l'avare, nous rappelle Harpagon. Il est à regretter que la grossièreté de l'intrigue ne permette pas de l'analyser, quoique quelques scènes soient très amusantes, surtout celle où les esprits apparaissent au crédule vieil avare. "Le Fidelle" est beaucoup plus long qu'une comédie ordinaire et les incidents sont si nombreux qu'il serait impossible de les raconter, même si le caractère extraordinaire des différentes aventures permettait de les mentionner. Nou seulement il n'y a aucune unité de temps et d'unité de lieu, mais rien qui ressemble le moindrement à l'unité d'action. Néanmoins, la pièce est intéressante et nous parait plutôt un roman qu'une œuvre dramatique. Nous y voyons un *matamore* et un *pédant*, qui termine la comédie en disant à l'auditoire qu'il va étudier jusqu'à minuit, mais " *interim valete et plaudite.*"

La comédie de la Renaissance, de même que la tragédie, est dans une époque de transition, elle prépare, cependant, la voie pour le grand comique du XVIIe siècle, le *contemplateur* Molière.

TROISIÈME PARTIE

LE DIX-SEPTIÈME SIÈCLE

CHAPITRE I

LOUIS XIV, L'HÔTEL DE RAMBOUILLET, L'ACADÉMIE FRANÇAISE

LORSQUE le dernier des Valois tomba en 1589 sous le couteau de Jacques Clément, le Béarnais saisit la couronne d'une main ferme et sut la con- Louis XIV. server, malgré l'opposition des Ligueurs et des Espagnols. On ne saurait trop appeler l'attention sur le caractère de Henri IV, cet homme si énergique, d'un si grand génie et en même temps si fin. "Il vient, dit-il, se mettre en tutelle entre les mains de ses notables, envie qui ne prend guère aux rois, aux barbes grises et aux victorieux," et quand Gabrielle lui en fait le reproche, il ajoute en souriant que c'est l'épée au côté qu'il l'entend. Il rétablit l'ordre, à l'aide de Sully, il donne à son peuple la liberté religieuse, et la France tranquille et prospère, prépare un grand siècle littéraire. A la mort de Henri IV les troubles recommencent, sous Marie de Médicis, mais bientôt Armand Duplessis entre au conseil, devient

premier ministre et reprend la politique du Béarnais. Il
abaisse la maison d'Autriche, anéantit le pouvoir politique des protestants, brise l'orgueil des seigneurs et
rend son roi absolu et puissant. Le despotisme établi
par Richelieu est ébranlé par la Fronde, mais l'astuce
de Mazarin le maintient, et lorsque Louis XIV, à
vingt-trois ans, prend les rênes du gouvernement, sa
volonté sera la loi et il sera la personnification de la
patrie. Le culte du roi est du patriotisme, puisque
le roi représente le pays. Louis XIV a un esprit juste,
de la dignité dans les manières, il exercera une grande
influence sur son siècle, et la littérature de cette
époque sera noble, décente et régulière. Au XVI⁰ siècle
il y a confusion dans les idées et dans la langue, au
XVII⁰ siècle la langue est parfaite, on a le culte de
la forme et l'on développera les idées émises dans la
seconde moitié du XVI⁰ siècle. Sous Marie de Médicis l'Italie influe sur la littérature française avec un
Marino; sous Anne d'Autriche l'espagnol exerce une
grande influence; sous Louis XIV on n'imite plus les nations voisines, on paraît imiter l'antiquité, mais l'esprit
français est bien établi, et les grandes œuvres auront
le cachet de cet esprit si concis, si ferme, si lucide.
Au commencement du siècle les écrivains se placent
sous le patronage d'un homme riche et puissant, sont
attachés à sa maison, sont ses *domestiques* et reçoivent
de lui des gratifications. Richelieu fait donner des
pensions par l'État, par le roi; Louis XIV continue
ce système et l'homme de lettres devient plus indépendant. Il faut, cependant, qu'il soit courtisan, s'il
veut conserver les bonnes grâces du maître, et cette
protection perpétuelle, cette absorption de tous les

talents par la gloire du roi, stérilisera la veine
littéraire à la fin du règne.

Quelle chose magnifique et étrange, la cour de Louis
XIV ! Les palais de ses ancêtres n'ont pas suffi au
grand roi, il fait construire ce merveilleux Versailles.
Il a autour de lui Mansard pour bâtir ses palais,
Lebrun pour les remplir d'admirables peintures, et
Lenôtre pour dessiner ses jardins ; Lulli composera
pour lui de doux opéras, dont Quinault écrira les
paroles; Molière jouera ses chefs-d'œuvre pour lui
plaire; Racine composera ses tragédies d'un goût si
pur et sera le rival de Corneille vieilli; Bossuet fera
entendre ses grandes paroles et écrira pour le fils du
roi son "Discours sur l'Histoire Universelle," tandis
que Fénelon écrira "Télémaque" pour le petit-
fils de Louis; Mme de Sévigné observera ce qui se
passe chez le roi et écrira ses impressions à sa fille;
Condé, Turenne, Vauban seront prêts à gagner des
batailles quand Louis l'ordonnera, et Colbert et Louvois dirigeront les affaires avec lui; des femmes belles
et spirituelles, des hommes élégants et braves, des
écrivains éminents dans tous les genres, voilà ce qui
constitue la cour de Versailles. Les seigneurs ont
quitté leurs châteaux, ils ne peuvent vivre hors de la
présence du roi; c'est à qui voudra assister à ses le-
vers, à ses couchers; appuyé sur sa grande canne, il
descend majestueux les escaliers de son palais ; sa
cour s'incline sur son passage; elle s'incline devant son
trône vide, devant son lit, elle lui érige des statues,
elle en fait un demi-dieu. Si Louis XIV ne sut pas
toujours résister à son orgueil, s'il jeta la France dans
de grands maux, s'il fut parfois injuste envers ses
meilleurs serviteurs, il ne faut pas trop le blâmer, car

il fut absolu, et le despotisme anéantit les plus belles qualités.   Ne blâmons pas non plus ces hommes qui l'adorèrent presque, et ne les accusons pas de servilité, car, comme nous l'avons déjà dit, ils faisaient acte de patriotisme en louant le roi, qui était la personnification de la patrie.   Disons aussi que Louis XIV mérita, jusqu'à un certain point, l'hommage qu'on lui rendait. Il commit bien des fautes, mais on peut beaucoup pardonner à l'homme dont le bon goût réagit sur son siècle, à l'homme qui protégea Molière et permit de jouer "Tartuffe."   Laissons donc au XVIIᵉ siècle le nom de *Siècle de Louis XIV*.

MALHERBE ET BALZAC.

Nous avons nommé Régnier parmi les auteurs du XVIᵉ siècle, quoiqu'il fût plus jeune que Malherbe ; c'est que celui-ci posséda cet esprit d'ordre, cet amour de la forme qui caractérisèrent le XVIIᵉ siècle, et dont il fut en partie l'inspirateur.   Né à Caen

Malherbe.

en 1555 Malherbe alla en Provence en 1581 et y vécut vingt ans.   Ses premiers vers furent médiocres, mais son génie se révéla dans sa belle ode à Du Perrier sur la mort de sa fille.   Henri IV l'attira à Paris et, pendant plus de vingt ans, il se consacra à la tâche de réformer la poésie française.   Pour arriver à son but il lui fallut d'abord attaquer Ronsard, et ce n'était pas chose facile.   Il se servit d'une langue simple et soumit le vers à des règles immuables qui le rendirent plus clair, plus concis, plus méthodique, plus uniformément harmonieux.   Il voulait *dégasconner* la cour et prit pour maîtres du langage les "crocheteurs du Port au Foin," c'est-à-dire que la langue de Paris fut pour lui le modèle.   Il travaillait

beaucoup ses vers et fut aussi sévère pour lui que
pour les autres; on l'appelait à bon droit le " tyran
des mots et des syllabes," et quoiqu'il ne fût pas réellement un grand poète, pas aussi grand que Ronsard,
qu'il contribua à détrôner, il produisit quelques
poèmes justement admirés et eut une grande influence sur ses successeurs. S'il ne fut pas autant réformateur de la langue poétique que le dit Boileau, son
rôle fut important, et les services qu'il rendit à la
versification peuvent être comparés à ceux que rendit
Balzac à la prose.

Balzac naquit à Angoulême en 1597 et mourut en
1654. Il vécut principalement en province et ne
venait que rarement à Paris, où nous au-
rons l'occasion de le rencontrer à l'Hôtel   **Balzac.**
de Rambouillet. Il fut surtout célèbre pour ses
lettres et donna le modèle de l'éloquence en prose,
c'est-à-dire qu'il donna un soin extrême au style et
sut le rendre noble et imposant. Ses œuvres nous
paraissent aujourd'hui pédantesques et lourdes, mais
elles furent utiles. Après Balzac il n'y eut pas autant
de tâtonnement et le style devint plus stable. Les
grands écrivains modifièrent, corrigèrent la langue de
Balzac, mais elle servit de modèle à un grand nombre
d'entre eux. Il manquait, cependant, à la prose française, au commencement du XVIIe siècle, la grâce et
la légèreté, voyons dans quelle société nous trouverons
ces deux qualités essentielles.

L'HÔTEL DE RAMBOUILLET.

Catherine de Vivonne, fille du marquis de Pisani,
épousa à l'âge de douze ans, le 26 janvier 1600, Charles
d'Angennes, qui fut plus tard marquis de Rambouillet,

Elle ne se plaisait point au Louvre, où la cour du
Béarnais n'était guère raffinée et voulut avoir une
société à elle. Elle fit bâtir à Paris, près de l'Hôtel
de Chevreuse et du jardin des Quinze-Vingts, un
Hôtel dont elle donna elle-même le plan et qui fut
grandement admiré. Elle n'eut pas de grandes salles
avec un escalier au milieu, mais des escaliers par côté
et de petits cabinets, qui pouvaient contenir dix
sièges, et une chambre à coucher contenant dix-huit
sièges. On ne pouvait donc recevoir qu'un nombre
restreint de personnes, et celles-ci devenaient des amis
intimes de la maîtresse de la maison. *Arthénice*,
d'ailleurs, comme on appelait Mme de Rambouillet,
d'après l'anagramme de son nom, Catherine, était une
charmante personne, pleine de tact et de goût, et dit
Tallemant des Réaux, "elle n'a jamais rien voulu que
de raisonnable." Elle réunit chez elle une société
élégante et polie et contribua puissamment à ramener
la décence dans les mœurs et dans le langage. Elle
aimait les bergeries et "l'Astrée." Le long roman
pastoral de d'Urfé, où l'auteur consacre quelques
pages gracieuses à la description du Lignon, rivière
fameuse entre toutes, fut une œuvre originale inspirée,
peut-être, par la Diane de Montemayor, et mérita,
jusqu'à un certain point, l'immense popularité dont
il jouit. Mme de Rambouillet reçut chez elle les
grands seigneurs et les bourgeois, les hommes de
lettres et les savants, et fut dignement secondée par
sa fille, la belle Julie d'Angennes. Mlle de Rambouillet était la fée du fameux hôtel et tous les visiteurs
succombaient à ses enchantements. "Après Hélène,"
dit encore Tallemant, "il n'y a guère eu de personne
dont la beauté ait été plus généralement chantée.

Cependant ce n'a jamais été une beauté." Le marquis de Montausier lui fit la cour, fut un *mourant*, selon le langage de l'époque, pendant treize ans, mais ne réussit à conquérir le cœur de sa belle, que grâce à une galanterie des plus délicates, il lui présenta "la guirlande de Julie."

Voici ce qu'en dit Cousin dans "La Société Française au XVIIᵉ Siècle": "Elle est de l'année 1641. C'était, ou plutôt c'est encore un bel in- "La folio relié en magnifique maroquin rouge Guirlande et doublé de même, portant au dehors et de Julie." au dedans le chiffre entrelacé de J. L., Julie-Lucine.

"Le frontispice est une guirlande avec ce titre: *La Guirlande de Julie pour Mˡˡᵉ de Rambouillet, Julie Lucine d'Angennes.* Sur le premier feuillet est peint un zéphyr tenant dans la main droite une rose et dans la gauche une guirlande de fleurs, au nombre de vingt-neuf, qu'il souffle légèrement sur la terre. Puis viennent de nombreux feuillets qui contiennent séparément les vingt-neuf fleurs peintes de la main du fameux peintre de fleurs, Robert, chacune accompagnée d'un madrigal admirablement écrit par Jarry. La plûpart de ces madrigaux sont de Montausier lui-même, les autres, des poètes de l'hôtel de Rambouillet, parmi lesquels ne se trouve pas Corneille, à qui, mal à propos depuis deux siècles, on attribue des vers de Conrart." Le cœur de la belle Julie fut touché par la galanterie de M. de Montausier, mais elle ne l'épousa que quatre ans plus tard, en 1645. Mᵐᵉ de Montausier devint plus tard dame d'honneur de Marie-Thérèse et aida beaucoup son mari, qui était aussi opiniâtre qu'honnête. Mᵐᵉ de Rambouillet disait de lui: "Il est fou à force d'être sage." Il fit une traduction de Perse en vers français.

Parmi les auteurs des madrigaux de la célèbre Guirlande nous ne voyons pas le nom de Voiture. Le marquis ne l'aimait pas, quoique celui-ci fût l'ami le plus intime de Mme de Rambouillet et de sa fille, et les ravît par son esprit élégant et gracieux, où perce un peu d'affectation, de *précieux*. Voiture, fils d'un marchand de vin, fut poète à quinze ans et devint un des principaux commensaux de l'Hôtel de Rambouillet, où il lisait son sonnet à Uranie, rival de celui de Benserade sur Job. Ce sont ses lettres qui sauvèrent son nom de l'oubli; il ajouta à la prose française la grâce et la légèreté, et mérite d'être placé à côté de l Ilzac. Tout roturier qu'il était il fut ami de princes et de princesses, et parmi ces dernières mentionnons Mlle de Bourbon, qui fut plus tard la séduisante duchesse de Longueville. Elle brilla à l'Hôtel de Rambouillet par sa beauté et son esprit et joua ensuite un rôle politique pendant la Fronde. Sœur du grand Condé, elle a l'énergie de sa race, et attire Larochefoucauld et les plus grands seigneurs dans le parti contre le Mazarin. Coligny et Guise se battent en pleine rue pour elle, et elle assiste cachée derrière une fenêtre à ce duel où Coligny est tué. Par l'influence qu'eut Mme de Longueville nous pouvons comprendre le rôle important de la femme pendant la première moitié du XVIIe siècle. N'était-ce pas alors que vivait aussi Mlle de Montpensier, qui écrivait la " Princesse de Paphlagonie," où elle fait les portraits de Mme de Rambouillet et de sa fille ? Quelle étrange carrière que

Voiture.

Mme de Longueville.

Mlle de Montpensier.

celle de l'énergique fille du lâche Gaston! Elle fait tirer le canon de la Bastille sur les troupes du roi, elle commence par être une héroïne de roman et elle disparaît de la scène du monde comme un personnage de comédie, grâce à son absurde mariage avec le beau Lauzun.

A côté de Mlle de Bourbon et de Mlle de Montpensier nous voyons à l'Hôtel de Rambouillet, Mlle Paulet, la belle *lionne* à la chevelure d'or, et Mme de Sablé, une des plus aimables femmes qu'il y eût jamais.

Racan et Chapelain.

Nous rencontrons aussi Malherbe à la fin de sa carrière, son disciple Racan, le poète des *Bergeries*, inspirées par "l'Astrée," Balzac, Conrart et Chapelain, de l'Académie Française. Arrêtons-nous ici au nom de Chapelain. Ce poète fut l'arbitre du bon goût, le dispensateur des bénéfices de Richelieu, il fut un homme honorable, il protégea les gens de lettres, mais il écrivit la lourde "Pucelle," poème épique, et ses vers "martelant le bon sens" écrasèrent sa renommée. Ce fut une des victimes de Boileau, ainsi que Cotin, hôte lui aussi, ainsi que Ménage, de l'Hôtel de Rambouillet. Que faisaient donc les hôtes de la marquise dans les petites pièces de son hôtel, dans la

Les Précieuses.

chambre bleue, et plus tard dans la *loge de Zirphée*, grand cabinet construit mystérieusement par la châtelaine pour surprendre ses invités? "Vers 1616," dit le bibliophile Jacob, "l'évêque de Luçon, Armand du Plessis, avait soutenu devant un auditoire d'élite une *thèse d'amour*, qui témoigna de son talent dans l'art de bien dire. Bossuet, encore adolescent, y prononça son premier sermon." Fléchier fréquen-

tait aussi l'hôtel, Corneille y lisait ses tragédies, enfin
les écrivains venaient chercher dans une société
éclairée l'encouragement qu'ils ne trouvaient point
encore ailleurs. La société de Mme de Rambouillet
exerça de cette manière une influence bienfaisante,
elle créa aussi, pour ainsi dire, l'art de la conversation, mais cette conversation, à force de vouloir être
raffinée, devint *alambiquée*, quelque peu affectée, et,
mal comprise, donna naissance à la langue des "Précieuses Ridicules" et des "Femmes Savantes." Voici
la définition que donne l'abbé de Pure des Précieuses: "Ainsi aujourd'hui on appelle les Précieuses
certaines personnes du beau sexe qui ont su se tirer
du prix commun des autres et qui ont acquis une
espèce et un rang tout particulier." Nous comprenons par cette définition qu'une vraie Précieuse,
comme Arthénice, pouvait devenir assez facilement
une Précieuse ridicule, comme Polyxène. L'Hôtel
de Rambouillet fut une école de politesse et d'ur-
banité, mais on ne peut nier qu'elle ne fût indirecte-
ment la cause du pédantisme et de l'affectation
qu'attaquèrent si rudement Molière et Boileau.
L'alcôve et la *ruelle* prirent probablement naissance
chez Catherine de Vivonne, parmi ces gens qui dan-
saient et jouaient aux bouts-rimés, mais qui aussi
dissertaient à perdre haleine sur des sujets de galanterie, qui "savaient leur *Amadis* par cœur" et com-
prenaient admirablement la Carte de Tendre.

Nous voici en présence de Mlle de Scudéry et de
son frère Georges. Avant de faire leur connaissance
jetons encore un coup d'œil sur quelques autres personnes distinguées que nous voyons chez l'aimable
marquise. D'abord, le grand Condé lui-même,

homme d'esprit et de goût autant que grand guerrier,
qui recevait à Chantilly Molière et Tartuffe proscrit,
mais avec qui il n'était pas toujours bon de discuter,
d'après la remarque de Boileau, citée par Sainte-
Beuve: "Dorénavant, je serai toujours de l'avis de
Monsieur le Prince, surtout quand il aura tort."
Dans le même cabinet que Condé se trouvent Scarron, Mᵐᵉ de Sévigné et Mᵐᵉ de La Fayette, mais nous
retrouverons ailleurs l'époux de Mˡˡᵉ d'Aubigné et les
deux charmantes amies que nous venons de nommer,
revenons à Mˡˡᵉ de Scudéry, dont le portrait ne serait
pas à sa place hors de l'Hôtel de Rambouillet.

Madeleine de Scudéry naquit en 1607 et mourut en
1701.   Pendant cette longue vie elle écrivit ses longs
romans qui la rendirent célèbre de son
temps et ridicule de nos jours.   Si elle   Mˡˡᵉ de
ne fut pas *la première fille du monde* elle   Scudéry.
ne mérite pas non plus le ridicule qui s'attache à son
nom.   Elle représente une époque intéressante de la
société française, telle que nous la voyons à l'Hôtel
de Rambouillet, et malgré les attaques de Boileau,
elle jouit jusqu'à sa mort du respect de ses contemporains.   Gomberville avait créé en 1632 par son
"Polexandre" le genre des romans à beau langage
et représentant les personnages du temps sous des
noms empruntés à l'histoire.   La Calprenède succéda à Gomberville, et sa "Cléopâtre," en vingt-
quatre volumes (1647–48), fit les délices du temps
jusqu'à ce que parurent "Artamène ou le Grand
Cyrus" (1649–53) et "Clélie, histoire romaine"
(1656), en dix volumes chacun.   Ces romans de
Mˡˡᵉ de Scudéry avaient pour héros les contemporains de l'auteur et elle - même se représente

sous le nom de Sapho. Le portrait de celle-ci est légèrement flatté, surtout au point de vue du physique, s'il faut en croire Tallemant des Réaux qui disait d'elle: " C'est une grande personne maigre et noire, et qui a le visage fort long." Son esprit était supérieur à sa beauté et elle donna d'excellents conseils aux femmes à propos de leur éducation. Elle tâcha de faire régner la politesse et le raffinement autour d'elle, mais elle tomba souvent dans l'affectation et la subtilité. Rien n'est

" La Carte de Tendre." plus curieux que *la Carte de Tendre* que nous trouvons dans "Clélie." Cette géographie de l'amour paraît étrangement déplacée dans le milieu dans lequel elle se trouve, mais elle eut une si grande popularité qu'il faut mentionner le *Lac d'Indifférence,* les *Fleuves Inclination, Estime, Reconnaissance,* la *Mer Dangereuse* et les villages de *Petits Soins* et autres. Mlle de Scudéry brilla longtemps à l'Hôtel de Rambouillet, puis elle eut son propre salon, ses *Samedis.* Elle avait plus de jugement et de talent que son frère Georges, qui prit part à la querelle du "Cid"; à tout prendre, cependant, on est forcé d'arriver à la conclusion que Boileau eut raison d'attaquer "Cyrus" et "Clélie." L'Hôtel de Rambouillet, après la Fronde, n'était plus nécessaire, la marquise avait rempli un rôle important, mais lorsque le goût eut été épuré on oublia la *loge de Zirphée* et les livres de Mlle de Scudéry. Le grand Condé et Mme de Sévigné avaient lu avec délices "Cyrus" et "Clélie"; ils devaient bientôt les abandonner pour d'autres œuvres d'un génie bien plus grand.

L'ACADÉMIE FRANÇAISE.

Ce furent les Italiens qui donnèrent aux Français
l'idée des Académies littéraires au XVIᵉ siècle, quoiqu'il existât déjà plusieurs académies poétiques, dont
la plus célèbre fut celle des Jeux Floraux de Toulouse, fondée au XIVᵉ siècle. Marguerite de Valois,
première femme de Henri IV, établit dans sa maison,
en 1605, une académie à laquelle appartenaient Desportes, Régnier, l'historien Dupleix et le grammairien
Coëffeteau. Il y eut encore plusieurs autres sociétés
littéraires à Paris, mais celle qui devait donner naissance à l'Académie Française fut instituée en 1629.
Plusieurs littérateurs formèrent le projet de se
réunir pour "conférer ensemble des productions de
leur esprit et pour se perfectionner mutuellement."
Les plus connus de ces gens de lettres étaient Chapelain, Godeau, le *nain de Julie*, et Conrart, chez qui
les réunions avaient lieu. Pendant quatre ans les
séances furent secrètes, mais Boisrobert, un des *poètes
domestiques* de Richelieu, ayant été admis à une des
séances en fut si enchanté qu'il en parla au Cardinal.
Celui-ci alors "demanda à M. Boisrobert si ces personnes ne voudraient pas faire un corps et s'assembler
régulièrement et sous une autorité publique." Ce
désir de Richelieu fut reçu comme un ordre par Conrart et ses amis et ils se mirent à préparer les statuts
de la future Académie Française. Les lettres patentes furent signées par le roi, le 2 janvier 1635, et
le grand ministre se déclara le protecteur de l'Académie. Plus tard ce rôle fut rempli par le chancelier
Séguier, par Colbert et par Louis XIV lui-même,
qui donna un domicile au Louvre à la célèbre société

et la combla de faveurs. L'Académie fut vivement critiquée au XVIIᵉ siècle: on l'accusait de vouloir agir en despote sur les écrivains du temps et de s'occuper de discussions oiseuses, et Balzac, nommé un des premiers académiciens, n'accepta jamais l'honneur qu'on lui avait fait. Il y eut aussi des membres nommés à cause de leur rang ou de leur position officielle, mais en général les plus grands écrivains firent partie de l'Académie. Il est vrai que Molière n'en fut pas membre et que l'histoire du quarante et unième fauteuil est intéressante; on ne peut nier, cependant, l'influence qu'exerça l'Académie sur la langue française. Elle comptait Vaugelas parmi ses membres, et elle publia la première édition de son Dictionnaire en 1694, et l'on put voir dès lors que si elle appauvrissait la langue, elle contribuait à lui conserver son cachet de clarté, de force et de concision. De nos jours Alphonse Daudet a pu écrire l' "Immortel," mais tous les grands écrivains considèrent que devenir membre de l'Académie Française est la consécration de leur génie. Rappelons ici que l'Institut de France est composé de la réunion des cinq académies, l'Académie Française, l'Académie des Inscriptions et Belles-Lettres, l'Académie des Sciences, l'Académie des Beaux-Arts et l'Académie des Sciences Morales et Politiques.

CHAPITRE II

CORNEILLE ET RACINE

La tragédie classique était née avec " Cléopâtre " en 1552, mais pendant bien des années elle ne produisit

aucune œuvre de génie, quoiqu'il y eût la plus grande
diversité dans les genres et que les règles   Prédé-
fussent à peine connues.   Nous avons   cesseurs de
déjà mentionné Garnier et Montchrestien;   Corneille.
entre eux et Corneille se trouvent une quantité d'auteurs inférieurs, et nous ne nommerons que ceux qui
ont encore un nom, bien que leurs œuvres ne soient
plus lues.

Alexandre Hardy imita le drame espagnol et Lope
de Vega; il avait "l'instinct dramatique" mais
écrivait très mal.   Il est vrai qu'il ne pre-   Hardy.
nait pas grand temps pour composer une
pièce, puisqu'il en produisit, dit-on, huit cents.   Il a
de l'action dans ses drames, supprime le chœur et eût
pu être le poète national de la France, s'il eût eu du
génie.   Il écrivit des tragédies, des tragi-comédies et
des pastorales.

Théophile est poète, quoique Boileau ait attaqué
avec raison son mauvais goût, ses *maniérismes*, qui ne
sont cependant que *l'euphuisme* de Lyly,   Théophile.
le *cultisme* de Gongora, les *concetti* de
Marino.   "Pyrame et Thisbé," œuvre plutôt lyrique
que dramatique, oubliée aujourd'hui, fut très populaire du temps de Théophile.

Jean de Schélandre écrivit une œuvre étrange,
"Tyr et Sidon," où il ne suit aucune des règles et
tâche de ne pas imiter les anciens.   Son   Schélandre.
drame est en deux journées, dix actes et
cinq mille vers et il s'y trouve le mélange du sérieux
et du comique que devait préconiser plus tard l'école
romantique.

Jean de Mairet donna sa première pièce à l'âge de
dix-sept ans, et à vingt-cinq ans il produisait "Sopho-

nisbe," dont la date, 1629, est importante par le fait

Mairet.

que l'œuvre de Mairet est intéressante et réunit tous les traits essentiels de la tragédie classique. 'Ces traits, comme M. de Julleville l'exprime si bien, sont: "la noblesse du style, l'exclusion absolue du comique, le raffinement dans l'analyse et l'expression des sentiments, la tendance oratoire dans le langage; la simplification et l'arrangement logique de l'intrigue, la conception abstraite et puissante des caractères." Mairet établit aussi d'une manière permanente les règles des trois unités.

Pierre Corneille naquit à Rouen le 6 juin 1606; son père était maître des eaux et forêts et d'une bonne

Corneille.

famille de robe. Il fut élevé au collège des Jésuites à Rouen et étudia plus tard le droit. Il débuta au théâtre en 1629 par " Mélite," une comédie agréable et décente qui eut beaucoup de succès.

Quoiqu'il y eût eu grand progrès dans le style de la comédie au XVIᵉ siècle, l'intrigue était très compliquée, et en général, très indécente. Cor-

" Mélite."

neille, un jeune avocat de vingt-trois ans, demeurant à Rouen, ne connaissant, pour ainsi dire, aucune des règles du drame et guidé uniquement par son génie, écrivit une comédie qui fait époque dans l'histoire de la littérature française. L'œuvre est loin d'être parfaite et le style est parfois ampoulé, mais elle présageait à l'auteur un brillant avenir. Nous donnerons une analyse complète de " Mélite," parce que la pièce est peu lue et mérite d'être connue. L'intrigue est amusante, mais pas très naturelle: Éraste est amoureux de Mélite et demande à son ami Tircis d'écrire pour lui un sonnet d'amour. Tircis

ne croit pas à la beauté merveilleuse de Mélite, et
Éraste le présente à sa belle. Ce qui était écrit au
livre du Destin devait arriver: Tircis se fait aimer de
Mélite et se console de sa perfidie en disant qu'en
amour les meilleurs amis ne sont pas obligés de tenir
leurs promesses. Éraste, pour se venger, écrit de
fausses lettres sous le nom de Mélite à Philandre,
l'amoureux de Chloris. Philandre, agréablement flatté,
montre les lettres à Tircis, qui croit que Mélite l'a
trompé. Ensuite paraît Cliton qui annonce à Éraste
que Tircis s'est tué et que Mélite est morte de
chagrin. Éraste, accablé de remords, devient fou et
s'imagine que le vieux Caron l'attend pour le livrer
aux Furies. Dans sa folie il rencontre Philandre et
lui dit que c'est lui qui a écrit les lettres, et non
Mélite. On découvre alors que Tircis et Mélite ne
sont pas morts, et tous se réconcilient, grâce à la
vieille nourrice, un personnage indispensable à cette
époque, mais que les soubrettes et les valets devaient
bientôt remplacer. Tircis épouse Mélite, Éraste,
guéri de sa folie, épouse Chloris, et afin que le flam-
beau de l'hyménée s'allume pour tous, on donne à
entendre à Philandre que, s'il veut une femme, il peut
épouser la vieille nourrice. A propos de tous ces
mariages Corneille dit qu'on ne pouvait les éviter,
car la coutume était de marier, à la fin de la pièce,
tous les personnages qui avaient paru sur la scène.

Corneille donna ensuite "Clitandre" (1632), dont
l'intrigue est un imbroglio, la "Veuve" (1633), la
"Galerie du Palais" (1633), la "Suivante" (1634), et
la "Place Royale" (1634). De ces cinq pièces la
"Veuve" est celle qui a le plus de mérite. Richelieu
avait remarqué Corneille dès 1633 et se l'était attaché

comme collaborateur. On sait qu'il donnait des plans
à ses poètes et que ceux-ci travaillaient sous sa direc-
tion. Cette prétention du grand ministre d'être
auteur dramatique et d'écrire en collaboration avec
Corneille est réellement étrange, et le joug sembla
lourd au jeune poète de Rouen. Aussi saisit-il un
prétexte pour s'affranchir et retourna à Rouen en 1635.

"Médée." La même année parut " Médée," où jaillit
la première étincelle du génie tragique de
Corneille. Le merveilleux qui se trouve dans la pièce
ne convient point au drame, et cette tragédie n'est
pas d'une lecture agréable. Corneille étudia vers
cette époque le théâtre espagnol et y emprunta en
1636 "l'Illusion Comique" et le "Cid." La première
pièce est originale; c'est un mélange du surnaturel,
du comique et du tragique, mais elle plaît, grâce au
caractère du matamore, le faux chevalier. Le vrai
sentiment chevaleresque paraît avec éclat dans le
"Cid," qui fut accueilli avec un enthousiasme extraordinaire. Le succès de cette tragédie
Corneille et fut si grand que l'ancien collaborateur
Richelieu.
de Corneille, le grand Cardinal, en fut
jaloux et qu'il ordonna à l'Académie Française de
faire la critique du drame. Georges de Scudéry, ce
bretteur prétentieux, auteur de tragédies absurdes,
attaqua Corneille avec violence, et nous regrettons de
voir Mairet s'associer aux sentiments de Scudéry.
L'Académie rendit justice aux beautés du "Cid,"
mais critiqua la hardiesse du poète, qui n'avait point
observé strictement les règles de l'art dramatique.
Richelieu, l'auteur, avait poursuivi le "Cid"; Richelieu, le ministre, anoblit le père de Corneille et donna
une pension au poète.

Ce fut en novembre 1636 que fut joué le "Cid."
Qui peut lire cette admirable tragédie et ne pas
éprouver, comme le disait Corneille lui-   Le "Cid."
même, un certain tremblement qui in-
dique une curiosité merveilleuse ? Comme nous nous
intéressons à ces deux amants qui ont su sacrifier
leur amour à leur devoir, quelle crainte nous éprouvons quand Rodrigue refuse de se défendre contre
Don Sanche, et comme nous partageons son enthousiasme quand il apprend que Chimène l'aime encore !
Qu'ils paraissent, les Maures, les Navarrais, les Castil-
lans, et tous les vaillants hommes que l'Espagne a
nourris ; son bras qui a vaincu le comte pour venger
un père, sera invincible puisqu'il doit conquérir
Chimène. La pièce est tirée de " las Mocedades del
Cid " de Guillem de Castro, mais il y a une grande
différence entre les deux drames. L'action, dans le
drame espagnol, dure trois ans, et la pièce de Guillem
de Castro, qui renferme de grandes beautés, est rude
et sauvage par endroits. Corneille dut observer,
autant que possible, les règles des unités, et elles
donnent à son œuvre une force, une concision, qui
soutiennent l'intérêt depuis le premier vers jusqu'au
dernier. Tous les caractères sont parfaits, excepté
celui de l'Infante, qui est inutile. Quant au sujet,
qui nous paraît choquant, il faut se rappeler que
Corneille ne l'inventa pas, et que dans sa tragédie
Rodrigue n'épouse pas Chimène et qu'il n'est que
son fiancé.

. La pièce commence par une conversation entre
Chimène et Elvire, où celle-ci annonce à sa maîtresse
que son père consent à son mariage avec Rodrigue.
Nous prenons part au bonheur de Chimène, mais

dans la troisième scène la querelle entre Don Diègue et le comte sera un obstacle au mariage de leurs enfants, obstacle qui paraîtra insurmontable après que Rodrigue aura tué le père de Chimène. Nous voyons ici le combat entre l'amour et le devoir que Corneille a exprimé avec tant de charme et de grandeur. Rodrigue a rendu l'honneur à son père, mais il ne veut plus vivre, si Chimène ne l'aime plus. Il va la trouver dans sa maison et lui dit:

> "Ne diffère donc plus ce que l'honneur t'ordonne ;
> Il demande ma tête, et je te l'abandonne."

C'est alors que Chimène lui répond:

> "Va, je ne te hais point,"

et que commence la complainte des deux amants, admirable " duo d'amour ":

RODRIGUE.
"O miracle d'amour !

CHIMÈNE.
O comble de misères !

RODRIGUE.
Que de maux et de pleurs nous coûteront nos pères !

CHIMÈNE.
Rodrigue, qui l'eût cru . . .

RODRIGUE.
Chimène, qui l'eût dit.

CHIMÈNE.
Que notre heur fût si proche et si tôt se perdît ?

RODRIGUE.

Et que si près du port, contre toute apparence,
Un orage si prompt brisât notre espérance ? "

Corneille n'a jamais exprimé l'amour avec tant de
tendresse, il n'a jamais créé une héroïne comme Chimène. Dans " Horace," nous voyons un amour passionné; dans " Cinna," Émilie est une *furie*, quoique
adorable ; et dans " Polyeucte," Pauline nous paraît
trop soumise. Le sublime est le trait si connu du
génie de Corneille, qu'en parlant du " Cid " nous
n'appellerons pas l'attention sur le caractère chevaleresque de la pièce, mais sur les tendres scènes d'amour
si rares dans les chefs-d'œuvre du grand poète.

Le roi a ordonné le combat judiciaire, et Don
Sanche doit être le champion de Chimène. Rodrigue
va encore chez elle et lui annonce qu'il ne se défendra
pas contre Don Sanche, car il ne peut vivre et mériter
sa haine. La réponse de Chimène est entrainante et
passionnée:

"Puisque, pour t'empêcher de courir au trépas,
Ta vie et ton honneur sont de faibles appas,
Si jamais je t'aimai, cher Rodrigue, en revanche,
Défends-toi maintenant pour m'ôter à Don Sanche ;
Combats pour m'affranchir d'une condition
Qui me donne à l'objet de mon aversion.
Te dirai-je encore plus ? Va, songe à ta défense,
Pour forcer mon devoir, pour m'imposer silence ;
Et si tu sens pour moi ton cœur encore épris,
Sors vainqueur d'un combat dont Chimène est le prix.
Adieu : ce mot lâché me fait rougir de honte."

Après deux siècles et demi le " Cid " a la même
fraîcheur que lorsque Corneille le fit jouer pour la
première fois, et la postérité continuera de l'admirer

aussi longtemps qu'on admirera l'amour vrai et l'honneur sans tache.

En 1659 Juan Bautesta Diamante fit paraître, sous le titre de "El Honorador de su Padre" une version du "Cid," et on a voulu prétendre, sans aucune preuve, que Corneille avait copié Diamante.

Les critiques ont exprimé le regret que Corneille ait abandonné les sujets chevaleresques comme le "Cid" pour s'inspirer de l'histoire ancienne. Il est vrai que nous n'avons plus de Chimènes, mais nous avons les deux Horaces, Cinna et Auguste, Pauline et Polyeucte.

En 1640 Corneille fit paraître "Horace" et "Cinna," et "Polyeucte" en 1640 ou, plus probablement, en 1643, trois chefs-d'œuvre. "Ho-

"Horace." race" est basé sur l'histoire du combat entre les Horaces et les Curiaces racontée par Tite-Live. D'après le poète français, Horace a épousé Sabine, sœur des Curiaces, et Curiace est fiancé à Camille, sœur des Horaces. Ces liens de famille rendent le combat encore plus tragique. Le caractère romain est bien dépeint, quand un messager ayant annoncé quels sont les champions choisis par Rome et par Albe, Horace s'écrie:

"Albe vous a nommé, je ne vous connais plus."

Il n'y a plus rien d'humain en lui quand Rome l'appelle. Curiace, au contraire, répond:

"Je vous connais encore, et c'est ce qui me tue."

Tout le monde connaît la fameuse réponse du vieil Horace à Julie quand il croit que son fils a fui:

JULIE.

"Que vouliez-vous qu'il fît contre trois?

LE VIEIL HORACE.

Qu'il mourût,

Ou qu'un beau désespoir alors le secourût.
N'eût-il que d'un moment reculé sa défaite,
Rome eût été du moins un peu plus tard sujette ;
Il eût avec honneur laissé mes cheveux gris,
Et c'était de sa vie un assez digne prix."

Les imprécations de Camille en apprenant la mort
de Curiace sont aussi sublimes que le "qu'il mourût,"
et dans toute la pièce il y a un sentiment de grandeur
patriotique à laquelle l'amour est sacrifié. "Horace"
nous touche moins que le "Cid," mais excite la plus
haute admiration. "Cinna" et "Polyeucte" sont les
plus parfaites des tragédies de Cor- "Cinna."
neille. Dans "Cinna" nous voyons la
grandeur de l'empereur romain, et les paroles d'Auguste pardonnant à Cinna sont admirables :

"Soyons amis, Cinna, c'est moi qui t'en convie,
Comme à mon ennemi je t'ai donné la vie,
Et, malgré la fureur de ton lâche dessein,
Je te la donne encor comme à mon assassin."

Nous sommes étonnés, nous qui lisons "Polyeucte"
avec tant de plaisir, d'apprendre que cette "Polyeucte."
tragédie grandiose ne plut pas à l'Hôtel
de Rambouillet et que Voiture fut envoyé à l'auteur
pour lui conseiller de ne pas faire jouer sa pièce.

Pauline nous intéresse et nous touche autant que
Chimène, quoique son caractère, comme ceux de
Sévère et de Polyeucte, soient peut-être supérieurs
à l'humanité. Toutes les grandes créations de Corneille sont, d'après La Bruyère, de même que celles
d'Eschyle, non comme les hommes sont, mais comme

ils devraient être. C'est le sublime du langage et de
la pensée qui fait la beauté du "Cid," d'"Horace,"
de "Cinna," de "Polyeucte." Dans la plupart des
autres ouvrages de Corneille la grandeur de la pensée
reste, mais le langage n'est plus en harmonie avec la
pensée, et le sublime qui nous touche si profondément
dans "Polyeucte," devient ampoulé et presque ridicule dans "Théodore." Nous pouvons avoir une idée
du sentiment chrétien qui anime Polyeucte par la
réponse qu'il fait à Félix qui tâche de lui persuader
de renoncer à son Dieu :

> "Je n'adore qu'un Dieu, maître de l'univers,
> Sous qui tremblent le ciel, la terre et les enfers;
> Un Dieu qui, nous aimant d'une amour infinie,
> Voulut mourir pour nous avec ignominie,
> Et qui, par un effort de cet excès d'amour,
> Veut pour nous en victime être offert chaque jour."

Polyeucte, dans sa foi sublime, dans son désir d'acquérir la palme du martyr, n'eût eu rien d'humain si, en
marchant à la mort, il n'eût dit à sa noble femme :

> "Chère Pauline, adieu ; conservez ma mémoire."

Il est étrange que l'auteur de "Polyeucte" ait été
aussi l'auteur du "Menteur" (1642), la
meilleure comédie écrite avant que parût
Molière. La pièce est tirée de la "Verdad Sospechosa"
de Juan de Alarcon, et elle est vive et intéressante. Ce
que nous admirons le plus, cependant, c'est le style
brillant et l'adresse de Dorante, le menteur, quand il
construit, au moment donné, les contes les plus ingénieux pour se tirer d'embarras. Quoiqu'il soit matamore
il n'en est pas moins un homme de courage, et il
semble mentir et tromper, non dans un but vil, comme

Le
"Menteur."

Tartuffe, mais pour le plaisir de mentir. Le men-
songe est un art à ses yeux, et il essaie d'y exceller. Il
trompe même son valet, qui lui demande de lui faire
savoir par un signe quand, par hasard, il dit la vérité.
Il se bat en duel et dit que son adversaire est mort,
mais tous les hommes qu'il tue se portent parfaitement, et il combat pendant quatre ans en Allemagne
sans avoir jamais quitté sa ville de Poitiers.

Dorante est aussi frivole que le Valère de Regnard,
et à part une scène, on peut comparer le " Menteur "
aux comédies les plus amusantes et les plus vives du
XVIII⁰ siècle. La " Suite du Menteur " n'eut pas le
succès de la première pièce.

Racine écrivit aussi une comédie spirituelle, mais
ni les " Plaideurs " ni le " Menteur " n'eussent suffi
pour rendre Racine et Corneille illustres. Comme
auteurs comiques ils avaient un grand talent, mais
c'est comme tragiques qu'ils eurent du génie.

Le génie dont Corneille avait fait preuve dans le
" Cid," " Horace," " Cinna " et " Polyeucte " paraît
encore, mais moins élevé dans " Pompée " **"Rodogune,"**
(1641), beau poème historique plutôt que **"Don**
dramatique; " Rodogune " (1644), dont le **Sanche,"**
"Nicomède."
cinquième acte est admirable; " Héra-
clius " (1647), " Don Sanche d'Aragon " (1650), tragi-
comédie qui nous rappelle le " Cid " par le caractère
chevaleresque et fier du héros; enfin " Nicomède "
(1651), drame historique où se trouve Prusias, " vrai
personnage de comédie," dit M. de Julleville, " hardiment jeté au milieu du cadre tragique."

La chute de " Pertharite " en 1652 éloigna Corneille
de la scène pendant sept ans. Il y reparut avec
" Œdipe," qui eut un grand succès, mais qui est une

pièce faible, ainsi que "Sertorius" (1662). Les der-
Le déclin du nières tragédies du grand poète sont telle-
génie de ment inférieures aux œuvres que nous
Corneille. avons nommées qu'on pourrait à peine
croire que Corneille en est l'auteur, si de temps à autre,
on n'y reconnaissait quelques vers grandioses et énergiques. La lutte se prolongea avec "Agésilas," "At-
tila," "Othon," jusqu'en 1674, mais après "Suréna,"
Corneille abandonna le sceptre de la tragédie à son
jeune rival, Racine. Nous pouvons mentionner parmi
ses œuvres sa belle traduction de l'"Imitation de
Jésus-Christ" et sa gracieuse "Psyché," écrite en
collaboration avec Molière.

Corneille fut reçu membre de l'Académie Française
en 1647; il fut pauvre toute sa vie et mourut presque
dans le dénuement le 1ᵉʳ octobre 1684. Son caractère
d'homme fut digne de son génie et il mérita entièrement le nom que lui donna l'histoire, celui de *Grand
Corneille.*

Corneille nous présente le sublime porté au plus haut
degré; Racine, le pathétique. Les héros de Corneille
Parallèle nous frappent par leur grandeur impo-
entre Cor- sante, par leurs vices plus qu'humains;
neille et les créations de Racine nous charment en
Racine. étant plus réelles, plus naturelles. Corneille écrivit ses meilleures pièces avant que Louis
XIV eût commencé son règne personnel, Racine parut
à l'époque la plus brillante du XVIIᵉ siècle. Voilà la
grande différence entre les deux poètes. Racine, né
en 1639, trouva un auditoire raffiné, et il ne fut pas
obligé de frapper l'imagination en mettant sur la
scène des héros plus grands que des mortels ordinaires.
Il emprunta ses sujets à l'antiquité, mais il fit parler

ses personnages comme parlent toujours les hommes
en proie à leurs passions. On dit que dans ses pièces
Agamemnon et Pyrrhus sont des courtisans déguisés
de Louis, cela est vrai, car étant des humains comme
les gentilshommes de Versailles, ils agissent comme
des hommes, et non comme des demi-dieux. Les héros
de Racine sont, peut-être, excessivement tendres, mais
comme le dit Littré avec raison, Louis et sa cour
auraient-ils permis à un acteur d'employer les expressions dont se servent Achille et Agamemnon dans
l'Iliade ? Racine écrivit pour les hommes du XVII°
siècle, mais il a écrit aussi pour les hommes de tous
les siècles. Il n'est pas plus grand que Corneille, il
est plus harmonieux; son génie s'élève graduellement,
est plus uniforme, et nous admirons surtout la perfection de l'ensemble. Il a le goût parfait et rien ne
choque dans ses œuvres, qui rappellent la beauté et
l'élégance personnelle de l'auteur. Il a le cœur tendre;
il ressent l'amour et sait l'exprimer admirablement.
Il est cependant satirique et mordant parfois, et sa
vivacité l'entraîne à des actes qu'il regrette plus tard.
Il est le produit de l'influence religieuse de Port-
Royal et de l'influence élégante de la cour. Le roi
l'aimait beaucoup, le garda dans son intimité et le
fit son historiographe avec Boileau. Racine semble
compléter Corneille; celui-ci est parfois rude dans sa
grandeur, celui-là nous présente une analyse raffinée
des passions humaines. Les héros dans Corneille sont
généralement supérieurs aux héroïnes; Racine a produit des caractères féminins charmants et poétiques,
tels qu'Andromaque, Monime, Bérénice, Iphigénie et
Esther, et il nous a donné aussi ces femmes énergiques
et passionnées, Hermione, Roxane, Phèdre et Athalie.

Les critiques de Racine ont dit qu'il était un grand
poète lyrique et non un auteur dramatique. Il est
vrai que ses vers sont parfaits et que,
pour rencontrer de la poésie comme la
sienne, il faut attendre Lamartine, Hugo
et Musset, mais peut-on dire que l'action
dramatique fait défaut quand les personnages placés
sur la scène représentent fidèlement toutes les passions humaines ? Andromaque n'est-elle pas réelle
quand, parlant de son fils, elle dit à Pyrrhus :

Le génie de Racine tra- gique autant que lyrique.

> "Je passais jusqu'aux lieux où l'on garde mon fils.
> Puisqu'une fois le jour vous souffrez que je voie
> Le seul bien qui me reste et d'Hector et de Troie,
> J'allais, seigneur, pleurer un moment avec lui :
> Je ne l'ai point encore embrassé d'aujourd'hui ! "

Et encore, quand le roi menace de tuer son fils, elle
s'écrie :

> "Hélas ! il mourra donc ! Il n'a pour sa défense
> Que les pleurs de sa mère et que son innocence."

Clytemnestre n'est-elle pas dramatique, quand elle
reproche à Agamemnon sa perfidie et quand, dans
son désespoir, elle dit en parlant de sa fille :

> "Et moi, qui l'amenai triomphante, adorée,
> Je m'en retournerai seule et désespérée !
> Je verrai les chemins encor tout parfumés
> Des fleurs dont sous ses pas on les avait semés ! "

Néron n'est-il pas dramatique quand il ordonne la
mort de Britannicus, et quand il nous donne à entendre qu'un jour il tuera sa mère ?

Phèdre n'est-elle pas un caractère éminemment
tragique par sa passion coupable mais irrésistible

pour Hippolyte, et Athalie, racontant son songe ou entrant dans le temple, ne nous impressionne-t-elle pas par son caractère fatal ? Nous pourrions donner bien d'autres exemples de la force dramatique de Racine, mais voyons quelle fut sa vie.

Jean Racine naquit à la Ferté-Milon le 21 décembre 1639, et fut orphelin de bonne heure. Il suivit d'abord les cours du collège de la ville de Beauvais, puis en 1655 il alla à la célèbre école de Port-Royal des Champs, où il fut traité avec tendresse. Il y fit de fortes études classiques et lut avec délices les tragiques grecs. Un de ses livres de prédilection était "Theagène et Chariclée," qu'il apprit par cœur. Il fit son cours de rhétorique au collège d'Harcourt à Paris, et composa en 1660 son épithalame, la "Nymphe de la Seine," à l'occasion du mariage du roi, et Chapelain, l'oracle littéraire de l'époque, lui fit obtenir une bourse de cent louis. Il alla ensuite pendant quelque temps à Uzès, chez un de ses oncles, avec l'espoir d'obtenir un bénéfice, qu'il eut, en effet, plus tard.

Vie de Racine.

Nous avons vu que Corneille écrivit plusieurs comédies et une tragédie avant de produire le "Cid," Racine écrivit deux tragédies inférieures avant "Andromaque." En 1664, il fit jouer la "Thébaïde, ou les Frères Ennemis," et en 1665 "Alexandre." Il avait donné cette dernière pièce à la troupe de Molière, mais la porta aussi à l'Hôtel de Bourgogne, ce qui blessa beaucoup Molière. Ses amis, les jansénistes de Port-Royal, ayant attaqué le spectacle, il leur répondit avec une vivacité qu'il regretta dans la suite.

"Les Frères Ennemis" et "Alexandre" n'ont pas

grand mérite, et l'auteur tâche d'imiter Corneille.
Racine, cependant, eut bientôt Boileau pour guide et
"Andromaque" parut en 1667. Cette date est mé-
morable dans l'histoire littéraire car, à partir de ce
moment, Racine ne produira rien d'inférieur. La
pièce fut attaquée avec violence et l'auteur répondit
de même à ses critiques. Les amis de Corneille
eurent de la peine à reconnaître le génie de son rival,
ainsi que le témoigne la remarque de Saint-Évre-
mond : "Il ne s'en faut presque rien qu'il n'y ait du
grand."

Nous pouvons diviser les pièces de Racine en trois
classes : sujets grecs, "Andromaque," "Iphigénie" et
"Phèdre ;" sujets historiques, "Britannicus," "Bérénice," "Bajazet" et "Mithridate ;" sujets religieux, "Esther" et
"Athalie." Pour bien comprendre les
pièces tirées des sujets grecs il faut les comparer
aux tragédies grecques qui y correspondent. Racine
étudia de préférence Euripide, dont le génie plus humain, plus simple, plus tendre que celui d'Eschyle et de
Sophocle se rapprochait davantage du sien. Il n'emprunta cependant à Euripide dans "Andromaque" que
le titre de la tragédie ; l'intrigue des deux
pièces est toute différente ; dans celle
d'Euripide, c'est Molossus, fils de Pyrrhus et d'Andromaque captive, qu'Hermione veut mettre à mort,
et qu'en l'absence de Pyrrhus, sauve Pélée, père
d'Achille. Dans la pièce de Racine, c'est Pyrrhus,
qui menace Astyanax, fils d'Hector, pour forcer sa
mère Andromaque à l'épouser. La jalousie d'Hermione n'est plus, comme dans Euripide, celle d'une
reine offensée, mais elle est celle d'une femme qui

Les pièces de Racine divisées en trois classes.

"Andro-maque."

aîme. Tous les personnages dans l'"Andromaque" française nous intéressent, même Pyrrhus, malgré ses hésitations, et l'harmonie enchanteresse du style n'exclut pas l'énergie. On a comparé au "qu'il mourût" du vieil Horace l'exclamation d'Hermione:

> "Pourquoi l'assassiner? qu'a-t-il fait? à quel titre?
> Qui te l'a dit?"

Admirons aussi les paroles d'Oreste désespéré:

> "Eh bien! filles d'enfer, vos mains sont-elles prêtes?
> Pour qui sont ces serpents qui sifflent sur vos têtes?"

"Les Plaideurs" (1668) est une spirituelle comédie, imitée des "Guépes" d'Aristophane. Racine, prieur d'Épinay, avait voulu se venger "Les des juges qui venaient de lui faire per- Plaideurs." dre son bénéfice ecclésiastique. Ce que dit Petit Jean: "Ce que je sais le mieux, c'est mon commencement," et le "passons au déluge," sont devenus des proverbes.

"Britannicus" (1669) est un beau tableau historique. Claude est mort et Néron règne, quoique Britannicus, le fils de l'empereur, soit vivant. "Britannicus." Nous voyons Néron entrant dans la carrière du crime et se préparant à être le monstre qu'il sera plus tard. Narcisse, l'affranchi, le conduit graduellement à l'abîme, et Burrhus tâche de le retenir. Agrippine, elle-même, sent qu'elle est abandonnée par son fils et elle parle à l'empereur; elle lui dit tout ce qu'elle a fait pour lui et, cependant, qu'il la traite en ennemie. Le perfide Néron parait regretter sa conduite et promet à Agrippine de se réconcilier avec Britannicus et de lui rendre sa fiancée, Junie.

Il a, cependant, résolu la mort de Britannicus. Celui-ci se rend à un festin donné par Néron; il croit à la générosité de son frère et il quitte Junie avec l'espoir de l'épouser bientôt. Un moment après Burrhus raconte à Agrippine et à Junie la mort de Britannicus:

> "Cependant sur son lit il (Néron) demeure penché;
> D'aucun étonnement il ne paraît touché:
> Ce mal dont vous craignez, dit-il, la violence,
> A souvent sans péril attaqué son enfance.
> Narcisse veut en vain affecter quelque ennui,
> Et sa perfide joie éclate malgré lui."

En 1670, à la cour de France, la vraie reine n'était pas la timide et douce Marie-Thérèse d'Autriche,
"**Bérénice.**" mais la brillante Henriette d'Angleterre, duchesse d'Orléans. Elle donna le sujet d'une tragédie aux deux rivaux, Corneille et Racine, et choisit l'histoire de Titus, qui, tout en aimant Bérénice, la renvoya pour obéir aux lois de Rome. Titus "*reginam Berenicem,*" dit Suétone, "*statim ab Urbe dimisit invitus invitam.*" Le sujet ne convenait pas au génie de Corneille, mais Racine sut en tirer une pièce charmante et pathétique. Il lui fallut presque tout inventer, car la Bérénice de l'histoire, veuve déjà de trois maris et âgée de cinquante ans, n'était guère un personnage poétique.

"Bajazet" (1672) est la plus faible des tragédies de Racine, quoique Roxane soit un caractère noble et
"**Bajazet**" fier. Dans "Mithridate" (1673), nous
et "**Mithri-** admirons la grandeur, la haine du célèbre
date." roi de Pont, et surtout Monime, une des plus gracieuses, des plus pures, des plus touchantes créations de Racine.

"Iphigénie" (1674) nous ramène aux sujets grecs et nous éprouvons pour la fille d'Agamemnon la même sympathie que pour la veuve d'Hector; nous admirons le courage et "Iphigénie." la passion d'Achille et nous plaignons le roi des rois qui, malgré sa puissance, ne peut sauver la douce Iphigénie. Dans la pièce d'Euripide Achille n'aime pas Iphigénie, et ce n'est que par pitié qu'il veut la défendre. Dans la tragédie grecque la fille d'Agamemnon, après avoir exprimé quelques regrets de quitter la vie, se soumet par patriotisme, tandis que dans la tragédie française elle est une victime obéissante et ne veut survivre, puisqu'elle a perdu l'amour d'Achille. Racine n'adopta pas le dénouement de la légende grecque et il lui fallut créer le personnage d'Ériphile pour que Calchas pût sacrifier une fille du sang des Atrides. "Iphigénie" est un chef-d'œuvre, mais la plupart des critiques trouvent que le génie de Racine s'éleva encore plus haut dans "Phèdre," en 1677.

Racine imita l'"Hippolyte" d'Euripide et un peu celle de Sénèque. Voyons en quoi la pièce française diffère de la pièce grecque. Dans Euri- "Phèdre." pide nous voyons Hippolyte négliger complètement Vénus et se consacrer entièrement à Diane. Vénus jalouse inspire à Phèdre un amour coupable pour le fils de Thésée, amour qu'elle ne peut cacher à sa nourrice. Celle-ci fait jurer à Hippolyte qu'il ne révélera jamais ce qu'elle va lui dire et elle lui annonce la passion de Phèdre. Hippolyte est indigné, mais lorsque son père revient il ne lui parle pas de Phèdre. La reine craignant, cependant, d'être déshonorée se tue, après avoir écrit une lettre où

elle accuse Hippolyte. Thésée voit la lettre dans la
main de Phèdre, la lit et maudit son fils, dont Nep-
tune cause la mort. Avant qu'Hippolyte expire
Diane raconte à Thésée la cause de la mort de
Phèdre et nous assistons à une touchante conversation entre la déesse, Thésée et Hippolyte. Le malheureux jeune homme se plaint de son triste sort, et
Diane le console; il pardonne alors à son père et
meurt. Il règne dans la tragédie grecque une charmante simplicité. Dans Sénèque, Phèdre est entièrement livrée à son amour et perd toute modestie.
Racine rend Phèdre moins coupable que dans Euripide
et dans Sénèque, car lorsqu'elle fait l'aveu de son
amour elle croit Thésée mort, et c'est Œnone qui
dénonce Hippolyte à son père. Racine ne nous
montre pas Hippolyte insensible à l'amour et il a créé
la gracieuse Aricie. Le poète français doit beaucoup
au grand tragique grec, mais il écrivit une œuvre que
n'eût pas désavouée Euripide lui-même et qui nous
charme autant par l'harmonie du style que par la
grandeur des personnages. Les ennemis de Racine,
cependant, montèrent contre lui une cabale à laquelle
prirent part Mme Deshoulières, le poète des Bergeries,
la duchesse de Bouillon et son frère, le duc de Nevers.
Les deux derniers engagèrent l'obscur Pradon à
écrire une " Phèdre," louèrent pendant six jours les
deux salles de spectacle où l'on jouait la pièce de
Racine et celle de Pradon, et firent tomber le chef-
d'œuvre du rival de Corneille.

Racine, attristé par cette injustice et tourmenté par
les scrupules religieux, abandonna le théâtre, dans la
plénitude de son génie, malgré les encouragements
de Boileau, et ne revint à scène qu'après douze

ans d'absence. Il se maria pendant ce temps,
revint à ses amis, les jansénistes, et **Racine**
s'occupa avec zèle de sa charge d'historio- **abandonne**
graphe. **le théâtre.**

Ce fut Mme de Maintenon qui le ramena au
théâtre en lui demandant d'écrire une tragédie pour
les jeunes filles de l'école de Saint-Cyr.
Le poète obéit et écrivit "Esther" en **L'école de**
1689 et "Athalie" en 1691. Dans ces **Saint-Cyr.**
deux ouvrages le poète a abandonné l'antiquité classique, et inspiré par sa piété, a emprunté ses sujets à
l'histoire sainte. Il semble que le génie de Racine
ait grandi pendant ces douze ans d'inaction; ses
vers sont réellement admirables d'harmonie et de
simplicité et ses chœurs le placent bien au-dessus
de tous les poètes lyriques de son siècle et du
suivant.

"Esther" est en trois actes, et eut le plus grand
succès. Par les vers qui suivent nous **"Esther."**
pouvons avoir une idée de la nouvelle
manière de Racine après son retour au théâtre:

"Ce Dieu, maître absolu de la terre et des cieux,
N'est point tel que l'erreur le figure à vos yeux.
L'Éternel est son nom; le monde est son ouvrage:
Il entend les soupirs de l'humble qu'on outrage,
Juge tous les mortels avec d'égales lois,
Et du haut de son trône interroge les rois:
Des plus fermes États la chute épouvantable,
Quand il veut, n'est qu'un jeu de sa main redoutable."

"Athalie" ne fut pas jouée en public et passa
inaperçue; c'est cependant une des plus belles
tragédies qu'il y ait en français. Les caractères
sont si naturels, les vers si coulants qu'on n'appré-

cie pas immédiatement l'art du poète. Qu'y a-t-il

"Athalie." de plus sublime que le rêve d'Athalie, de plus touchant que l'innocence de Joas et sa confiance en Dieu, quand il dit :

> "Dieu laissa-t-il jamais ses enfauts au besoin ?
> Aux petits des oiseaux il donne leur pâture,
> Et sa bouté s'étend sur toute la nature."

Dans "Athalie" nous ne trouvons point un mot d'amour; Racine s'était inspiré de quelque chose de plus grand, de la religion, et le sort de la cruelle reine nous impressionne plus que le malheur des plus parfaits amants. Racine avait été reçu à l'Académie en 1673, et sa gloire était grande, même après la chute de "Phèdre." Il eut le malheur d'offenser le roi par un mémoire politique qui tomba sous les yeux de Louis XIV, et fut très malheureux de sa demi-disgrâce. Il mourut le 21 avril 1699, laissant un nom qu'on ne peut comparer qu'à celui de Corneille.

Des contemporains de Corneille le meilleur est sans contredit Rotrou (1609–1650). Il est inégal

Rotrou. mais il y a du génie dans plusieurs de ses pièces, telles que "Saint Genest" (1646) que l'on peut comparer à "Polyeucte," "Don Bernard de Cabrère" (1647), touchante tragi-comédie, et "Venceslas" (1647), œuvre forte et héroïque.

Des contemporains de Racine les meilleurs sont

Thomas Corneille. Thomas Corneille (1625–1709) et Quinault (1635–1688). Le frère cadet du grand Corneille ne manquait pas de mérite et il jouit de son vivant d'une grande popularité. On peut citer deux de ses tragédies, "Ariane" (1672) et "le Comte d'Essex" (1678). Il mit aussi en vers, sous le nom de "Festin de Pierre," le "Don Juan" de Molière. Quinault est une des *victimes* de Boileau, mais on s'accorde aujourd'hui à lui reconnaître beaucoup de talent dans l'opéra. Ses vers sont harmonieux et gracieux.

CHAPITRE III

MOLIÈRE ET LE THÉÂTRE SOUS LOUIS XIV

Nous voici arrivés au plus grand nom dans l'histoire de la littérature française, Molière, l'homme que toutes les nations reconnaissent pour le plus grand comique que le monde ait vu.

Jean-Baptiste Poquelin naquit à Paris, le 14 janvier 1622. Son père était tapissier valet de chambre du roi, et était un riche bourgeois ainsi que son grand-père maternel, Louis de Cressé. Il ne faut pas attacher à la charge que remplissait le père de Molière l'idée d'infériorité que nous nous en faisons aujourd'hui, car il faut se rappeler que les plus grands seigneurs se considéraient honorés de rendre au roi des services intimes.

Vie de Molière.

Jean-Baptiste Poquelin entra au collège de Clermont dirigé par les jésuites et eut pour condisciples le prince de Conti, Bernier, le voyageur, et Chapelle, le poète. Il étudia ensuite la philosophie sous le célèbre Gassendi et reçut une très bonne éducation.

Malgré l'esprit satirique du peuple français, que

nous voyons dès le commencement de leur littérature, dans les fableaux, le "Roman de Renard," et les farces, il n'y avait eu, avant Molière, aucune comédie de grand mérite, si nous en exceptons "l'Avocat Pathelin" et le "Menteur." Les Français admiraient à l'Hôtel de Bourgogne les chefs-d'œuvre tragiques de Corneille, et se contentaient, quant à la comédie, des farces grossières de Turlupin, de Gautier-Garguille et de Gros Guillaume. C'est Molière qui créa le haut comique et sut mettre à nu le cœur humain. Il semble qu'il ait été poussée vers le théâtre par une force irrésistible: vers l'âge de vingt ans il est valet de chambre de Louis XIII, puis il étudie le droit; enfin nous le voyons mettre de côté son nom de Poquelin, prendre celui de Molière, et se faire acteur. Il devint en 1645 directeur d'une troupe de théâtre appelée l'"Illustre Théâtre," et alla jouer dans les provinces. Pendant douze ans il joua dans les principales villes, et devint le *contemplateur*. A Pézénas on montre, dit-on, le fauteuil où il s'asseyait dans une boutique de barbier pour observer et étudier les hommes. Ayant eu du succès dans les provinces, la troupe de Molière revint à Paris et eut le grand honneur d'être adoptée par Monsieur, frère du roi, et de devenir ses comédiens. Ils jouèrent devant Louis XIV le "Nicomède" de Corneille et une petite farce de Molière, le "Docteur Amoureux." Ils eurent encore plus de succès avec l'"Étourdi" et le "Dépit Amoureux," deux comédies de leur chef qu'ils avaient déjà représentées, la première à Lyon en 1653, la seconde à Béziers en 1656. L'intrigue de ces deux pièces est très compliquée et nous voyons que Molière doit encore beaucoup à ses modèles italiens et espagnols. Il

est vrai que ce grand écrivain emprunta quelquefois
ses sujets et quelques caractères de Plaute
et de Térence, des Espagnols et des Ita-   Le génie de
liens, mais c'est à Dieu seul qu'il doit   Molière.
cette sage et profonde philosophie, ces yeux qui voient
tous les mobiles qui font agir l'homme, qui aperçoivent
toutes les pulsations du cœur humain.   Il apprit à
connaître l'homme, et quoiqu'il fût bon et généreux
toute sa vie, sur ses traits intelligents et expressifs se
voit un sourire mélancolique et ironique.   Le grand
philosophe ne connaissait que trop bien les vices de
l'humanité.   Il avait souffert: trompé par sa femme,
conspué par les hommes à l'esprit petit et étroit et
dont le seule mérite était de posséder un vain titre,
attaqué par les hypocrites, calomnié par ses rivaux et
envié, il continua hardiment sa tâche.   Ce ne fut ni
Plaute, ni Térence, ni la comédie italienne, qui lui
enseignèrent à flageller impitoyablement le *marquis*
ridicule et les hommes vicieux, à enlever d'une main
intrépide le masque de piété du visage du faux dévot,
et aussi à placer devant nous sur la scène les caractères les plus charmants.   L' "Étourdi " et le " Dépit
Amoureux " sont imités de l'italien, mais on y voit
déjà le génie de Molière, et il n'y a rien de plus tendre
et de plus comique que les querelles de Lucie et
d'Éraste et de Marinette et de Gros-René dans le
"Dépit Amoureux."

C'est réellement en 1659 que Molière commença sa
glorieuse carrière, lorsque parurent les " Précieuses
Ridicules."   Ayant appelé l'attention,   Les "Pré-
comme nous l'avons fait, sur les préci-   cieuses
euses de l'Hôtel de Rambouillet, il est   Ridicules."
bon de donner une idée de la pièce de Molière.

Cathos et Madelon, la nièce et la fille d'un bon bourgeois appelé Gorgibus, ont pris les noms de Polixène
et d'Aminthe, et ont repoussé leurs prétendants, La
Grange et Du Croisy, parce qu'ils ne sont suffisamment
beaux-esprits et sont assez peu poétiques pour vouloir
se marier avant d'avoir exploré pendant plusieurs
mois le pays de "Tendre." La Grange et Du Croisy
veulent se venger et envoient leurs valets habillés en
gentilshommes faire la cour aux deux pédantes. La
conversation du marquis de Mascarille et du vicomte
de Jodelet est des plus amusantes et correspond à
celle de Polixène et d'Aminthe, qui appellent un valet,
un *nécessaire*, un miroir, le *conseiller des grâces*, et un
fauteuil les *commodités de la conversation*. Pendant
que le marquis et le vicomte font les galants près de
Cathos et de Madelon leurs maîtres arrivent et les
chassent à grands coups de bâton, laissant les deux
précieuses ébahies et confuses.

Molière, encouragé par le succès des "Précieuses
Ridicules," donna en 1660 "Sganarelle," pièce d'un
comique amusant, mais grossier. En 1661 il écrivit
"Don Garcie de Navarre," ouvrage inférieur, et la
même année, il produisit les "Fâcheux," comédie à
tiroirs, où les différentes espèces de fâcheux défilent
devant nous sur la scène. Faisons remarquer ici que
les "Fâcheux" furent joués au château de Vaux, où
Fouquet, le surintendant, ne se doutant pas de sa
chute prochaine, recevait Louis XIV avec une splendeur vraiment royale.

En 1661 parut aussi l'"École des Maris," la première comédie de caractère en vers de Molière, et en
1662 l'"École des Femmes." Arnolphe ressemble
beaucoup à Sganarelle, de l'"École des Maris," et

a gardé loin du monde et dans l'ignorance de toutes les choses du monde, une jeune fille qu'il veut épouser. Le caractère d'Agnès est charmant; elle est d'une parfaite innocence et écoute avec une amusante docilité les ridicules maximes de son tuteur sur le mariage. Néanmoins, ayant aperçu Éraste, en l'absence d'Arnolphe, elle le reçoit chez elle, et quoiqu'elle raconte toute l'histoire à son tuteur, son innocence ne l'empêche pas de correspondre avec Horace en prétendant lui lancer des pierres. Horace raconte à Arnolphe son amour pour Agnès, ne le reconnaissant pas sous son nom de la Souche, et celui-ci tâche en vain de déjouer les projets de son rival. L'"École des Femmes" créa à Molière une foule d'ennemis, et comme il avait parlé des flammes de l'enfer, il fut accusé, dès ce moment, d'attaquer la religion. L'indignation des superstitieux et des hypocrites fut très grande et augmenta encore quand parurent le "Tartuffe" et le "Festin de Pierre." Molière, soutenu par le roi, répondit de la manière la plus efficace aux critiques de ses ennemis. Il joua devant la cour la "Critique de l'École des Femmes" et l'"Impromptu de Versailles." Dans la première pièce il réfuta toutes les critiques, et dans la seconde il parut sur la scène sous son propre nom et se moqua sans pitié de quelques comédiens de l'Hôtel de Bourgogne et de quelques misérables écrivains.

Ce fut en 1662, l'année de l'"École des Femmes," que Molière épousa Armande Béjart, qui n'avait que dix-sept ans. La postérité ne pardonne pas à cette femme les chagrins qu'elle causa au grand comique. Le "Mariage Forcé"

L' "École des Femmes."

Mariage de Molière.

(1664) est une amusante comédie, où Sganarelle,
qui a cinquante-deux ans, est fiancé
à Dorimène, jeune coquette. Il est, cependant, comme Panurge et se demande
s'il devrait se marier. Il consulte d'abord son ami
Geronimo, ensuite les deux philosophes, Pancrace et
Marphurius, et l'auteur critique avec beaucoup
d'esprit les écoles de philosophie de son temps.
Marphurius prétend que rien n'est certain en ce
monde et que nous devons dire: "il semble, il paraît." Sganarelle, impatienté, le bâtonne et dit au
philosophe: "Il faut douter de toutes choses, et vous
ne devez pas dire que je vous ai battu, mais qu'il
vous semble que je vous ai battu."

Le "Mariage Forcé."

On dit que l'original de Sgauarelle fut le chevalier
de Grammont, à qui il arriva une aventure du même
genre que dans le "Mariage Forcé."

La faveur dont jouissait Molière près de Louis
XIV était très grande. Ne lui reprochons donc pas
ses pièces légères et bouffonnes, ses pièces
écrites par ordre du roi; en plaisant au
maître il recevait son appui lorsqu'il
voulait faire jouer une pièce comme
"Tartuffe." Il ne faut pas, cependant, exagérer l'intimité de Molière avec Louis XIV et croire à l'histoire de *l'en cas de nuit*, de ce poulet que le roi aurait invité le comédien à manger avec lui. M. Despois, dans son livre, le "Théâtre sous Louis XIV," a
prouvé que l'anecdote de *l'en cas de nuit* n'est qu'une
légende. Nous ne dirons rien de la
"Princesse d'Élide" (1664), comédie
ballet, et nous nommerons seulement
"Don Juan, ou le Festin de Pierre" (1665), œuvre

Anecdote de l'en cas de nuit.

"Don Juan, ou le Festin de Pierre."

forte et pleine d'indépendance d'esprit, mais dont le sujet, tiré du " Combibado de Pietra " de Tirso de Molina, est assez grossier, et la fin trop fantastique. Don Juan, son valet, et M. Dimanche sont des caractères bien vivants.

" Mélicerte " (1666), et la " Pastorale-Comique " (1666) sont deux pièces inachevées, écrites pour les plaisirs de la cour, et le " Sicilien, ou l'Amour Peintre," est une gracieuse petite pièce en un acte.

Lorsqu'en 1664 Molière écrivit " Tartuffe " et fit jouer les trois premiers actes dans les fêtes de Versailles, tous les hypocrites en France s'élevèrent contre l'homme qui avait osé " Tartuffe." les démasquer et montrer l'odieux de leur fausse piété. Quelques vrais dévots se joignirent aux tartuffes et le scandale fut si grand que la pièce fut interdite. Bourdaloue, le grand orateur de la chaire, fulmina contre l'ouvrage, ainsi que l'archevêque de Paris, et le roi, malgré son amitié pour Molière, ne put résister à une telle opposition. Quoique " Tartuffe " fût joué une fois en public, en 1667, l'interdiction ne fut levée qu'en 1669 et le chef-d'œuvre de l'art comique put être joué librement après quatre ans d'efforts constants de la part de Molière. La pièce, cependant, avait été représentée plusieurs fois dans l'intervalle chez les particuliers, entre autres chez le grand Condé. Louis XIV mérite les remerciements de la postérité pour avoir permis de jouer " Tartuffe; " il n'était pas encore l'homme de la Révocation de l'Édit de Nantes.

Le " Tartuffe " est l'histoire d'un misérable qui, sous le manteau de la religion, s'est glissé dans la famille d'Orgon, et par sa piété feinte a captivé son

hôte si complètement que celui-ci lui sacrifierait volontiers toute sa famille. Orgon chasse son propre
fils de sa maison parce qu'il a maltraité Tartuffe et
veut marier son ami à sa fille Mariane, quoiqu'elle
déteste l'hypocrite et aime Valère. Cette scène est
admirable et pleine de gaieté, où Orgon, rentrant
chez lui, s'informe de Tartuffe et, apprenant qu'il a
mangé deux perdrix, bu quatre verres de vin et bien
dormi, s'écrie, "le pauvre homme," et ne veut entendre rien de ce qu'on lui dit de sa famille. Il devait bientôt être détrompé : Tartuffe aime Elmire, la
femme d'Orgon, et elle imagine un stratagème pour
faire connaître à son mari la scélératesse de son favori. Elle donne un rendez-vous à Tartuffe et cache
Orgon sous une table. La dupe est alors convaincue
de l'hypocrisie de son protégé, mais sa mère, Mme Per-
nelle, ne veut pas le croire, et c'est alors qu'il dit ces
lignes si souvent citées :

> "Je l'ai vu, dis-je, vu, de mes propres yeux vu,
>   Ce qu'on appelle vu."

Tartuffe, chassé de la maison, se prévaut d'une donation qu'Orgon lui a faite de sa propriété, et de la
manière la plus sainte et pour le plus grand bien de
son bienfaiteur et de sa famille, il est sur le point de
les déposséder de tout ce qu'ils ont, quand le roi an-
nule l'acte de donation, et le misérable est conduit en
prison.

C'est en lisant "Tartuffe" que nous voyons quel
grand philosophe fut ce fils d'un valet de chambre,
ce comédien, *ce Molière*. Il a en lui les traits de Rabelais et de Montaigne agrandis par sa puissante individualité, par son génie, le plus vaste, nous le répé-

tons, que nous puissions rencontrer dans l'histoire
littéraire de la France. Louis XIV demanda un
jour à Boileau quel était l'homme le plus *rare* de son
règne, et le satirique répondit: "Sire, c'est Molière."
"Je ne le croyais pas, dit le roi, mais vous vous y
connaissez mieux que moi."

Lisons le "Misanthrope" et voyons si Boileau avait
raison. Alceste est un honnête homme, mais il déteste
la flatterie et croit que la politesse du Le "Misan-
monde ne consiste qu'en un tissu de thrope."
mensonges.   Oronte vient lui lire un sonnet que Philinte trouve très beau, mais Alceste offense l'auteur en
lui disant que son sonnet ne vaut rien et lui citant,
comme étant bien supérieure, une vieille ballade du
temps de Henri IV.   Il se fait des ennemis de tout
le monde par sa brusque franchise et cherche querelle
à Célimène, sa fiancée, à cause de sa coquetterie.
Cette comédie est un tableau parfait des courtisans et
des personnes du grand monde au XVII siècle.   C'est,
peut-être, la seule pièce de Molière où il ait laissé
percer sa personnalité.   On peut le reconnaître en
certain traits d'Alceste, dont l'original fut, dit-on, le
marquis de Montausier, le mari de Julie d'Angennes,
et sa femme Armande Béjart, en la coquette Célimène.   Comme cette scène est comique et vraie lorsque Célimène dit en parlant de la vieille prude Arsinoé:

> "Enfin, je n'ai rien vu de si sot à mon gré ;
> Elle est impertinente au suprême degré,
> Et . . . . ."

(Arsinoé paraît.)

CÉLIMÈNE.

> "Ah! quel heureux sort en ce lieu vous amène?
> Madame, sans mentir, j'étais de vous en peine."

Dans le "Misanthrope," Alceste est puni, et il s'écrie:

> "Trahi de toutes parts, accablé d'injustices,
> Je vais sortir d'un gouffre où triomphent les vices,
> Et chercher sur la terre un endroit écarté,
> Où d'être homme d'honneur on ait la liberté."

L'homme d'honneur, misanthrope, est puni, et avec raison, car on ne peut rompre en visière avec la société. On sait que Fabre d'Églantine, dans son "Philinte de Molière," a voulu montrer que l'égoïste, c'est l'optimiste, et non le misanthrope.

Le "Tartuffe" et le "Misanthrope" sont des comédies de l'ordre le plus élevé, ensuite viennent l'"Avare," le "Bourgeois Gentilhomme" et les "Femmes Savantes."

Dans l'"Avare" (1667), Molière attaque le plus méprisable de tous les vices, l'avarice, et le nom *Harpagon* indique l'avare le plus sordide, de même que *Tartuffe* indique l'hypocrite le plus vil. Harpagon ne connaît rien que l'argent, et en conséquence, il est méprisé de ses enfants. Il veut épouser Mariane qui est aimée de son fils Cléante, et il veut donner sa fille Élise à Anselme. Valère, qui aime Élise, se fait passer pour un intendant et vient demeurer chez Harpagon. Il enchante celui-ci en lui citant la maxime latine, "*ede ut vivas, ne vivas ut edas*," et Harpagon veut faire graver ces mots en lettres d'or sur la cheminée de sa salle à manger. Les différentes scènes, où est dépeinte l'avarice du vieillard, sont burlesques, mais essentiellement vraies. Il avait caché un trésor dans son jardin, mais La Flèche, le valet de son fils, enlève la cassette, et Harpagon au désespoir, veut faire pendre

tout le monde et se pendre ensuite, s'il ne retrouve
pas sa chère cassette. La scène où maître Jacques
dit à Harpagon ce qu'on pense de lui, est excellente,
et nous rappelle celle de Gil Blas et de l'évêque.
Molière tira l' "Avare" de plusieurs sources, mais
principalement de Plaute. La grande différence
entre l' "Aulularia" de Plaute et la pièce de Molière
est que, dans la première, Euclion ne devient avare
qu'après avoir trouvé une marmite pleine d'or. Harpagon, avare de tempérament, est bien plus odieux, et
l'on comprend, sans l'excuser, le manque de respect
de ses enfants. Le père avait donné l'exemple de la
bassesse.

Molière joua le "Bourgeois Gentilhomme" à Cham-
bord en 1670, devant le roi. Monsieur Jourdain est
une heureuse et amusante personnification   Le "Bour-
de la vanité de l'homme d'une classe infé-   geois Gen-
rieure qui veut devenir gentilhomme,   tilhomme."
quand son éducation, ses manières, ses idées même s'y
opposent. Il fréquente la noblesse, il faut qu'il sache
la musique, la danse, l'escrime, la philosophie. Que
cette scène est d'une franche gaieté où M. Jourdain
apprend qu'il fait de la prose sans s'en douter.
"Quoi," dit-il, "quand je dis à Nicole, apportez-moi
mes pantoufles et me donnez mon bonnet de nuit, c'est
de la prose!" Il apprend alors à prononcer les o, les
u, et va tout de suite faire part de son savoir à sa
femme et à sa servante. Celles-ci se moquent de sa
folie et déplorent sa simplicité. Il est volé par un
marquis, Dorante, qui fête sa Dorimène aux dépens
du crédule bourgeois, et il faut que Cléonte, amoureux
de sa fille, le trompe en se faisant passer pour le fils
du Grand Turc et en lui conférant le titre de Mama-

mouchi, pour qu'il consente à lui donner sa fille.
Faisons ressortir l'idée philosophique qui perce à
travers cette gaieté si gauloise du " Bourgeois Gentilhomme." Molière donna la scène ridicule du Mama-
mouchi pour amuser son public, mais il ne perdit pas
de vue le but qu'il s'était proposé, c'est-à-dire, d'être
réformateur de la société. Quelque absurdes que nous
paraissent les fantaisies de M. Jourdain, ce bourgeois
est, cependant, plus honorable, plus estimable, que le
marquis Dorante. L'un est un fou, l'autre est un
misérable. Le comique donne une leçon aux bourgeois
enrichis, mais en même temps il soufflette l'homme de
qualité qui trafique de son titre et de ses manières de
cour. La meilleure preuve de l'influence qu'a exercée
Molière, d'après Sainte-Beuve, c'est que Napoléon, en
se faisant une cour, créa des comtes, des ducs, mais
recula devant le titre de marquis. Faire un marquis,
c'eût été créer un Dorante, l'empereur ne l'osa point.
M. Jourdain, tout fou qu'il était, aurait pu dire comme
Sganarelle dans "l'Amour Médecin," cette phrase
éternellement vraie : "Vous êtes orfèvre, monsieur
Josse." Les Sganarelle, M. de Pourceaugnac, M.
Jourdain, sont de la même famille. Leur comique
n'est pas aussi élevé que celui de Tartuffe, d'Alceste,
de Chrysale, même d'Harpagon, mais il représente
aussi la vérité. C'est parce qu'il est toujours vrai que
Molière est grand. Ses créations sont aussi immortelles que celles de Shakespeare. L'auteur fut sublime,
l'homme fut bon, et l'Académie Française eut raison
de faire inscrire sur son buste :

" Rien ne manque à sa gloire, il manquait à la nôtre."

Dans les "Femmes Savantes" (1672), une grande

comédie en cinq actes et en vers, Molière complète ce qu'il avait commencé dans les " Précieuses Ridicules," la critique du pédantisme et de l'affecta- Les tion des *fausses* Précieuses, comme deva- " Femmes ient dire les habitués de l'Hôtel de Ram- Savantes." bouillet. Trissotin (l'abbé Cotin) et Vadius (Ménage, dit-on) sont très amusants, ainsi que Chrysale et Martine. Philaminte, Armande et Bélise sont de dignes successeurs de Cathos et Madelon, et Henriette, qui " ne sait pas le grec," est une gracieuse et fine création.

Nous avons donné des détails sur les principales pièces de Molière, nous devons maintenant donner une idée générale de ses autres ouvrages où la farce prédomine.

Dans " Amphitryon " (1668), nous voyons sur la scène en même temps les deux Amphytrions et les deux Sosies, et les erreurs qu'occasionnent " Amphi-ces personnages doubles sont celles des tryon." deux Dromios dans la " Comédie d'Erreurs " de Shakespeare. Le sujet de la pièce française est assez immoral et le surnaturel y joue un rôle. On se rappellera, cependant, toujours la phrase:

> Le véritable amphitryon
> Est l'amphitryon où l'on dîne.

" Georges Dandin " (1668) représente la bétise d'un riche paysan qui a épousé la fille d'un gentilhomme. Sa femme peut faire ce qu'elle veut, n'est-elle pas une de la Sotenville et lui, Dandin, le paysan ? La " Comtesse d'Escarbagnas " (1670) et " Monsieur de Pourceaugnac " (1671), sont des farces amusantes mais grossières, la seconde surtout.

Les " Amants Magnifiques " (1670) sont de peu

d'importance, et les "Fourberies de Scapin" (1671)
sont très spirituelles, quoique Boileau ait dit:

> "Dans ce sac ridicule où Scapin s'enveloppe,
> Je ne reconnais plus l'auteur du Misanthrope."

L'"Amour Médecin" (1665), le "Médecin malgré
lui" (1666), et le "Malade Imaginaire" (1673) sont

Le "Malade Imaginaire." les trois comédies où Molière a été impitoyable envers les médecins. L'ignorance
de Tomes, Desfonandres, Bahis et Macroton est des plus burlesques, et ne peut être comparée
qu'à celle de Sganarelle du "Médecin malgré lui,"
dont le seul diplôme est une volée de coups de bâton,
et qui place le cœur à droite en disant: "Ah! nous
avons changé tout cela." Dans le "Malade Imaginaire" la bouffonnerie est immense et les médecins encore plus flagellés. C'est en jouant cette comédie, le
17 février 1673, en prononçant le mot "*juro*," que

Mort de Molière. Molière tomba, expirant sur la scène. Il
mourut quelques heures après, et cet
homme extraordinaire, à l'œuvre immense et splendide, reçut un *peu de terre* à grand'peine. Ce fut la
nuit, à la lueur de quelques flambeaux, que fut conduit
à un tombeau obscur un des meilleurs, un des plus
grands hommes qui aient honoré le nom d'homme.

On n'ose nommer aucun comique de l'époque de
Molière, tellement ses contemporains lui sont inférieurs. Montfleury et Baron, le grand acteur, sont les
meilleurs comiques du temps de Molière.

Prenant pour guide le livre de M. Despois nous

Le Théâtre sous Louis XIV. allons tâcher de donner une idée de la
mise en scène, des acteurs, et de l'histoire
des troupes théâtrales sous Louis XIV.

Nous avons déjà dit que la Confrérie de la Passion avait loué leur salle à l'Hôtel de Bourgogne à une troupe qui avait pris le nom de troupe royale des comédiens. Le fameux Hôtel **L'Hôtel de Bourgogne.** de Bourgogne était situé au coin des rues Mauconseil et Française. Les acteurs s'appelaient les *grands comédiens*, et ils étaient les meilleurs à Paris pour la tragédie. Ils eurent l'honneur de jouer presque toutes les principales pièces de Corneille et toutes celles de Racine, excepté les deux premières et les deux dernières. A la mort de Molière les *grands comédiens* furent sans rivaux, et pendant plusieurs années eurent beaucoup de succès. En 1679, Mlle de Champmeslé les quitta, et en 1680 les deux troupes, celle de Molière et celle de l'Hôtel de Bourgogne, furent unies.

La troupe du Marais exista pendant soixante-treize ans. Ils jouèrent "Mélite" et toutes les premières pièces de Corneille, même le "Cid," mais **La troupe** se consacrèrent ensuite aux pièces à spec- **du Marais.** tacle de Boyer. En 1673 le théâtre du Marais fut fermé, quelques-uns des acteurs allant à la troupe de Molière et les autres à l'Hôtel de Bourgogne.

L'histoire de la troupe de Molière est bien connue, grâce à l'excellent journal de Lagrange. Ce fut en 1658 que Molière revint à Paris. Il joua **La troupe** devant le roi et son frère, au Louvre, et **de Molière.** obtint bientôt la permission de s'établir au Petit Bourbon. Il eut à partager cette salle avec les Italiens, mais en 1660, sans aucun avis, son théâtre fut démoli par l'architecte du roi. Heureusement, la protection de Monsieur, frère du roi, lui fit obtenir le Palais-Royal, où sa troupe resta jusqu'à sa mort.   Quand il mourut, en 1673, ses anciens associés furent dans un grand embarras, mais ils s'établirent enfin à l'Hôtel Guénégaud, où, par ordre du roi, les acteurs de l'Hôtel de Bourgogne vinrent se joindre à eux. C'est ainsi que fut fondée l'illustre *Comédie Française.*

Si nous passons de l'histoire des troupes à leur situation matérielle, nous voyons que l'Hôtel de Bourgogne recevait une pension de 12,000 livres, celle de Molière 6000, et plus tard 7000 livres, tandis que les Italiens recevaient 15,000 livres. Ces pensions n'étaient pas toujours payées régulièrement, et le meilleur revenu des théâtres était l'argent payé par le public. Les acteurs ne pouvaient pas se plaindre de leurs revenus, puisque Lagrange mentionne avoir gagné en quatorze ans 51,670 livres, une forte somme pour l'époque.

Pensions accordées aux troupes de théâtre.

Une coutume déplorable au XVIIᵉ siècle était d'avoir des bancs des deux côtés de la scène, où les gentilshommes s'asseyaient pendant la représentation. L'espace limité laissé aux acteurs était une des causes du manque d'action des tragédies françaises. Les acteurs pouvaient à peine remuer et devaient toujours entrer par le fond. Les décors, vu le manque d'espace, étaient naturellement très élémentaires, et représentaient généralement un *palais à volonté,* c'est-à-dire, un palais qui pouvait appartenir à n'importe quelle nation. M. Fournier raconte un incident amusant à propos d'une tragédie jouée en 1662. Au quatrième acte, une reine appelle son armée pour

La mise en scène.

la défendre, et s'écrie : " Au secours, soldats ! " Immédiatement, un rideau représentant une armée tombe sur la scène et la reine a ses soldats.

Quant au costume, l'habit romain était employé pour tous les pays, pour la Grèce aussi bien que pour Rome, et l'on représentait même les Romains avec des cravates et des chapeaux qu'ils gardaient poliment à la main en parlant à leurs supérieurs. Ce fut Voltaire qui réussit à chasser les gentilshommes de la scène, et qui arrangea les costumes, autant que possible, selon la vérité historique.

On jouait ordinairement les comédies en été et les tragédies en hiver. On donnait toujours la première représentation d'une pièce le vendredi, afin, disait-on, de préparer par de grandes louanges un auditoire plus nombreux pour le dimanche suivant. La représentation commençait d'abord à deux heures de l'après-midi, mais plus tard l'heure fut changée à cinq heures.

À quelle heure on jouait les pièces.

Si la position financière d'un acteur au XVIIe siècle n'était pas mauvaise, sa position sociale n'était pas aussi bonne. Dans la première partie de son règne, Louis XIV fut favorable aux comédiens, et même le clergé ne leur était pas hostile. Ce fut quand " Tartuffe " fut joué que le préjugé contre les acteurs se fit sentir, préjugé qui devint si violent que même la réputation de Molière souffrit de ce qu'il fut acteur, et son grand génie ne l'empêcha pas d'être attaqué violemment, vingt ans après sa mort, par l'illustre Bossuet.

Préjugés contre les acteurs.

La profession d'homme de lettres n'était pas très lucrative. Pendant longtemps les dédicaces de livres à quelque riche personnage étaient à peu près la seule

Gains des hommes de lettres. source de revenu d'un auteur, et le grand Corneille eut souvent à s'abaisser et à donner des louanges extravagantes à des personnes de qui il comptait recevoir quelque argent en retour de ses compliments. Corneille ne retira que peu de profit de ses œuvres, mais Racine gagna davantage et Molière encore plus, parce qu'il recevait une part comme auteur et une comme acteur.

Il n'y avait pas, à cette époque, de privilège d'auteur, et dès qu'un drame était publié il tombait dans le domaine public. On lisait peu au temps de Louis XIV et un auteur trouvait difficilement à faire publier ses ouvrages. Ce ne fut que grâce à l'intercession de Boileau que La Fontaine trouva quelqu'un pour publier ses admirables fables. Les bibliothèques étaient très petites, et Molière, à sa mort, ne laissa que quatre cents volumes. Le grand siècle

La protection de Louis XIV. littéraire de la France ne fut donc pas favorable aux hommes de lettres, et ne patronna pas la littérature autant que nous pourrions le croire. Néanmoins, le roi fit ce qu'il put pour les grands hommes de son règne, et son bon goût et celui du public en général furent la cause du grand succès littéraire de Corneille, de Racine et de Molière.

CHAPITRE IV

LES PHILOSOPHES ET LES MORALISTES

DESCARTES, PASCAL, LA ROCHEFOUCAULD, LA BRUYÈRE ET MALEBRANCHE

RENÉ DESCARTES naquit à la Haye (Indre-et-Loire) en 1596. Il reçut une bonne éducation chez les jésuites de la Flèche, mais il ne fut pas satisfait de ce qu'il avait appris et se mit à courir le monde pour tâcher de le connaître. Il fut voyageur, puis soldat, pendant la guerre de Trente ans et le siège de la Rochelle; enfin il se décida à vivre dans la retraite pour pouvoir étudier la philosophie sans être dérangé. Il passa en Hollande en 1629 et produisit divers ouvrages scientifiques et philosophiques. En 1649 la reine Christine de Suède l'attira à Stockholm pour l'entendre disserter sur la philosophie, mais le climat du Nord ne convint pas à Descartes et il mourut le 11 février 1650.

Nous ne parlerons pas ici de Descartes comme géomètre et comme savant et nous ne dirons rien de ses " Méditations Philosophiques." Le seul de ses ouvrages qui concerne la littérature française est le fameux " Discours de la Méthode," publié en 1637. Il trouve que le bon sens ou la raison appartient à tous les hommes, et que la diversité d'opinions provient des différentes manières de conduire les pensées. Il faut donc suivre une méthode pour arriver à se servir de la raison, qui est le seul guide. Il base sa philosophie sur cette vérité: *je pense, donc je suis;* et dit: " Puis,

examinant avec attention ce que j'étais, et voyant
que je pouvais feindre que je n'avais aucun corps et
qu'il n'y avait aucun monde ni aucun lieu où je
fusse, mais que je ne pouvais pas feindre pour cela
que je n'étais point, et qu'au contraire, de cela même
que je pensais à douter de la vérité des autres choses,
il suivait très évidemment et très certainement que
j'étais; au lieu que, si j'eusse seulement cessé de
penser, encore que tout le reste de ce que j'avais
imaginé eût été vrai, je n'avais aucune raison de
croire que j'eusse été, je connus de là que j'étais une
substance dont toute l'essence ou la nature n'est que
de penser, et qui, pour être n'a besoin d'aucun lieu
ni ne dépend d'aucune chose matérielle; en sorte que
ce moi, c'est-à-dire l'âme, par laquelle je suis ce que
je suis, est entièrement distincte du corps, et même
qu'elle est plus aisée à connaître que lui, et qu'encore
qu'elle ne fût point, elle ne lairrait (laisserait) pas
d'être tout ce qu'elle est."

Nous voyons par ce long extrait du "Discours de
la Méthode" que Descartes écrit avec force et clarté,
quoique ses propositions soient très longues et ressemblent plutôt à la période latine qu'à la phrase
française, généralement si concise et si brève. Il
fit faire, cependant, des progrès à la prose française,
et son influence fut grande sur les écrivains du XVII
siècle. Quant à sa philosophie, on peut dire qu'elle
détrôna celle d'Aristote et qu'elle fit faire un grand
pas en avant à l'esprit humain. Descartes fut grand
comme savant et comme écrivain, et l'on peut, à bon
droit, le comparer à Pascal.

Blaise Pascal, cet *effrayant génie*, selon l'expression
de Chateaubriand, naquit à Clermont-Ferrand en

1623. Il perdit sa mère à l'âge de trois ans, et son père, homme éminent, président de la cour des aides, s'établit à Paris à cause de **Pascal.** la santé de son fils et pour l'éducation de ses enfants. Il avait deux filles, Gilberte, qui devint Mme Périer et qui fut biographe de son frère, et Jacqueline, religieuse à Port-Royal, caractère ferme et dévoué. La santé de Pascal n'étant pas bonne, son père lui fit étudier le grec et le latin avant de lui enseigner les mathématiques, mais un jour il surprit l'enfant, âgé de douze ans, qui, à l'aide de *barres* et de *ronds*, comme il le disait, faisait des figures de géométrie. Il avait découvert de nouveau les principes d'Euclide jusqu'à la trente-deuxième proposition. On ne contraria plus un génie si précoce, et les dispositions étonnantes de Pascal furent encore démontrées par son traité, "Sur les coniques," qu'il écrivit à l'âge de seize ans. Il inventa ensuite une *machine arithmétique* et s'occupa des sciences physiques, lorsqu'il eut appris les théories de Torricelli concernant le vide et la pesanteur de l'air. On sait qu'il prouva ce que Torricelli avait avancé; il fit faire des expériences sur le Puy-de-Dôme par son beau-frère Périer, et acquit un grand renom comme savant. A la fin de sa vie, en 1659, il revint aux mathématiques et écrivit un traité lumineux et profond sur la *cycloïde* ou *roulette.* Pascal avait autant de génie pour les sciences que Descartes, mais les circonstances de sa vie et son propre caractère l'engagèrent dans une autre voie. Sa santé étant très faible les médecins lui conseillèrent des distractions, et pendant six ou sept ans, il suivit le monde et eut même l'idée de se marier. En 1655, cependant, il se retira brusquement du monde, l'imagination

frappée, dit-on, par un accident qui lui arriva au pont
de Neuilly, lorsque sa voiture, emportée par les che-
vaux, s'arrêta au-dessus de l'abîme. On parle aussi
d'une vision qu'il eut, mais il est probable que sa
piété seule fut cause de sa décision. Sa sœur Jacqueline était devenue religieuse à Port-Royal et il dut
être frappé par l'enthousiasme religieux des solitaires
de Port-Royal-des-Champs.

Cette célèbre institution, à laquelle se rattachent
les noms de Pascal et de Racine, était d'abord un
monastère de religieuses à sept ou huit
Port-Royal. milles de Versailles, fondé au XIIIe siècle.
Il dut sa célébrité aux différents membres de la
famille Arnauld, dont le chef, Antoine Arnauld,
seigneur de la Mothe, s'établit à Paris au commencement du XVIe siècle. Son fils Antoine fut
célèbre comme procureur-général et par le nombre
et la distinction de ses enfants. Il en eut vingt
parmi lesquels on peut citer Arnauld d'Andilly,
homme du monde influent, Antoine Arnauld, connu
sous le nom de *grand Arnauld*, la mère Angélique et
la mère Agnès. Sous l'influence de St. Cyran les
Arnauld et leurs neveux, le Maître, de Sercourt et de
Saci, formèrent une société religieuse. En 1639 ils
s'établirent à Port-Royal-des-Champs que venaient de
quitter les religieuses, et au retour de celles-ci de
Paris en 1648, ils allèrent à une ferme nommée les
Granges. Outre les Arnauld se trouvaient parmi les
solitaires, Nicole, Lancelot, Fontaine et Singlin, et
ces hommes savants et sincères écrivirent des traités
de grammaire et de logique, et enseignèrent avec
grand succès. Ce fut la mère Angélique qui réforma
le couvent de Port-Royal et en fit un lieu de sainteté.
Voyons maintenant quelle fut la cause de la persécu-

tion dirigée contre les solitaires et les religieuses. St.
Cyran avait été ami de Jansénius, évêque d'Ypres, et
lorsque parut, en 1640, l'ouvrage posthume de celui-
ci, l'" Augustinus," les Arnauld et leurs compagnons,
grands admirateurs de St. Cyran, adoptèrent les principes de Jansénius sur la grâce. Il est de peu d'importance, au point de vue littéraire, d'étudier la
question de la *grâce efficace*, de la *grâce suffisante* et
du *pouvoir prochain*. Disons seulement que les jansénistes, austères dans leur conduite, penchaient vers
la doctrine de la prédestination. Nicolas Cornet,
docteur en théologie à la Sorbonne, tira du livre de
Jansénius cinq propositions, qui furent soumises au
pape et condamnées. Les jansénistes nièrent le *fait*
que les propositions fussent contenues dans l'" Augustinus," mais furent condamnés pour le *fait* et le *droit*
et forcés de signer un formulaire à cet effet. Le
grand Arnauld fut même chassé de la Sorbonne, à
cause de ses ouvrages, et ne voulant pas, comme
disaient ses amis, être *traité comme un enfant*, il demanda à Pascal de répondre pour lui, la réponse que
lui-même avait préparée n'ayant pas été considérée
assez forte par les *Messieurs* de Port-Royal. Ce fut
alors que Pascal écrivit les célèbres *petites lettres*, les
" Lettres à un Provincial," appelées généralement les
" Lettres Provinciales " et qui furent publiées sous le
pseudonyme de Louis de Montalte.

    Les " Lettres Provinciales " parurent du 23 janvier
1656 au 1er juin 1657, et chacune fut un   Les " Let-
événement. L'auteur ne se contenta pas   tres Pro-
de défendre Arnauld, mais il attaqua les   vinciales."
adversaires des jansénistes, les jésuites, avec une force,
une ironie, une éloquence, sans pareille. La polémique

qui donna lieu à ces écrits ne nous intéresse plus; ce
que nous admirons, c'est le style parfait de l'ouvrage,
la véhémence raisonnée, l'esprit fin, et le comique
achevé. Pascal écrivait avec conviction et ne regretta
jamais d'avoir produit ses fameuses lettres. Tout son
siècle les admira, et Bossuet, lui-même, dit qu'il eût
voulu les avoir écrites. Nous y avons remarqué un
passage que l'on ne saurait trop louer, et pour le style
et pour les idées: "En vérité, mes pères, il y a bien
de la différence entre rire de la religion, et rire de
ceux qui la profanent par leurs opinions extravagantes.
Ce serait une impiété de manquer de respect pour les
vérités que l'esprit de Dieu a révélées: mais ce serait
une autre impiété de manquer de mépris pour les
faussetés que l'esprit de l'homme leur oppose."

Pascal n'était pas de l'opinion de Descartes et ne
croyait pas que la raison humaine fût un guide infaillible. C'est ce que l'on voit dans son admirable
livre, les "Pensées." Lorsqu'il mourut en 1662, après
de grandes souffrances et les pratiques les plus austères de la dévotion, on trouva, dit sa
soeur, Mᵐᵉ Périer, "de petits morceaux
de papier, enfilés en diverses liasses, sans ordre et
sans suite." Ces "petits papiers" furent publiés en
1669 par les amis de Pascal, mais ils se permirent d'y
apporter quelques changements pour ne pas exciter
de nouveau les passions religieuses.

Les éditions de Condorcet en 1776 et de Bossut en
1779 présentèrent chacune des incorrections, et ce ne
fut que lorsque Cousin eut appelé l'attention en 1842
sur le texte incomplet des "Pensées" que parurent
de bonnes éditions, celle de Feugère en 1844 et de
Havet et de Rochet plus récemment. L'idée pre-

mière contenue dans les " Pensées " est exprimée dans
l'entretien qu'eut Pascal avec M. de Sacy sur Epictète
et Montaigne. Nous ne voyons aucun scepticisme
dans les " Pensées," Pascal nous fait voir la petitesse
de l'homme et aussi sa grandeur et dit que c'est le
christianisme seul qui peut résoudre tous les doutes.
Le passage suivant est le plus beau du livre et doit
être connu de tous:

" L'homme n'est qu'un roseau, le plus faible de la
nature, mais c'est un roseau pensant. Il ne faut pas
que l'univers entier s'arme pour l'écraser. Une va-
peur, une goutte d'eau, suffit pour le tuer. Mais
quand l'univers l'écraserait, l'homme serait encore
plus noble que ce qui le tue, parce qu'il sait qu'il
meurt; et l'avantage que l'univers a sur lui, l'univers
n'en sait rien."

Le duc de La Rochefoucauld, qui porta d'abord le
nom de prince de Marsillac, naquit en 1613. Il eut
peu d'instruction, mais sut y suppléer par   La Roche-
cet esprit pénétrant dont il fit preuve   foucauld.
dans ses " Maximes." Il a une jeunesse très agitée,
d'abord romanesque, lorsqu'il conspire avec Mme de
Chevreuse pour Anne d'Autriche et Mlle d'Hautefort
contre Richelieu et le roi, est mis à la Bastille et
exilé dans ses terres, ensuite il joue le rôle d'un tur-
bulent dans la guerre de la Fronde. Il agit dans
cette époque de troubles sans plus de raison que
Retz, Beaufort, Condé et Turenne eux-mêmes, fut
blessé au visage au combat du Faubourg St. Antoine
et ne fut jamais populaire à la cour. Sa passion pour
la belle duchesse de Longueville ne fut pas très profonde, au dire de Mme de Sévigné, et la manière
dont il parle de l'amour ne peut nous faire croire

qu'il éprouva jamais réellement ce sentiment. Il semble avoir mieux compris l'amitié, comme le prouve sa liaison avec Mme de Sablé d'abord, ensuite avec Mme de La Fayette, dont le nom sera toujours intimement lié au sien. Après la Fronde, souffrant de la goutte et vieilli avant l'âge, il ne joua plus de rôle actif, ni dans la politique, ni dans la guerre. Il écrivit ses "Mémoires" qui sont intéressants, et étant un habitué du salon de Mme de Sablé, où l'on aimait à composer des sentences morales, comme autrefois à l'Hôtel de Rambouillet, on raffolait des portraits, Larochefoucauld se mit à écrire des pensées. Ce fut d'abord un jeu de société pour lui, une *gageure,* comme on l'a dit, puis il perfectionna ce qu'il avait écrit et publia en 1666, un petit livre contenant trois cents Maximes, qui sont un chef-d'œuvre de style. Tout est bref, concis, ce fut "un des ouvrages," dit Voltaire, "qui contribuèrent le plus à former le goût de la nation, et à lui donner un esprit de justesse et de précision." Il y eut plusieurs éditions des "Maximes," dont le nombre fut de cinq cent quatre dans la dernière édition publiée du vivant de l'auteur.

La base des "Maximes" est que *l'amour-propre est le mobile de tout ;* l'œuvre est donc misanthropique,

Les "Maximes." quoique vraie dans bien des points. La Rochefoucauld, cependant, ne semble pas attribuer à la vertu une assez grande place dans le monde, puisqu'il dit: "Nos vertus ne sont le plus souvent que des vices déguisés." Si l'on doit blâmer tout ce que fait l'homme poussé par l'amour-propre, par le sentiment du moi, on ne peut alors admirer aucune action humaine. La philanthropie, le patrio-

tisme, l'amour paternel, l'amitié ne sout inspirés que
par l'égoïsme, mais par un égoïsme noble et louable.
Avons-nous moins de mérite, quand nous nous dévou-
ons pour notre prochain, pour notre patrie, pour nos
enfants, pour nos amis, si l'on considère que tous, les
hommes semblables à nous, le pays natal, les enfants,
les amis, nous touchent de si près ? Non, La Rochefoucauld a dit de grandes vérités, mais sa maxime doit
être restreinte pour rester vraie. D'ailleurs, était-il
réellement misanthrope ? On peut en douter quand on
voit la vie qu'il mène près de Mme de Sablé, de Mme
de La Fayette, de Mme de Sévigné, quand on considère le chagrin qu'il éprouve à la mort de sa mère et
de ses fils, quand on le voit regardant la mort avec
tant de fermeté, lui qui avait dit: "Le soleil ni la
mort ne se peuvent regarder fixement." Il mourut
en 1680 ayant Bossuet pour l'assister à ses derniers
moments. Il fut un homme du monde et de cour
qui dépeignit sans indulgence la société qu'il vit; ses
maximes furent donc celles d'un misanthrope.
Citons-en quelques-unes:

"L'amour-propre est le plus grand de tous les flatteurs."   Quelques
"Le mal que nous faisons ne nous at- maximes.
tire pas tant de persécution et de haine que nos bonnes qualités.

"Si nous n'avions point de défauts nous ne prendri-
ons pas tant de plaisir à en remarquer dans les autres."

"Nous promettons selon nos espérances, et nous
tenons selon nos craintes."

"L'intérêt parle toutes sortes de langues, et joue
toutes sortes de personnages, même celui de désintéressé."

"Si on juge de l'amour par la plupart de ses effets, il ressemble plus à la haine qu'à l'amitié."

"Il n'y a que d'une sorte d'amour, mais il y en a mille différentes copies."

"Il est du véritable amour comme de l'apparition des esprits: tout le monde en parle, mais peu de gens en ont vu."

"Les hommes ne vivraient pas longtemps en société, s'ils n'étaient les dupes les uns des autres."

"On ne donne rien si libéralement que ses conseils."

"On aime mieux dire du mal de soi-même que de n'en point parler."

"On ne loue, d'ordinaire, que pour être loué."

"Le monde récompense plus souvent les apparences du mérite que le mérite même."

"La parfaite valeur est de faire sans témoins ce qu'on serait capable de faire devant tout le monde."

"L'hypocrisie est un hommage que le vice rend à la vertu."

"Le mérite des hommes a sa saison aussi bien que les fruits."

"L'extrême plaisir que nous prenons à parler de nous-mêmes nous doit faire craindre de n'en donner guère à ceux qui nous écoutent."

"On ne devrait s'étonner que de pouvoir encore s'étonner."

Jean de La Bruyère naquit à Paris en 1645. Après avoir fini ses études il étudia le droit, puis fut trésorier de la circonscription de Caen, mais des revers de fortune l'engagèrent à accepter la place de professeur d'histoire du duc de Bourbon, petit-fils du grand Condé. Là, il put bien

La Bruyère.

étudier les hommes et aussi se faire des protecteurs.
Il publia en 1688 "les Caractères de "Les
Théophraste, traduits du grec, avec les Caractères."
caractères ou les mœurs de ce siècle." L'ouvrage
était bien loin, cependant, d'être une traduction;
c'était une œuvre originale et forte, et les portes de
l'Académie s'ouvrirent pour lui, malgré l'inimitié des
petits esprits.   Dans son discours de réception il fit
l'éloge des vrais immortels vivant de son temps, La
Fontaine, Boileau, Racine, Fénelon et Bossuet, et
négligea complètement les autres membres de l'Académie.   C'était un homme d'un caractère fier et sensible, et entièrement désintéressé.   On sait qu'il
donna le manuscrit de ses "Caractères" à la fille de
son libraire, et que l'ouvrage rapporta à celle-ci deux
ou trois cent mille francs.   La Bruyère est un grand
écrivain et un grand moraliste.   On prétendit qu'il
avait pris pour modèles des caractères contemporains,
et on nomma les personnes dont il voulait parler.   Il
n'accepta pas ces clefs, et l'on peut dire que, si les
personnages dépeints par lui ont vécu de son temps,
ils vivent encore du nôtre.   Sa langue est énergique
et exacte, et on lira toujours avec plaisir certains de
ses tableaux, qui, comme de petits drames, nous mon-
trent l'homme bien vivant, avec ses défauts et ses
vices.   Son portrait du paysan est d'un réalisme saisissant et celui du riche et du pauvre d'une vérité
frappante.   La Bruyère mourut en 1696, justement
estimé de ses contemporains.

   Nicolas Malebranche, oratorien, né en 1638, mort en
1715, est aussi un moraliste célèbre.   Son Male-
traité, la "Recherche de la Vérité," est branche.
une œuvre profonde et bien écrite.

CHAPITRE V

LES POÈTES

BOILEAU ET LA FONTAINE

NICOLAS BOILEAU DESPRÉAUX naquit à Paris en 1636 et mourut en 1711. Il perdit sa mère à l'âge de deux ans, et son enfance fut triste et maladive. Il suivit les cours du collège d'Harcourt et du collège de Beauvais, et un de ses maîtres, M. Sévin, devina son talent poétique et l'encouragea. Son père, greffier au parlement de Paris, voulut qu'il étudiât le droit, ce qu'il fit à contre-cœur, et plus tard on le destina à l'église. Il suivit, cependant, sa vocation de poète, et en 1660 fit paraître en manuscrit une satire, et en 1666 publia son " Discours au Roi " et sept " Satires." L'esprit satirique était dans la famille de Boileau: son frère Gilles était poète et académicien, et son frère Jacques, abbé et chanoine, était renommé aussi pour ses saillies. Sainte-Beuve dit à ce sujet: " Quand la nature créa Gilles, elle essaya un premier crayon de Nicolas; elle resta en deçà et se repentit, elle prit le crayon et appuya quand elle fit Jacques, mais cette fois elle avait trop marqué. Elle se remit à l'œuvre une troisième fois, et ce fut la bonne. Gilles était l'ébauche, Jacques la charge, Nicolas est le portrait."

Vie de Boileau.

Jusqu'en 1660, malgré les chefs-d'œuvre qui avaient déjà paru, la littérature du XVIIᵉ siècle n'avait pas encore atteint sa forme définitive, surtout en poésie. Le bon goût, la raison, ne régnait pas encore, et Corneille même présentait

Le rôle de Boileau.

dans ses sublimes tragédies bien des défauts de goût
et de style.

Lorsque parut Boileau en 1660 on admirait Corneille et Molière, et La Fontaine et Racine préparaient
leurs chefs-d'œuvre, mais le public avait besoin d'un
guide pour l'éclairer, et lui faire comprendre à distin-
guer nettement le bon du mauvais. Voilà quel devait
être le rôle de Boileau ; il ne fut pas l'inspirateur, le
créateur du génie de son siècle, mais il sut donner
d'excellents conseils à ses amis, Molière, La Fontaine
et Racine, et il sut surtout anéantir les mauvais poètes
qu'on s'était habitué à considérer les égaux des plus
grands. Rappelons-nous l'immense influence de Mᴵˡᵉ
de Scudéry, et de ses *Samedis,* où se réunissaient les
rimailleurs de l'époque, rappelons-nous que Chapelain était l'oracle du bon goût, le dispensateur des
bénéfices du roi, rappelons-nous que ces auteurs infimes qu'on a appelés les *victimes* de Boileau, avaient
beaucoup d'entre eux une grande réputation, et que
c'est le sévère critique qui les fit tomber dans l'oubli,
même de leur vivant. La France possédait encore
une légion de poètes qui avaient le culte des *pointes,*
des *conceptos* espagnols et des *concetti* italiens, et la
réforme qu'avait inaugurée Malherbe n'eût pas été
efficace sans l'œuvre de Boileau. Il déploya un jugement presque infaillible dans ses critiques et un grand
courage en attaquant tant d'écrivains, dont beaucoup
avaient la protection des plus grands seigneurs de la
cour. Il sut allier l'exemple au précepte, car son
vers est toujours correct et sobre, et s'il n'attaqua pas
le caractère d'homme de ses victimes, il sut leur donner une leçon en flétrissant la bassesse et en donnant
l'exemple d'une vie irréprochable. Boileau fut un

homme honorable, digne des faveurs dont le combla
Son le roi, et quoique courtisan, il ne fut
caractère. jamais vil, et parfois sut dire la vérité
à Louis XIV lui-même. Excepté à la fin de sa vie, il
ne fut pas morose et misanthrope, et l'on peut dire de
lui que, s'il ne fut pas un très grand poète, il rendit
de grands services à la poésie. Il conseille avant tout
d'être vrai et de s'exprimer avec correction et il donne
certainement l'exemple dans ses vers. Il n'a pas la
vraie inspiration poétique et manque d'enthousiasme
et de chaleur, mais ses œuvres sont nobles et pures et
il mérite l'immense popularité dont il jouit encore.
Il fut reçu à l'Académie, malgré ses satires, mais tar-
divement.

Les "Satires" sont peut-être l'œuvre la plus utile
de Boileau, mais sont inférieures, au point de vue lit-
Les téraire, aux "Épîtres," à l'"Art Poé-
"Satires." tique" et au "Lutrin." Il y a douze
satires, dont les neuf premières sont les meilleures.
Parlons des satires les plus importantes: c'est dans la
première que nous trouvons ces deux vers si connus:

> "Je ne puis rien nommer si ce n'est par son nom ;
> J'appelle un chat un chat, et Rolet un fripon."

La seconde est réellement belle et est dédiée à Molière; la troisième est le célèbre "Repas Ridicule ";
la cinquième, sur la noblesse, est philosophique plutôt
que satirique; la sixième, sur les embarras de Paris,
est aussi amusante que le "Repas Ridicule " ; la hui-
tième commence ainsi:

> "De tous les animaux qui s'élèvent dans l'air,
> Qui marchent sur la terre, ou nagent dans la mer,
> De Paris au Pérou, du Japon jusqu'à Rome,
> Le plus sot animal, à mon avis, c'est l'homme."

La neuvième, "A mon Esprit," est la plus belle des
satires ; Boileau y fait voir qu'il s'est étudié lui-même
afin de pouvoir étudier les autres; c'est là que l'on
voit ces deux jolis vers :

> "En vain contre le Cid, un ministre se ligue,
> Tout Paris pour Chimène a les yeux de Rodrigue."

Les trois dernières satires, "Les Femmes" (1693),
"A M. de Valincourt" (1698), et "Sur l'Équivoque"
(1705), sont grandement inférieures aux premières.

Boileau écrivit douze "Épîtres." De même que
pour les satires les trois dernières épîtres ne peuvent
être comparées aux neuf premières. La
quatrième épître, "Au Roi" (1672), sur   "Épîtres."
le passage du Rhin, est admirable ; les vers en sont
harmonieux, malgré les durs noms hollandais. On y
remarque surtout ceux-ci :

> "Au pied du mont Adule, entre mille roseaux,
> Le Rhin tranquille et fier du progrès de ses eaux,
> Appuyé d'une main sur son urne penchante,
> Dormait au bruit flatteur de son onde naissante."

> "A ces mots essuyant sa barbe limoneuse,
> Il prend d'un vieux guerrier la figure poudreuse."

> "Louis, les animant du feu de son courage,
> Se plaint de sa grandeur qui l'attache au rivage."

L'épître VII (1677), "A Racine," est d'un style élevé,
et l'on aime à voir un poète rendre tellement justice
au génie d'un autre poète. Boileau, dans de beaux
vers, encourage Racine après la cabale contre "Phèdre," et lui dit :

"Et qui, voyant un jour la douleur vertueuse
De Phèdre, malgré soi perfide, incestueuse,
D'un si noble travail justement étonné,
Ne bénira d'abord le siècle fortuné
Qui, rendu plus fameux par tes illustres veilles,
Vit naître sous ta main ces pompeuses merveilles."

Boileau écrivit en quatre chants son "Art Poétique," de 1669 à 1674. C'est une œuvre de grand
L'"Art mérite, que l'on peut comparer à l'"Epî-
Poétique" tre aux Pisons" d'Horace. Dans le premier chant il donne les préceptes de l'art d'écrire et
fait une revue de l'histoire de la poésie en France.
Ici son ignorance du moyen âge ne lui permet pas de
parler de cette époque en toute connaissance de cause,
mais il apprécie Villon et Marot. Il est trop sévère
envers Ronsard et admire Malherbe, et s'écrie: "Enfin Malherbe vint." Dans le second chant il parle
des genres secondaires de poésie, les définit en termes
précis et en donne les préceptes. Il oublie, cependant, l'apologue. Le troisième chant est consacré à
l'épopée et au drame. L'auteur raconte brièvement
l'histoire de la tragédie et de la comédie chez les anciens et en France, mais se trompe entièrement en
disant que chez les Français le théâtre fut longtemps
"abhorré." Nous avons vu, au contraire, l'intérêt
que prenait le peuple tout entier au drame du moyen
âge. A propos de la comédie on est étonné d'entendre Boileau dire que, Molière "Peut-être de son art
eût remporté le prix." Dans l'épopée il est en faveur
de la mythologie et s'oppose au *merveilleux* chrétien.
Dans le quatrième chant, l'auteur tourne les métro-
manes en ridicule et donne d'excellents conseils aux
poètes.

Il nous a semblé qu'il serait intéressant de citer quelques vers de l'"Art Poétique," qui se gravent dans l'esprit, par leur netteté et leur concision:

"Quelque sujet qu'on traite, ou plaisant ou sublime,
Que toujours le bon sens s'accorde avec la rime."

"Qui ne sait se borner ne sut jamais écrire."

"Ce que l'on conçoit bien s'énonce clairement,
Et les mots pour le dire arrivent aisément."

"Hâtez-vous lentement : et sans perdre courage,
Vingt fois sur le métier remettez votre ouvrage :
Polissez-le sans cesse et le repolissez ;
Ajoutez quelquefois, et souvent effacez."

"Un sot trouve toujours un plus sot qui l'admire."

"Chez elle un beau désordre est un effet de l'art."

"Un sonnet sans défauts vaut seul un long poème."

"Le vrai peut quelquefois n'être pas vraisemblable."

"Travaillez pour la gloire, et qu'un sordide gain
Ne soit jamais l'objet d'un illustre écrivain."

Le "Lutrin" est le plus parfait des poèmes de Boileau, c'est une épopée héroï-comique spirituelle et gaie et à laquelle, dans la littérature française, on ne saurait comparer que le "Vert-Vert" de Gresset. Les quatres premiers chants furent publiés en 1674, les deux derniers en 1681. Le sujet du "Lutrin" est insignifiant, trop insignifiant, peut-être, c'est la querelle du chantre et du trésorier d'une église à propos d'un lutrin ou pupitre.

Les épigrammes de Boileau sont amusantes, ainsi que son dialogue sur les "Héros de Roman." Il

s'essaya dans l'ode et ne réussit point. Quoique
l'école romantique de notre siècle ait
beaucoup attaqué le *Législateur du Par-*
nasse, son influence sera toujours grande
sur les écrivains qui voudront savoir comment *faire*
accorder le bon sens avec la rime.

De même que Molière est sans contredit le plus
grand poète comique que le monde ait produit, La
Fontaine est le plus grand fabuliste qui
ait jamais vécu, et sa gloire est même
moins disputée que celle de Molière.
Rien n'est supérieur au charme de ce poète si français, c'est-à-dire, à l'esprit si clair et si fin, dont M.
Taine a dit: "La Fontaine est, je crois, le seul en qui
l'on trouve la parfaite union de la culture et de la
nature, et en qui la greffe latine ait reçu et amélioré
toute la sève de l'esprit gaulois." "C'est La Fontaine qui est notre Homère," ajoute M. Taine et, dit
encore celui-ci, lorsque le fabuliste est dans un rêve:
"L'illusion le prend, sa raison s'en va, les choses se
transfigurent, une lumière divine se répand sur le
monde, le vieux moqueur atteint l'accent, le ravisse-
ment de Platon et de Virgile." C'est un grand poète,
ce *bonhomme* à l'air distrait, à la vie irrégulière et in-
souciante. Il parait ne rien faire lorsqu'il passe des
heures entières dans les bois à rêver; il travaille,
cependant, il observe la nature, les animaux, les
plantes, et il va les faire parler selon leur caractère
particulier. C'est l'ami des animaux, et comme le
dit si bien Nisard: "Je me figure volontiers Boileau
chasseur; la chasse, pour un satirique, c'est encore la
guerre; mais comment supporter La Fontaine tireur
de lapins?" Il est aussi l'ami des hommes et il est

resté fidèle à ceux qui l'aimaient. Il n'oublie pas
Fouquet, son bienfaiteur, et fait parler en sa faveur
les nymphes de Vaux; il garde une profonde reconnaissance à Mme de la Sablière, qui le recueille chez elle
pendant vingt ans, et lorsque meurt celle-ci et que M.
d'Hervart vient l'inviter à venir demeurer chez lui, il
répond: "J'y allais," mots simples et naïfs, mais qui indiquent la confiance qu'il avait en ses amis.

Il était né en 1621, à Château-Thierry   Sa vie.
et s'instruisit, pour ainsi dire lui-même,
par la lecture de auteurs du moyen âge, de Marot, de
Rabelais, de Marguerite de Navarre, des auteurs latins
dans l'original, des auteurs grecs dans les traductions,
observant tout, saisissant chaque principe de morale,
chaque idée brillante, et les revêtant plus tard d'une
forme exquise dans ses fables. Il avait pensé se faire
oratorien, mais son père le maria et lui laissa sa charge
de maître des eaux et forêts; il ne fut ni bon mari ni
bon fonctionnaire. Il connut à peine sa femme et son
fils et ne s'en occupa guère, et sa vie assez déréglée est
étrange, quand on la compare à celle de ses illustres
contemporains. Il fut, cependant, intimement lié
avec Molière, Racine et Boileau, et ces grands hommes
appréciaient fort le poète, tout en ne comprenant
peut-être pas entièrement l'importance du genre qu'il
cultivait, l'apologue. Ce genre était célèbre depuis
bien des siècles, depuis les fables trans-
mises par Ésope ainsi que par l'Inde, par   L'apologue.
Phèdre et par Marie de France et les Ysopets du
moyen âge. Personne, cependant, avant La Fontaine,
n'avait fait de la fable un vrai drame "à cent actes
divers," où l'on voit la vie humaine telle qu'elle est.
Le fabuliste n'est pas un moraliste, en ce sens qu'il

ne fait pas toujours triompher la vertu, mais il nous présente les résultats des actions humaines, bonnes ou mauvaises, et c'est à nous à profiter de la leçon. Lui-même "mangea son fonds avec son revenu," et écrivit des contes spirituels et gracieux, mais licencieux. Il ne nous dit pas d'imiter sa vie, il se contenterait de nous la raconter telle qu'elle fut, et ce serait à nous de ne pas faire comme lui. Il tâcha de s'amender, vers la cinquantaine, fut reçu à l'Académie en 1684, et revint à des sentiments religieux sincères quelques années avant sa mort, en 1695. Quels que fussent ses défauts on les lui pardonnera toujours. Qu'on ne s'occupe pas de ses comédies et de ses contes, mais qu'on lise toujours ses fables inimitables, si pleines de poésie et de vérité, de gaieté et de philosophie, de bonhomie et de malice.

Le premier recueil de fables, composé de six livres,

Les fables. parut en 1668; appelons l'attention sur
Le premier quelques-unes de ces petits chefs-d'œuvre.
recueil. D'abord "la Cigale et la Fourmi" et "le Corbeau et le Renard," dont chaque mot est si naturel, si expressif:

> "La fourmi n'est pas prêteuse;
> C'est là son moindre défaut."

> ... "Mon bon monsieur,
> Apprenez que tout flatteur
> Vit aux dépens de celui qui l'écoute;
> Cette leçon vaut bien un fromage, sans doute."

"La Besace":

> "Il fit pour nos défauts la poche de derrière,
> Et celle de devant pour les défauts d'autrui."

" Le Loup et l'Agneau "—la candeur, l'innocence de l'agneau, la dureté, la rapacité du loup:

> " La raison du plus fort est toujours la meilleure."

" La Mort et le Bûcheron "—l'homme n'est jamais satisfait de son sort, il est las de cette vie, mais vienne la mort qu'il appelle, il lui dit:

> " C'est dit-il, afin de m'aider
> A recharger ce bois."

" L'Enfant et le Maître d'École "—l'enfant se noie, le maître d'école passe et le tance, au lieu de venir à son secours:

> " Eh! mon ami, tire-moi de danger;
> Tu feras, après, ta harangue."

" Le Chêne et le Roseau,"—tableau énergique, leçon donnée aux hommes par cette ligne concise et forte:

> " L'arbre tient bon ; le roseau plie."

Le chêne altier est renversé, le roseau plie et se redresse après que la tourmente est passée.

Livre II, " La Chauve-souris et les deux Belettes"—portrait frappant du politicien, avec l'un il s'écrie:

> " Je suis oiseau ; voyez mes ailes :
> Vive la gent qui fend les airs!"

Avec l'autre:

> " Je suis souris ; vivent les rats!
> Jupiter confonde les chats !"

"Le Lion et le Rat"—vérité exprimée avec tant de simplicité:

> ' On a souvent besoin d'un plus petit que soi."

>> "Patience et longueur de temps
>> Font plus que force ni que rage."

"Le Lièvre et les Grenouilles"—que l'on reconnaît bien le lièvre:

>> "Un lièvre en son gîte songeait,"

> (Car que faire en un gîte, à moins que l'on ne songe?)

Songer! Voilà ce que faisait si bien La Fontaine, ce qui convenait à cette poétique imagination!

Livre III, "Le Meunier, son Fils et l'Âne," charmant récit où se trouvent ces deux lignes devenues proverbes:

> "Parbleu! dit le meunier, est bien fou du cerveau
> Qui prétend contenter tout le monde et son père:"

"Le Renard et les Raisins":

> "Le galant en eût fait volontiers un repas,
> Mais comme il n'y pouvait atteindre:
> Ils sont trop verts, dit-il, et bons pour des goujats."

"L'Âne et le petit Chien":

>> "Ne forçons point notre talent;
>> Nous ne ferions rien avec grâce
>> Jamais un lourdaud, quoi qu'il fasse,
>> Ne saurait passer pour galant."

" Le Petit Poisson et le Pécheur ":

> " Petit Poisson deviendra grand,
> Pourvu que Dieu lui prête vie ;
> Mais le lâcher en attendant,
> Je tiens pour moi que c'est folie. "

Il faudrait presque tout citer, si l'on voulait donner une idée des fables contenues dans le premier recueil de La Fontaine, passons au second recueil publié en 1678 et dédié à Mme de Montespan. Cette dédicace est elle-même un chef-d'œuvre de grâce, d'élégance et de délicatesse. Contentons-nous d'appeler l'attention sur trois fables, les " Animaux Malades de la Peste," les " Deux Pigeons," et le " Paysan du Danube." Le poète n'a rien perdu de son esprit et de sa gracieuse simplicité, mais il semble s'exprimer avec plus de force. Quelle peinture vive, animée, sombre et vraie, celle de la peste parmi les animaux :

Le second recueil.

> " Ils ne mouraient pas tous, mais tous étaient frappés. "

> " Les tourterelles se fuyaient ;
> Plus d'amour, partant plus de joie. "

Le lion veut alors que chacun se confesse, et il commence par dire qu'il a " dévoré force moutons " et

> " Même il m'est arrivé quelquefois de manger
> Le berger."

Tous de s'écrier que le roi est sans péchés, ainsi que les autres " gens querelleurs," mais que l'âne dise *qu'il a tondu d'un pré la largeur de sa langue,* alors " haro sur le baudet," il est mis en pièces.

Quel charme dans les "Deux Pigeons," comme nous nous intéressons au sort de ces deux amis qui "s'aimaient d'amour tendre," comme nous suivons avec anxiété les péripéties du voyage de l'imprudent qui quitte son ami pour voir le monde, comme nous nous réjouissons de le voir revenu au logis, quoique

"Traînant l'aile, et tirant le pied,
Demi-morte, et demi-boiteuse."

Le "Paysan du Danube" est un discours éloquent, sage et profond, et La Fontaine y fait voir qu'il sait faire parler les hommes aussi bien que les animaux. Chacun dit toujours exactement ce qu'il doit dire et de la manière la plus heureuse. Non seulement les mots varient pour exprimer différentes idées, mais le rythme prend sous la main du poète les formes les plus variées, et s'adapte aux idées exprimées par les mots.

CHAPITRE VI

LES PRÉDICATEURS

BOSSUET, FÉNELON, FLÉCHIER, BOURDALOUE, MASCARON, MASSILLON

Nous avons vu la prose française portée à un haut degré de clarté, de force et d'élégance par Descartes et Pascal, il y manquait cependant la grandeur, qui constitue réellement la haute éloquence. Bossuet est pour la prose ce qu'est Corneille pour la poésie; en lui se voit le sublime du style et de la pensée, et plus heureux que Corneille il conserve cette élévation jusqu'à la fin de sa carrière. On peut dire qu'il n'y a

*Bossuet.
Son génie.*

rien d'inférieur dans les œuvres de Bossuet. Depuis ses premiers sermons et ses premiers ouvrages de controverse religieuse jusqu'à ses admirables oraisons funèbres, son "Discours sur l'Histoire Universelle," et son "Histoire des Variations," toutes ses œuvres sont marquées au coin du bon sens, et sa raison est aussi ferme que son génie est vaste. Sa foi inébranlable, sa dialectique fine et serrée, la grandeur de ses vues sur la religion, son indépendance de gallican, ont fait de lui un des pères de l'église catholique en France, un des pères de l'église chrétienne. La noblesse de sa vie s'accorde avec la noblesse de ses écrits, et s'il a paru quelquefois dur et impérieux, c'était quand il croyait voir l'erreur triompher et qu'il fallait l'abattre d'un seul coup, quelque violent qu'il fût. Il occupa de hautes fonctions et mourut pauvre; sa grande intelligence avait été trop occupée des choses de l'esprit et de la morale pour s'intéresser aux biens de ce monde.

Jacques-Bénigne Bossuet naquit à Dijon en 1627 et montra, dès son enfance, des aptitudes extraordinaires pour l'étude. Il se nourrit des Vie de auteurs grecs et latins, et sa mémoire Bossuet. était telle qu'il n'oublia jamais les beaux passages des ouvrages qu'il avait étudiés. Plus tard il allia au culte de l'antiquité païenne celui des Évangiles et sut combiner le sublime des deux en une langue pure et élevée. Il vint à Paris en 1642 le même jour, diton, que Richelieu mourant rentrait en triomphateur dans la capitale, couché dans sa grande litière. Il suivit les cours du collège de Navarre, dirigé par Nicolas Cornet, qu'il devait immortaliser plus tard en prononçant son oraison funèbre. En 1640 il fut

présenté par Arnauld à l'Hôtel de Rambouillet, et y
improvisa un sermon qui fit dire à Voiture qu'il
"n'avait jamais vu prêcher ni si tôt ni si tard." Il
soutint peu après une thèse devant le grand Condé,
qui eut un moment idée d'y répondre, et tout jeune
encore, il acquit une renommée à Paris. Néanmoins,
il ne se laissa pas séduire par cette gloire naissante, et
consacré prêtre et docteur, il se retira à Metz, où, de
1652 à 1659, nous le voyons occupé à son ministère,
prononçant des sermons remplis d'éloquence et de logique, attaquant les doctrines des protestants et ré-
pondant à leurs attaques. De brillantes conversions,
surtout celle de Turenne, attirèrent l'attention publique; et lorsque Bossuet vint à Paris en 1659 il fut
appelé à prêcher devant le roi. Pendant dix ans le
grand prédicateur fit entendre à Paris sa parole forte
et entraînante. Les sermons que nous possédons de

Les sermons. lui et qui excitent toute notre admiration
ne sont que des ébauches. L'orateur tra-
çait sur le papier le plan de son discours, et jetait
quelques idées grandioses, puis se livrait à son inspiration. Rien alors n'arrêtait l'élan de son génie, il
expliquait le dogme chrétien avec amour, et il jugeait
avec sévérité et justice les actions des hommes. Il
sut dire la vérité au roi, tout en se tenant dans les
bornes du respect, et l'influence de l'esprit si clair et
si modéré du prédicateur dut être grande sur l'esprit
moins grand mais tout aussi juste et sensé de Louis
XIV. Bossuet a la foi entière, jamais un moment de
doute ou de défaillance, mais il n'essaie pas de prouver cette foi d'une manière aussi précise que Pascal.
Il croit, il tâche de faire partager sa croyance à ceux

qui l'écoutent, et il les attire à lui, par la force de son éloquence et de sa raison.

Le génie du prédicateur, le caractère de l'homme, le firent choisir par Louis XIV pour être précepteur du Dauphin. Admirons encore ici le tact Le presque toujours infaillible du roi : il précepteur. confie son fils à Montausier et à Bossuet, son petit-fils à Fénelon. Devenu évêque de Condom, Bossuet ne se rend pas à son évêché, mais se consacre entièrement à l'éducation du Dauphin. Il dut se remettre à l'étude et écrivit pour son élève le " Traité de la Connaissance de Dieu et de soi-même " et le " Discours sur l'Histoire Universelle." Le fils de Louis XIV ne profita guère des admirables leçons de son précepteur; nous savons qu'il vécut cinquante ans et qu'il mourut avant son père. Quoique éloigné des affaires, il sut cependant élever la voix contre la révocation de l'Édit de Nantes, et ce seul fait suffit pour prouver que les leçons données par le maître ne furent pas toutes perdues. Reçu à l'Académie Française en 1671, Bossuet devint évêque de Meaux en 1681, quand fut terminée l'éducation du Dauphin. Il s'occupa activement de son diocèse, fut considéré le chef de l'église gallicane, et sut concilier les droits de l'Église et ceux L'évêque. de l'État. Après l'oraison funèbre du grand Condé en 1687 il ne remonta plus dans la chaire à Paris, mais l'année 1688 vit paraître son " Histoire des Variations," brillant ouvrage de controverse religieuse. En 1697 Louis XIV le nomma *conseiller d'État*, et en 1704 mourut celui qu'on a appelé *l'aigle de Meaux*, et qui a mérité ce titre par la hauteur à laquelle s'est élevé son génie.

Bossuet était non seulement un grand prédicateur,

c'était un grand poète dont l'imagination savait créer

Les oraisons funèbres. des paroles splendides pour exprimer ses idées. C'est surtout dans ses Oraisons Funèbres que se déploie la grandeur de Bossuet et que son style est le plus sublime. Il faut, cependant, qu'il soit soutenu par l'importance de son sujet et qu'il en puisse tirer une leçon pour les vivants. C'est lui qui a dit: " Ce n'est pas un ouvrage humain que je médite, je m'élève au-dessus de l'homme, pour faire trembler toute créature sous les jugements de Dieu." Son but n'est donc pas seulement de faire le panégyrique des grands; comme Périclès prononçant l'oraison funèbre des Athéniens morts pour la patrie, Bossuet est animé par l'amour de tout ce qui est noble, héroïque et vertueux. Il célèbre (1683) la pureté de Marie-Thérèse, de cette reine qui " accomplit ses devoirs sans présomption, et fut humble non

Marie-Thérèse, et Henriette de France. seulement parmi toutes les grandeurs, mais encore parmi toutes les vertus." Il raconte la vie de Henriette de France, reine d'Angleterre, cette fille de Henri IV, cette femme de Charles Ier, qui voit mourir son mari sur l'échafaud, qui est chassée de son royaume, qui manque du nécessaire dans le royaume de son neveu, qui voit enfin son fils rétabli sur son trône et meurt dans une retraite, consacrée à Dieu seul. Disons donc avec l'orateur: "Ne pleurons plus ses disgrâces, qui font maintenant sa félicité. Si elle avait été plus fortunée, son histoire serait plus pompeuse, mais ses œuvres seraient moins pleines ; et avec des titres superbes, elle aurait peut-être paru vide devant Dieu. Maintenant qu'elle a préféré la croix au trône, et qu'elle a mis ses malheurs au nombre des plus grandes

grâces, elle recevra les consolations qui sont promises
à ceux qui pleurent." Ce style simple et naturel
convenait à la fin paisible d'une vie si agitée, et après
le tableau de la chute et du rétablissement des empires l'esprit aime à se reposer par la contemplation
d'une mort chrétienne. L'orateur devait, **Henriette**
quelques mois plus tard, rendre à la fille **d'Angle-**
le même hommage qu'à la mère, et il n'y **terre.**
a rien de plus touchant que l'oraison funèbre de
Henriette d'Angleterre, duchesse d'Orléans. Ce n'est
pas une louange officielle, c'est un cri sorti du cœur:
"Madame se meurt, Madame est morte!" Cette
aimable princesse est enlevée subitement, elle "a
passé du matin au soir, ainsi que l'herbe des champs.
Le matin elle fleurissait; avec quelle grâce, vous le
savez: le soir nous la vîmes séchée," son corps est
devenu "un je ne sais quoi, qui n'a plus de nom
dans aucune langue." Avec quelle délicatesse, quelle
émotion l'orateur parle des derniers moments de la
princesse. Il nous fait voir sa résignation, son
caractère charmant, et trouve une consolation en
pensant que Madame n'est plus exposée au péril de
sa propre gloire.

Nous ne dirons rien de l'oraison funèbre d'Anne de
Gonzague, Princesse Palatine, quoique ce soit une des
plus belles qu'ait prononcées Bossuet, ni de celle de
Michel Le Tellier, père de Louvois; il nous faut maintenant jeter les yeux sur l'admirable panégyrique du
grand Condé. Lorsque mourut celui-ci en décembre
1685, Bossuet perdit un protecteur, un **Condé.**
ami sincère, aussi fut-ce avec émotion
qu'il vint faire son éloge. L'orateur se montre grand
historien lorsqu'il raconte les batailles de Condé, et la

page qu'il consacre à Rocroy, surtout, est un chef-
d'œuvre de narration historique. Il nous présente
aussi un beau parallèle entre Condé et Turenne, il
nous fait le récit des victoires du Prince, n'appuie pas
sur le rôle qu'il a joué pendant la Fronde, mais ne
l'excuse pas. Il nous le montre encore, ayant reçu le
pardon de son roi, à la tête des armées, faisant en trois
semaines la conquête d'une province, remportant la
victoire de Sénef, sauvant la France après la mort de
Turenne, puis retiré à Chantilly, devenant le protecteur des sciences et des lettres. Il n'était pas possible
que Bossuet nous présentât le côté presque féroce du
caractère de Condé, son orgueil, son mépris pour la
vie humaine; il fait, cependant, une belle comparaison
par laquelle nous voyons que le Prince s'emportait
quelquefois: "Comme un fleuve majestueux et
bienfaisant qui porte paisiblement dans les villes
l'abondance qu'il a répandue dans les campagnes en
les arrosant, qui se donne à tout le monde, et ne s'élève
et ne s'enfle que lorsque avec violence on s'oppose à la
douce pente qui le porte à continuer son tranquille
cours." On peut dire que rien, dans aucune littérature,
n'est plus entraînant que l'oraison funèbre du grand
Condé par Bossuet, et c'est avec regret qu'on entend
l'orateur s'écrier: "Au lieu de déplorer la mort des
autres, grand prince, dorénavant je veux apprendre de
vous à rendre la mienne sainte: heureux si, averti par
ces cheveux blancs du compte que je dois rendre de
mon administration, je réserve au troupeau que je
dois nourrir de la parole de vie les restes d'une voix
qui tombe, et d'une ardeur qui s'éteint!"

Il est impossible de mentionner tous les ouvrages
de Bossuet, disons seulement quelques mots de ce

chef-d'œuvre, "Discours sur l'Histoire Universelle"
(1680), où l'auteur arrive à la perfec-   "L'Histoire
tion du style et où se trouvent tant de   Univer-
grandes idées. Dans le prologue Bossuet   selle."
explique à son élève le but de son ouvrage et dit qu'il
"serait honteux, à tout honnête homme, d'ignorer le
genre humain, et les changements mémorables que la
suite des temps a faits dans le monde." Il divise son
livre en trois parties: dans la première il trace un
magnifique tableau des grandes époques de l'histoire
de l'humanité, commençant avec "Adam, ou la création," et se terminant avec "Charlemagne, ou l'établissement du nouvel empire." On ne peut lire un plus
admirable résumé d'histoire, éclairé partout par l'idée
que c'est Dieu qui guide les empires et les élève ou
les abaisse. Dans la seconde partie intitulée, "la
Suite de la Religion," l'auteur nous explique le développement de l'esprit de Dieu chez les Hébreux
et les causes qui en amenèrent la décadence et
rendirent nécessaire la venue du Messie. Dans la
troisième partie, "Révolutions des Empires," Bossuet
crée la philosophie de l'histoire et explique quelles
sont les causes qui ont conduit les peuples, sous le
doigt de Dieu, à la gloire ou à la ruine. C'est, comme
on l'a dit, l'oraison funèbre des empires, que fait le
grand évêque. Il rend justice au génie païen, à
l'Égypte, aux Perses, à la Grèce, mais il aime par-
dessus tout cette splendide Rome, dont la civilisation
est en grande partie contenue dans la nôtre. Après
un coup d'œil magistral sur l'ensemble des événements, sur leurs causes, sur leurs résultats, l'auteur
montre qu'il faut tout rapporter à la Providence.
Les chefs "se sentent assujettis à une force majeure."

"Celui-là seul tient tout en sa main, qui sait le nom
de ce qui est et de ce qui n'est pas encore, qui préside
à tous les temps et prévient tous les conseils." Phrase
admirable, digne de ce beau génie que respectent
toutes les croyances.

On ne saurait nommer Bossuet sans parler de Fénelon; ce sont les deux hommes d'église les plus célèbres

Fénelon. du XVII° siècle, et comme pour Corneille
Parallèle et Racine on n'est pas encore d'accord
entre
Fénelon et sur leur mérite respectif. On peut dire
Bossuet. qu'ils furent égaux en génie, mais ils
différaient entièrement de caractère, et comprenant
la vie d'une manière toute différente, leurs ouvrages
sont écrits sous un point de vue tout opposé. Bossuet
n'appartient pas à la noblesse et il approuve le gouvernement absolu du roi, Fénelon est par sa naissance
un grand seigneur et il voudrait que la royauté s'ap-
puyât un peu plus sur la noblesse, sur les anciens
féodaux. Bossuet est pénétré de l'esprit des Écritures,
il est, avant tout, un père de l'église; Fénelon, quoique
excellent chrétien, admire, au point de vue artistique,
l'antiquité païenne, et en reproduit admirablement
l'esprit dans ses écrits. Bossuet est plus audacieux
dans ses opinions et les maintiendrait jusqu'à la mort,
s'il croyait avoir raison. Fénelon est plus souple et
cède quand il est condamné, mais proteste d'une
manière indirecte. Ces deux grands prélats diffèrent
donc en bien des points, mais ils se ressemblent en
ceci, que tous deux aiment la vérité, qu'ils ont donné
l'exemple d'une vie sans tache et qu'ils ont produit
des œuvres dignes de toute admiration.

François de Salignac de Lamothe-Fénelon naquit
en 1651 au château de Fénelon, en Périgord. Il fit

de fortes études à Cahors, puis au collège du Plessis à
Paris, et lut avec délices surtout l'Énéide   Vie de
et l'Odyssée, dont il sut plus tard si   Fénelon.
bien s'inspirer.   Il devint prêtre en 1675 et eut l'idée
de se faire missionnaire, mais il accepta d'être directeur de la maison des Nouvelles Catholiques et
remplit ces fonctions avec beaucoup de tact.   En
1687 il publia le " Traité sur l'Éducation des Filles,"
où il donna avec délicatesse d'excellents conseils sur
l'éducation.   Vers cette époque parurent aussi ses
" Dialogues sur l'Éloquence."   En 1685, après la révocation de l'Édit de Nantes, Fénelon fut envoyé en
mission en Saintonge et remplit ces fonctions délicates avec mansuétude et sans vouloir de "dragon-
nades."
   Il avait déjà prononcé d'admirables sermons, et sa
réputation était si grande que le roi, à la recom-
mandation du duc de Beauvilliers, le   Le
nomma précepteur du duc de Bourgogne,   précepteur.
fils aîné du Dauphin.   On sait que ce prince avait un
caractère terrible, qu'il était hautain, emporté jusqu'à
la fureur.   Fénelon sut faire de lui un homme pieux,
vertueux et éclairé, et quoiqu'on l'ait accusé d'avoir
rendu son élève trop timoré, on ne peut douter que
le règne du duc de Bourgogne n'eût été un grand
bonheur pour la France.   Comme Bossuet, Fénelon
écrivit de grandes œuvres pour son élève, de charmantes " Fables " qu'on peut lire avec plaisir, même
après celles de La Fontaine, les " Dialogues des
Morts," imités de Lucien, enfin les " Aventures de
Télémaque."
   Fénelon ne paraît pas avoir jamais plu à Louis
XIV qui, dit-on, l'appelait " l'esprit le plus chimérique

de son royaume ; " il lui donna, cependant, le siège de
Le   Cambrai, une des plus hautes dignités
quiétisme. épiscopales, et le prélat fût probablement
resté en faveur sans l'affaire du *quiétisme.* Il
adopta avec ardeur les doctrines par trop mystiques
de Mme Guyon, et écrivit pour les soutenir son " Ex-
plication des Maximes des Saints." Bossuet attaqua
avec véhémence des doctrines qui lui semblaient peu
orthodoxes, et le livre de Fénelon fut condamné à
Rome en 1699. Il se soumit et se consacra à l'administration de son diocèse, où l'avait relégué le roi en
1697. La grande affection que lui témoignait le duc
de Bourgogne eût pu le ramener à la cour, mais
" Télémaque " lui fut dérobé et publié subrepticement
en 1699. Louis XIV y vit une critique de son carac-
sa   tère et de son gouvernement, et la dis-
disgrâce. grâce de l'archevêque fut complète. Il
ne s'y résigna, paraît-il, que dans l'espoir de gouverner
un jour, quand son élève monterait sur le trône de
son grand-père, et cette ambition sembla devoir se
réaliser en 1711 à la mort du grand Dauphin. Le
duc de Bourgogne devint Dauphin, et son règne
paraissait imminent, quand il mourut en 1712. Ce
fut un coup terrible pour Fénelon, et il ne survécut
que trois ans à son élève. Outre les ouvrages que
nous avons déjà mentionnés, nous pouvons citer son
traité de l' " Existence de Dieu," les " Lettres sur la
Religion," et sa belle " Lettre sur les occupations de
l'Académie Française," admirable ouvrage de critique littéraire.

Fénelon eut, dès son vivant, une grande réputation
de douceur et de bonté, et on l'appela le *cygne de
Cambrai.* Il mérita cette réputation par la manière

dont il remplit sa charge pastorale; il fit preuve
d'une inépuisable charité et fut adoré de *son
son troupeau. Il paraît, cependant, que *caractère.*
son caractère fut trop absolu, et que dans ses démêlés
avec l'évêque de Meaux ce ne fut pas toujours
celui-ci qui eut moins de douceur. Nisard semble
avoir raison quand il dit: "La vérité éclaircie ne
rend pas Fénelon coupable, mais elle absout Bossuet." Jetons maintenant les yeux sur "Télémaque." C'est le livre le plus populaire de *"Télé-
la littérature française, après les fables maque."*
de La Fontaine. Tout prélat qu'il fut Fénelon comprit parfaitement l'antiquité païenne et il la fit revivre pour nous. Son but fut de faire usage d'une
fiction pour enseigner à un prince ses devoirs de roi,
et il se servit d'un style d'une élégance, d'une poésie
merveilleuse, pour raconter son histoire. On a
même accusé ce style d'être trop fleuri, mais telle
n'est pas notre opinion. Il fallait que le style s'ac-
cordât avec le sujet, et l'on ne pouvait décrire les
divinités de l'Olympe et les héros antiques de la
même manière que des événements contemporains.
Le récit toutefois est intéressant et l'on a grand plaisir à rencontrer de nouveau les héros grecs errants
après la guerre de Troie. On suit Télémaque avec
intérêt depuis l'île de Calypso jusqu'au royaume
d'Idoménée à Salente, et l'on comprend la leçon qu'a
voulu donner l'auteur; c'est que la jeunesse, quelques
fautes qu'elle puisse commettre, arrive à surmonter
tous les obstacles, si elle est pénétrée de l'idée du
devoir et de la crainte de Dieu. Mentor donne d'excellents conseils à Télémaque, et quoique le plan du
gouvernement du royaume de Salente soit chimé-

rique en plus d'un point, on peut dire que le livre de
Fénelon a dû exercer la plus heureuse influence sur
son royal élève. Il y vit que les rois doivent mépriser les flatteurs, être toujours loyaux, ne pas entreprendre des guerres injustes, et ne vivre que pour le
bonheur de leurs peuples. Ce fut malheureux pour
Louis XIV qu'il crut reconnaître qu'il avait les qualités contraires à celles que Fénelon voulait voir chez
un roi. Le duc de Bourgogne eût pu les posséder et
y ajouter le jugement sain, la fermeté de son aïeul.
" L'homme véritablement libre est celui qui, dégagé
de toute crainte et de tout désir, n'est soumis qu'aux
dieux et à sa raison." Voilà une maxime qui indique clairement l'esprit de Fénelon, elle est sans nul
doute chimérique, mais c'est un noble idéal. Ce
n'est qu'en se proposant un but élevé dans la vie
qu'on arrive à bien remplir le rôle pour lequel on a
été créé.

A l'Hôtel de Rambouillet nous avons rencontré
Fléchier lisant de gracieux vers latins et des vers

Fléchier. français du genre de ceux de Voiture et
de Benserade. Toute sa vie cette in-
fluence se fit sentir sur ses écrits, et on y trouve un
peu trop de recherche, du maniéré, peut-être. Cette
pointe de *précieux* est curieuse et intéressante dans
ses " Mémoires sur les Grands Jours d'Auvergne,"
mais elle n'est pas à sa place dans l'oraison funèbre.
Néanmoins, malgré un style trop travaillé, où l'émotion et le pathétique sont trop de commande, on lit
avec intérêt les oraisons funèbres de Fléchier. Lui
qui avait été un habitué du fameux Hôtel de Rambouillet fut appelé à prononcer en 1672 l'oraison
funèbre de Julie d'Angennes, et en 1690 celle de son

mari, l'honnête et constant Montausier. C'est le
discours sur la mort de Turenne (1676) qui rendit
Fléchier célèbre. On a comparé ce morceau d'éloquence aux sublimes paroles qu'arracha la mort de
Condé à Bossuet, mais l'ouvrage de Fléchier, quoique
beau et élégant, ne nous touche point comme celui
de Bossuet. Nous sommes entraînés par l'évêque de
Meaux et nous partageons son émotion, tandis que
l'évêque de Nîmes nous laisse froids. Nous admirons ses belles paroles, mais nous trouvons sa narration de la mort du héros bien inférieure à celle de
Mme de Sévigné dont nous parlerons bientôt. Citons,
cependant, un passage qui nous rappelle un peu l'admirable lettre de la marquise: "Turenne meurt, tout
se confond, la fortune chancelle, la victoire se lasse, la
paix s'éloigne, les bonnes intentions des alliés se ralen-
tissent, le courage des troupes est abattu par la douleur
et ranimé par la vengeance; tout le camp demeure im-
mobile. Les blessés pensent à la perte qu'ils ont faite,
et non pas aux blessures qu'ils ont reçues. Les pères
mourants envoient leurs fils pleurer sur leur général
mort. L'armée en deuil est occupée à lui rendre les
devoirs funèbres; et la Renommée, qui se plaît à ré-
pandre dans l'univers les accidents extraordinaires, va
remplir toute l'Europe du récit glorieux de la vie de
ce prince, et du triste regret de sa mort."

Fléchier était né à Permes en 1632. Il fut d'abord
oratorien, mais se sépara bientôt de la congrégation.
Il prêcha devant Louis XIV, qui le nomma à l'évêché de Lavaux, puis à celui de Nîmes, où il se fit aimer par sa douceur et sa modération. Il fut membre
de l'Académie Française, et son discours de réception
éclipsa celui de Racine reçu le même jour que lui.

Fléchier fut un des grands prélats du règne de Louis
XIV, et Fénelon s'écria en apprenant sa mort en
1710: "Nous avons perdu notre maître."

Louis Bourdaloue (1622–1704) fut considéré par
ses contemporains le plus grand prédicateur de son
siècle. Il naquit à Bourges, entra dans
l'ordre des jésuites, où il fut régent de
collège, puis succéda à Bossuet en 1669
comme prédicateur du roi. Comme son prédécesseur
il eut le courage de dire la vérité à Louis XIV, et lui
plut par sa hardiesse et son éloquence. Il fut extrêmement populaire, et la cour se rendait en foule à
ses sermons. Mme de Sévigné l'appréciait beaucoup,
ainsi que tous les grands esprits du temps, mais aujourd'hui nous le trouvons bien inférieur comme prédicateur à Bossuet. Il est quelque peu prolixe et
moralise trop. Il fait une analyse si subtile des vices
et des vertus qu'on a peine à le suivre. Comme tous
les grands prédicateurs de son temps il inspirait le
respect par une vie irréprochable.

Bourdaloue et Mascaron.

Jules Mascaron (1634–1703) eut aussi une grande
célébrité comme prédicateur. Ses sermons furent
presque aussi admirés que ceux de Bourdaloue et l'on
peut comparer son oraison funèbre de Turenne à
celle de Fléchier.

Jean-Baptiste Massillon naquit à Hyères en 1663
et mourut en 1742. Il fait partie du XVIIe siècle,
puisque son œuvre fut presque accomplie
du vivant de Louis XIV, dont il prononça l'oraison funèbre. Tout le monde se rappelle
cet exorde: "Dieu seul est grand, mes frères;" mais
ce n'est pas l'oraison funèbre qui rendit Massillon
célèbre. Ce sont ses sermons, dont la forme est

Massillon.

excellente, où il moralise comme Bourdaloue. Son style est élégant, mais ne manque pas de force, comme l'attestent son sermon sur le "Petit nombre des élus," et le contraste énergique qu'il fait entre la mort du pécheur et la mort du juste. Voltaire l'a appelé le "Racine de la chaire," et il est certain qu'il est supérieur à tous les prédicateurs du XVII° siècle, excepté Bossuet. Il prêcha un "Petit Carême," composé de dix sermons seulement, devant Louis XV enfant. On admire beaucoup cette œuvre ainsi que le "Grand Carême" et l' "Avent." Nommé en 1717 à l'évêché de Clermont-Ferrand, Massillon se consacra entièrement à son diocèse, et écrivit des "Discours Synodaux" que l'on compte parmi ses meilleures œuvres. Il fut reçu à l'Académie Française en 1719, et on peut le placer parmi les grands écrivains du siècle de Louis XIV.

CHAPITRE VII

LES FEMMES AUTEURS

Mme DE LA FAYETTE, Mme DE SÉVIGNÉ, Mme DE MAINTENON

APRÈS les romans interminables de Mlle de Scudéry c'est avec plaisir qu'on lit les œuvres charmantes de Mme de La Fayette, et le petit volume qui contient "La Princesse de Clèves" nous fait oublier bien vite les dix tomes de "Cyrus" et de "Clélie." Prenons M. d'Haussonville pour guide, et voyons quelle fut la vie de l'au-

Mme de La Fayette. Sa vie.

teur du premier roman d'amour réel en France.   Il
faut connaître sa vie pour connaître ses œuvres.
Marie-Madeleine de la Vergne naquit en 1634 ; son
père avait le rang d'écuyer et sa mère, Elisabeth
Pena, était d'origine provençale et avait eu des poètes
dans sa famille.   M. de la Vergne mourut au Havre,
dont il était gouverneur, et laissa sa fille orpheline de
bonne heure.   La mère, personne de peu de jugement, se remaria au chevalier de Sévigné, oncle du
marquis, et c'est ce qui amena plus tard la grande
intimité entre Mme de La Fayette et Mme de Sévigné.
Mlle de la Vergne eut pour professeurs le père Rapin
et Ménage, et celui-ci s'éprit d'elle, comme il le faisait
de toutes ses élèves.   Il la célébra en latin, en français, en grec, en italien et lui fut profondément attaché toute sa vie.   Elle sut profiter des bonnes leçons
du précepteur et fut une femme savante, sans cependant, un grain d'affectation et de pédantisme.   Elle
fut toujours naturelle et vraie, et son latin ne lui enleva rien de sa grâce et de sa délicatesse de sentiments.   Habituée ainsi que Mme de Sévigné de l'Hôtel
de Rambouillet, elles surent tirer parti toutes les deux
du contact avec les gens distingués qui se réunissaient chez *Arthénice*, et si elles furent des précieuses,
elles ne furent jamais des précieuses ridicules.   Mlle
de la Vergne n'était pas opposée au mariage comme
Mlle de Rambouillet, et accepta la main du comte de
La Fayette, avec lequel elle paraît avoir vécu quelques
années en Auvergne en bonne intelligence, mais qui
disparut si complètement de la vie de sa femme que
c'est à peine si l'on peut se rendre compte de son existence.

Nous retrouvons bientôt Mme de La Fayette à Paris,

où elle a son salon, son *réduit.* Belle-sœur de Mlle de
La Fayette que le triste Louis XIII avait   Son amitié
aimée un moment et qui s'était réfugiée   pour
au couvent de Sainte-Marie de Chaillot,   Madame.
Mme de La Fayette allait souvent à Chaillot. C'est là
qu'elle rencontra la reine d'Angleterre, Henriette,
femme proscrite de Charles Ier et sa fille, qui fut plus
tard la charmante Madame. Celle-ci se prit d'une
grande amitié pour Mme de La Fayette, et lorsqu'elle
devint la femme de Monsieur, elle voulut toujours
avoir son amie auprès d'elle, amie discrète, dévouée,
désintéressée, et qui sut trouver des paroles touchantes
et sincères pour raconter la vie et la mort de l'infor-
tunée princesse.

Mme de La Fayette, que Somaize nomme Féliciane
dans son dictionnaire des Précieuses, continua à s'occuper d'études après son mariage, et nous   Son amitié
voyons parmi ses amis, outre Ménage, le   pour Mme.
docte Huet, évêque d'Avranches, et Se-   de Sévigné.
grais, l'élégant romancier. Celui-ci a bien apprécié
son caractère lorsqu'il a dit d'elle, "qu'elle aimait le
vrai en toutes choses et sans dissimulation." "Elle
n'aurait pas donné, ajouta-t-il, le moindre titre à qui
que ce fût si elle n'eût été persuadée qu'il le méritait,
et c'est ce qui a fait dire à quelqu'un qu'elle était
sèche quoiqu'elle fût délicate." Boileau aussi a dit:
"Mme de La Fayette est la femme qui écrit le mieux
et qui a le plus d'esprit." Voilà, certes, un grand
éloge dans la bouche du sévère critique. "La femme
qui écrit le mieux," disons "une des femmes qui
écrivent le mieux," car Mme de La Fayette et Mme de
Sévigné sont sœurs par le talent comme par le cœur.
L'amitié entre ces deux femmes distinguées date du

second mariage de la mère de Mme de La Fayette avec
le chevalier de Sévigné, et cette affection fut sans
rivale chez l'une et chez l'autre, jusqu'à ce que Mme de
La Fayette se mit à aimer La Rochefaucauld d'un
amour si pur et si constant et que Mme de Sévigné
fût séparée de sa fille, Mme de Grignan. Les deux
amies, tant que dura la jeunesse, passaient leur temps
l'une chez l'autre, indifféremment, et de là se ren-
daient au spectacle, au sermon, chez des amis communs, et, quelquefois, à la cour; mais graduellement,
Mme de La Fayette perdit la santé et ne sortit presque
plus de son hôtel dans la rue de Vaugirard. Elle y
avait un petit jardin avec un jet d'eau, et ce fut dans
cette maison qu'elle aimait tant que Mme de La Fayette reçut, non seulement Mme de Sévigné, mais toute
la cour, qui se rendit chez elle quand elle ne put plus
sortir. Elle avait une grande chambre avec un grand
lit tout galonné d'or, et c'est là que Mme de Sévigné
passait une partie de son temps. Elle, qui était si
gaie, soulageait les souffrances de son amie, et celle-ci,
qui était la *raison même*, exerçait une heureuse influence sur la marquise. Bien des lettres remplies d'un
amour maternel comme il n'y en eut jamais de plus
grand furent écrites dans la chambre de Mme de La
Fayette à la froide et belle Mme de Grignan, qui n'aimait guère la meilleure amie de sa mère. Cependant,
quel bonheur d'avoir une amie comme Mme de La
Fayette, si bonne et en même temps si sincère. M.
d'Haussonville cite une lettre de Mme de La Fayette,
où ayant appris que Mme de Sévigné ne doit pas venir
à Paris pendant l'hiver, elle lui écrit: "Il est question, ma belle, qu'il ne faut point que vous passiez
l'hiver en Bretagne, à quelque prix que ce soit. Vous

êtes vieille; les Rochers sont pleins de bois; les ca-
tarrhes et les fluxions vous accableront; vous vous
ennuierez; votre esprit deviendra triste et baissera;
tout cela est sûr, il y a de la misère et de la pauvreté
à votre conduite. Il faut venir dès qu'il fera beau."
M. d'Haussonville ajoute: "Mme de Sévigné répond
en badinant et en donnant sa parole de ne point être
malade, de ne point vieillir, de ne point radoter."
Elle n'obéit cependant pas à son amie et passe l'hiver
aux Rochers. Comme elles ont dû se dire de jolies
choses au printemps suivant lorsqu'elles se recon-
trèrent dans la grande chambre de l'hôtel
rue de Vaugirard! Imaginez un instant La Rochefoucauld.
une conversation entre Mme de Sévigné
et Mme de La Fayette, et La Rochefoucauld écoutant,
et de temps en temps prononçant quelques paroles
profondes et aimables. Aimables oui, car quoique
La Rochefoucauld eût déjà écrit les "Maximes," il
ne pouvait conserver son pessimisme en présence de
ses deux charmantes amies. D'ailleurs, il avait de la
sensibilité et Mme de La Fayette dit de lui: "M. de
La Rochefoucauld m'a donné de l'esprit, mais j'ai ré-
formé son cœur." Ce cœur devait se montrer à nu
quand le duc apprit le passage du Rhin et la mort de
deux de ses fils. "Réformer le cœur de La Rochefoucauld," tel fut le but de Mme de La Fayette, et elle
eut un écolier assidu sinon docile, car pendant quinze
ans, jusqu'à sa mort en 1680, l'auteur des "Maximes"
se rendit presque chaque jour chez Mme de La Fayette.
Leurs vies se confondirent, pour ainsi dire, et lorsque
mourut La Rochefoucauld, Mme de La Fayette ne fit
que languir. Elle eût pu dire comme Tristan parlant
d'Yseult: "Ne vous sans moi ne jeo sans vous."

Dans notre siècle Chateaubriand, se rendant tous les jours à heure fixe chez Mme Récamier, a fait revivre le souvenir de La Rochefoucauld et de Mme de La Fayette; les deux femmes, celle du XVIIe siècle et celle du XIXe, sont sincères et aimantes, les deux hommes le sont-ils autant ?

En considérant la vie privée de Mme de La Fayette il ne faut pas croire qu'elle consacra tous ses moments au sentiment et qu'elle fut toujours retenue dans sa chambre. Elle sut s'occuper d'affaires et se servir près du roi du crédit que lui donna toujours son ancienne affection pour Madame, dont Louis XIV avait conservé le souvenir. Mme de La Fayette avait deux fils; l'aîné fut un spirituel abbé et le cadet un vaillant colonel. Ce dernier fit un riche mariage mais mourut jeune, peu après sa mère, laissant une fille de qui descend le duc actuel de la Trémoïlle. Nous sommes heureux de penser qu'il existe encore des descendants de Mme de La Fayette et que ses nobles sentiments ont pu se propager par l'hérédité. Le côté sérieux, mondain même, du caractère de cette aimable femme n'enlève rien à l'intérêt que nous lui portons. Elle tâcha d'aider ses enfants et ses amis, et on ne peut l'en blâmer, quand on voit que sa vie fut toujours pure, droite et exempte d'intrigues. Elle trouva le temps, malgré une santé très faible, de se dévouer à ceux qu'elle aimait et d'écrire des ouvrages charmants. Elle était d'un caractère porté à la tristesse, et la mort de La Rochefoucauld la frappa cruellement. Empruntons encore à M. d'Haussonville quelques passages des lettres de Mme de Sévigné citées par lui: "M. de Marsillac est dans une affliction qui ne se peut

Sa famille.

Son caractère.

représenter; mais il retrouvera le Roi et la cour;
toute sa famille se retrouvera en sa place; mais où
Mme de La Fayette retrouvera-t-elle un tel ami, une
telle société, une pareille douceur, un agrément, une
confiance, une considération pour elle et pour son
fils ? Elle est infirme; elle est toujours dans sa
chambre; elle ne court point les rues; M. de La
Rochefoucauld était sédentaire aussi; cet état les
rendait nécessaires l'un à l'autre; rien ne pouvait être
comparé à la confiance et aux charmes de leur amitié."

Mme de La Fayette souffrait de *vapeurs*, mal qu'elle
définit ainsi : "C'est un chien de mal que les vapeurs.
On ne sait ni d'où il vient ni à quoi il tient.
On ne sait que lui faire. On croit l'adoucir, il s'ai-
grit. Si jamais je suis en état d'écrire, je ferai un
livre entier contre ce mal. Il n'ôte pas seulement la
santé. Il ôte l'esprit et la raison. Si jamais j'ai la
plume à la main, je vous assure que j'en ferai un
beau traité." Elle disait aussi : "Une personne en
santé me paraît un prodige." Après la mort de La
Rochefoucauld Mme de La Fayette chercha la consolation dans la religion, et eut le bonheur d'avoir
pour guide spirituel un homme de cœur et d'esprit, le
célèbre Du Guet.

Elle mourut en 1693, et voici ce que dit Mme de
Sévigné dans une lettre à Mme de Guitaut: "Vous
ne pouviez rompre le silence, ma chère
madame, dans une occasion qui me fût
plus sensible; vous saviez tout le mérite
de Mme de La Fayette ou par vous, ou par moi, ou
par nos amis, sur cela vous n'en pouviez trop croire:
elle était digne d'être de vos amies, et je me trouvais
trop heureuse d'être aimée d'elle depuis un temps

*Lettre de
Mme. de
Sévigné.*

très considérable. Jamais nous n'avions eu le
moindre nuage dans notre amitié. La longue habitude ne m'avait point accoutumée à son mérite: ce
goût était toujours vif et nouveau, je lui rendais
beaucoup de soins, par le mouvement de mon cœur,
sans que la bienséance où l'amitié nous engage y eût
aucune part; j'étais assurée aussi que je faisais sa
plus tendre consolation, et depuis quarante ans c'était
la même chose: cette date est violente, mais elle
fonde bien aussi la vérité de notre liaison. Ses in-
firmités depuis deux ans étaient devenues extrêmes;
je la défendais toujours, car on disait qu'elle était
folle de ne vouloir point sortir; elle avait une tristesse
mortelle: quelle folie encore ? N'est-elle pas la plus
heureuse femme du monde ? Elle en convenait aussi;
mais je disais à ces personnes si précipitées dans leurs
jugements: 'Mme de La Fayette n'est pas folle,' et
je m'en tenais là. Hélas! madame, la pauvre femme
n'est présentement que trop justifiée: il a fallu qu'elle
soit morte pour faire voir qu'elle avait raison de ne
point sortir et d'être triste . . . Ainsi, madame, elle a
eu raison après sa mort, et jamais elle n'a été sans
cette divine raison, qui était sa qualité principale.''

Faisons maintenant une courte analyse des ouvrages
de Mme de La Fayette, nous les comprendrons mieux
à présent que nous connaissons la vie de l'auteur dont
le cœur fut *sensible* et la raison *divine*.

Le premier ouvrage de Mme de La Fayette fut un
gracieux portrait de Mme de Sévigné. Mentionnons
maintenant ses ouvrages historiques
avant de parler de ses romans. " L'Histoire de Madame Henriette" est une
esquisse de la vie d'une des femmes les plus char-

"Histoire
de Madame
Henriette."

mautes du siècle de Louis XIV. Nous avons déjà
dit comment Mme de La Fayette fit la connaissance
de Madame au couvent de Chaillot et quelle fut leur
intimité. Elle dit que la princesse lui dit un jour:
" Ne trouvez-vous pas que si tout ce qui m'est arrivé,
et les choses qui y ont relation, étaient écrits, cela
composerait une jolie histoire? Vous écrivez bien,
ajouta-t-elle; écrivez, je vous fournirai de bons
mémoires." Mme de La Fayette écrivit donc ce que
lui raconta Madame et ce n'était pas toujours facile,
dit-elle, " de tourner la vérité en de certains endroits
d'une manière qui la fît connaître, et qui ne fût pas
néanmoins offensante ni désagréable à la princesse.
Elle badinait avec moi sur les endroits qui me donnaient le plus de peine." Cette dernière phrase
prouve sans aucun doute que Madame fut légère et
imprudente, mais jamais coupable. Sa vie est un
vrai roman. Exilée à Paris et pauvre elle rêva
d'épouser le roi, mais fut dédaignée par Louis qui,
plus tard, dut regretter son aveuglement lorsqu'il vit
briller à sa cour la princesse d'Angleterre, devenue
sa belle-sœur et duchesse d'Orléans. Charles II,
remonté sur le trône de son père, avait accordé la
main de sa sœur au frère du roi et avait envoyé une
ambassade nombreuse pour la conduire à son époux.
Dès ce moment commencent des événements romanesques. Le duc de Buckingham, qui conduit la
princesse en France, devient éperdument amoureux
d'elle. On trouve un prétexte pour le renvoyer en
Angleterre, puis c'est le chevaleresque comte de
Guiche qui l'aime à en perdre la raison, et enfin le
roi lui-même donne de la jalousie à son frère,
jalousie qui ne se dissipe que quand on voit l'attache-

ment du roi pour la douce La Vallière.   Mme de La
Fayette nous présente un tableau animé de la cour
de Louis XIV au temps de la jeunesse du roi.   Elle
nous fait voir le monarque au château de Vaux, recevant l'hospitalité princière de Fouquet, puis le faisant
arrêter immédiatement après, elle nous raconte les
intrigues et les perfidies du comte de Vardes et du
chevalier de Lorraine, elle nous présente à Mlle de
Tonnay-Charente, à la pauvre reine Marie-Thérèse,
douce épouse délaissée, à l'altière Anne d'Autriche, à
Monsieur, joli comme une femme, mais faible et sans
cœur, enfin elle nous fait assister à la mort foudroy-
ante de Madame.   Voilà le roi, Monsieur, Mme de
La Fayette, autour du lit de l'agonisante.   Bossuet
lui parle de Dieu avec cette simplicité et cette grandeur qui lui feront dire un peu plus tard: "Madame
se meurt, Madame est morte;" et tous les cœurs sont
touchés de la résignation, de la douceur de l'infor-
tunée princesse qui dit à son mari: "Monsieur, je ne
vous ai jamais manqué," et meurt dans tout l'éclat de
sa beauté, de sa grâce enchanteresse.   Le récit de
Mme de La Fayette nous intéresse et nous instruit
plus que bien des pages des plus grands historiens.
C'est que l'auteur écrivait avec son cœur l'histoire
d'une personne tendrement aimée.

Dans "l'Histoire de Mme Henriette" Louis XIV
est au commencement de sa carrière, dans les
"Mémoires." "Mémoires de la Cour de France," Mme
de La Fayette nous fait assister aux événements qui vont amener de grands désastres.   En
1688 l'inepte Jacques II est chassé de son royaume
et cherche un refuge en France.   Le roi soutient sa
cause et la guerre recommence.   Pendant la paix

Louis XIV avait fait périr un grand nombre d'hommes en creusant un aqueduc pour son Versailles, et Mme de La Fayette blâme avec finesse et tact l'égoïsme du roi tout en rendant justice à sa fermeté et à son courage. Elle nous montre à la guerre le Dauphin, élève du grand Bossuet, pauvre prince écrasé par la majesté de son père, elle nous conduit à St. Cyr et ne juge pas Mme de Maintenon et son école d'une manière très favorable. Elle dit, à propos d'Esther: "Mme de Maintenon, pour divertir ses petites filles et le roi, fit faire une comédie par Racine, le meilleur poète du temps, que l'on a tiré de sa poésie, où il était inimitable, pour en faire à son malheur et celui de ceux qui ont le goût du théâtre, un historien très imitable." Elle ajoute: "La comédie représentait en quelque sorte la chute de Mme de Montespan et l'élévation de Mme de Maintenon. Toute la différence fut qu'Esther était un peu plus jeune, et moins précieuse en fait de piété."

Mme de La Fayette écrivit trois romans, "Zayde," "la Princesse de Montpensier," et "la Princesse de Clèves," et une nouvelle, "la Comtesse de Tende." "Zayde" parut d'abord sous **"Zayde."** le nom de Segrais, et il est probable que celui-ci donna quelques conseils à l'auteur, dont il était l'ami. Mme de La Fayette avait l'habitude de lire ses œuvres à ses amis et de leur demander leur opinion. Elle travaillait lentement et ne devait pas attacher grande importance à la gloire littéraire, elle qui disait toujours: "C'est assez que d'être." Il n'y a pas grand progrès dans le plan de "Zayde" (1670) sur les romans de l'époque; c'est une histoire remplie d'évé-

nements romanesques dont l'intérêt est souvent inter-
rompu par des épisodes tels que nous en voyons dans
"Don Quichotte" et dans "Gil Blas." Le roman
est cependant beaucoup moins long que ceux de Mlle
de Scudéry, et le style est simple et naturel. On y
voit aussi déjà cette analyse des sentiments que nous
admirons tellement dans "la Princesse de Clèves."
Consalve est fils du comte Nugnez Fernando et favori
du fils du roi. Ayant été trompé dans son amour par
son plus cher ami et croyant que le prince ne l'aime
plus, il quitte la cour du roi de Léon et veut se retirer
dans la solitude. Il arrive par hasard au bord de la
mer chez Alphonse Ximenès, et se prenant d'une
grande amitié pour son hôte, il se décide à accepter
son hospitalité. Un jour la tempête brise un vaisseau et jette sur la côte le corps d'une femme. Consalve en se promenant voit la femme étendue sur le
sable, s'aperçoit qu'elle n'est pas morte, et la porte à
la maison avec l'aide d'Alphonse. Sa compagne est
sauvée aussi par des pêcheurs et vient habiter avec
elle. Lui qui veut fuir les femmes se met à aimer
avec passion Zayde, la belle étrangère, mais il ne peut
lui faire comprendre son amour, parce qu'elle ne
comprend pas sa langue. Un jour, cependant, Zayde
perdit un bracelet tressé de ses cheveux et Consalve
l'ayant trouvé y mit une attache splendide de pierreries. Zayde vit le bracelet que Consalve avait laissé
tomber par mégarde, le ramassa et le garda en rendant à Consalve l'attache de pierreries. Celui-ci jeta
immédiatement les diamants à la mer pour faire voir
à Zayde qu'il ne tenait qu'au bracelet de cheveux. Il
avait donc fait comprendre son amour, mais il voulut
pouvoir lui en parler. Ayant vu Zayde se servir de

caractères grecs en écrivant il alla chercher à la ville
voisine quelqu'un qui savait cette langue, et pendant
la route en revenant chez Alphonse, il apprit à dire
en grec, "je vous aime," et se faisait une fête de dire
à Zayde ces mots si doux. Tout cet espoir fut déçu,
car la belle étrangère et son amie étaient parties sans
qu'on sût où elles avaient été. Consalve se met à
leur recherche, mais des hommes envoyés par le roi
de Léon le conduisent de force à la cour. Là il retrouve le prince de Léon, devenu roi et l'époux de sa
sœur, et il est envoyé pour combattre les Maures. Il
fait des prodiges de valeur, s'empare de Talavera et y
retrouve Zayde. Nous voyons ici cette scène charmante où l'on reconnaît l'esprit délicat de Mme de La
Fayette: "Ils s'avancèrent l'un vers l'autre; et prenant tous deux la parole, Consalve se servit de la
langue grecque, pour lui demander pardon de paraître
devant elle comme un ennemi, dans le même moment
que Zayde lui disait en espagnol, qu'elle ne craignait
plus les malheurs qu'elle avait appréhendés, et que ce
ne serait pas le premier péril dont il l'aurait garantie.
Ils furent si étonnés de s'entendre parler chacun leur
langue naturelle, et ils sentirent si vivement les
raisons qui les avaient obligés de les apprendre, qu'ils
en rougirent, et demeurèrent quelque temps dans un
profond silence." Ils avaient eu tous les deux la
même gracieuse pensée, celle d'apprendre la langue
de la personne aimée. Ils méritaient d'avoir tout le
bonheur dont ils jouirent plus tard, après bien des
incidents romanesques.

Nous avons hâte d'arriver à "la Princesse de
Clèves." Voilà le premier roman d'observation, le
premier roman de mœurs, le premier roman d'a-

mour réel, le premier roman moderne de la littérature française. Mme. de La Fayette nous
présente à la brillante cour de Henri II et
fait des portraits intéressant des dames
et des seigneurs du temps: Diane de Poitiers, Catherine de Médicis, Marie Stuart, Henri II, le duc de
Guise, le Maréchal de Saint-André, personnages historiques, et la princesse de Clèves, le prince son mari,
le vidame de Chartres, le duc de Nemours, personnages créés par l'auteur mais tout aussi réels, tout
aussi vivants que les premiers. La carrière tragique
de Marie Stuart nous intéresse et nous émeut moins
que les malheurs de la gracieuse princesse de Clèves,
et jamais le sort du roi Henri tué dans la fleur de
l'âge dans un tournoi, ou du grand François de Guise
assassiné, ne nous a touchés autant que l'infortune du
prince de Clèves ou du duc de Nemours.

À la fin du règne de Henri II Mlle de Chartres
paraît à la cour. Sa beauté accomplie, sa douceur,
la font rechercher des plus grands seigneurs de
France et elle épouse le prince de Clèves, second fils
du duc de Nevers. Son mari a un profond amour
pour elle, mais elle ne peut répondre à cet amour,
malgré la grande estime qu'elle a pour lui. Le duc
de Nemours, le seigneur le plus aimable et le plus
beau de France, devient amoureux d'elle, et la princesse, quoi qu'elle fasse, s'aperçoit qu'elle l'aime.
Voilà réellement une étude psychologique des plus
intéressantes, c'est l'étude du cœur d'une femme vertueuse qui résiste à un amour illicite. Elle veut se
persuader que Nemours ne l'aime pas, et quand elle
semble en avoir des preuves, elle en est malheureuse,
quoiqu'elle ne veuille pas l'aimer. Elle fuit toutes

*"La
Princesse
de Clèves."*

les occasions de le rencontrer et ne dit jamais un
mot qui puisse faire croire à Nemours qu'elle l'aime;
enfin elle se décide à dire à son mari quelles sont les
raisons pour lesquelles elle s'éloigne de la cour: "Hé
bien! monsieur, lui répondit-elle en se jetant à ses
genoux, je vais vous faire un aveu que l'on n'a jamais
fait à un mari; mais l'innocence de ma conduite et
de mes intentions m'en donne la force. Il est vrai
que j'ai des raisons pour m'éloigner de la cour, et que
je veux éviter les périls où se trouvent quelquefois les
personnes de mon âge. Je n'ai jamais donné nulle
marque de faiblesse, et je ne craindrais pas d'en laisser paraître, si vous me laissiez la liberté de me retirer de la cour, ou si j'avais encore madame de Chartres pour aider à me conduire. Quelque dangereux
que soit le parti que je prends, je le prends avec joie
pour me conserver digne d'être à vous. Je vous
demande mille pardons, si j'ai des sentiments qui
vous déplaisent; du moins je ne vous déplairai jamais
par mes actions. Songez que pour faire ce que je
fais, il faut avoir plus d'amitié et plus d'estime pour
un mari, que l'on n'en a jamais eu; conduisez-moi,
ayez pitié de moi, et aimez-moi encore si vous pouvez." Y a-t-il rien de plus loyal, de plus courageux
que ces paroles? Y eut-il jamais une plus noble
lutte du devoir et de l'amour? Le prince de Clèves
continue à aimer sa femme, mais l'aveu qu'elle lui a
fait cause sa mort. Il en éprouve un si grand chagrin
qu'il meurt en adressant à la princesse les paroles les
plus touchantes et en exprimant l'espoir que sa mémoire lui sera chère. La princesse de Clèves éprouva
un violent désespoir de la mort de son mari, et quoique le duc de Nemours se fût toujours conduit en

galant homme, elle refusa de l'épouser quand elle fut
veuve et libre. Sa délicatesse exquise de sentiments
ne lui permit pas d'épouser celui qui avait été bien
innocemment la cause de la mort de son mari, et
quoiqu'elle aimât Nemours et en fût aimée, elle se
retira du monde pour rester fidèle à la mémoire
du prince de Clèves. Quel charme dans cet idéa-
lisme, dans cette pureté, et comme nous préférons ce
sentiment, exagéré peut-être de l'honneur, aux scènes
grossières des romans réalistes. Les caractères de la
princesse de Clèves et de son mari sont parfaitement
dessinés, mieux que celui de Nemours, et nous devons
savoir gré à Mme de La Fayette de n'avoir pas suivi
la tradition des comédies et des nouvelles écrites
jusqu'alors, où le mari est toujours ridicule. Le
prince de Clèves est un personnage noble et sympathique et sa fin nous touche profondément. "La
Princesse de Clèves" fut publiée en 1678 et eut le
plus grand succès. L'ouvrage fut attaqué et défendu avec ardeur et Mme de La Fayette n'admit pas
qu'elle en était l'auteur. Ses meilleurs amis, cependant, avaient vu le manuscrit écrit de sa main et elle
le leur avait lu. Il y a eu des romans écrits avec plus
de force, avec plus de génie, mais on ne peut trouver
nulle part une analyse plus subtile, plus délicate des
sentiments que dans "la Princesse de Clèves." Il
fallait la main légère d'une femme pour soulever les
replis qui cachent le cœur humain et pour le faire
voir tel qu'il est.

Nous ne dirons rien de "la Comtesse de Tende,"
courte nouvelle, et de "la Princesse de Montpensier,"
roman dans le genre de "la Princesse de Clèves."
Citons seulement les dernières lignes de "la Prin-

cesse de Montpensier," car nous y voyons encore le
caractère de Mme de La Fayette: "Elle *La Prin-*
mourut en peu de jours dans la fleur de *cesse de Mont-*
son âge. Elle était une des plus belles *pensier."*
princesses du monde, et en eût été sans doute la plus
heureuse, si la vertu et la prudence eussent conduit
toutes ses actions." La vertu, la prudence, la raison,
la bonté, voilà quelles étaient les qualités de Mme de
La Fayette, charmante femme et charmant esprit,
digne d'être l'amie de ces deux autres femmes si
gracieuses, Henriette d'Angleterre et la marquise de
Sévigné.

Le XVIIe siècle a produit de grands écrivains dans
tous les genres, mais aucun ne nous intéresse plus que
la tout aimable amie de Mme de La Fay- *Madame de*
ette, la gracieuse et spirituelle marquise, *Sévigné.*
celle qui fut inspirée par l'amour mater- *Son génie.*
nel, et dont les admirables lettres sont un des monuments les plus durables de la littérature française. On
trouve de tout dans ces causeries vives et animées, on y
voit le cœur dévoué d'une mère sans pareille, le tableau
le plus complet de la société du XVIIe siècle, de la cour
du grand roi, et le récit toujours intéressant et parfois
d'une éloquence entraînante, des événements historiques du temps. Saint-Simon, lui-même, n'a pas
surpassé Mme de Sévigné pour la vigueur et la finesse
du trait en dépeignant les personnages de l'époque, et
les lettres de la marquise ont cet avantage sur les mémoires du duc qu'elles sont écrites sans fiel, sans parti
pris, au jour le jour, sans penser à la postérité. Ce
sont, pour ainsi dire, des photographies des scènes du
XVIIe siècle, et comme telles plus exactes dans tous les
détails que les grands tableaux des plus illustres his-

toriens. Les œuvres de ceux-ci ont plus d'ampleur, plus de coloris, mais ne sont que de belles copies des petites photographies de Mme de Sévigné. Étudier les lettres à Bussy, à Pomponne, à M. de Coulanges, à Mme de Grignan, c'est donc étudier l'histoire de la partie la plus intéressante du règne de Louis XIV, c'est vivre avec les grands seigneurs et les grandes dames du temps, c'est comprendre la misère du peuple écrasé par le luxe éblouissant du roi, c'est entendre le chant des rossignols à Livry et aux Rochers, c'est sentir à la poitrine la bise de Provence, c'est voir *faner* en Bretagne, c'est enfin respirer l'air même de l'élégant Hôtel de Carnavalet, en présence de la mère si tendre, de la fille " rêche " et froide, du fils affectueux et léger, du *Bien Bon*, du comte de Grignan, du petit marquis et de la gentille Pauline.

Pour bien apprécier les lettres de Mme de Sévigné il ne faut pas se contenter de les lire dans un *choix* quelconque, où l'on trouve une centaine des lettres devenues classiques, telles que celles sur la mort de Turenne, le mariage de Mademoiselle, et la mort de Vatel. Il faut prendre l'admirable édition de Monmerqué qui ouvre la *Collection des grands écrivains de la France*, publiée par la maison Hachette. Il faut étudier l'excellente biographie de M. Paul Mesnard, enfin il faut lire non seulement les lettres de la marquise, mais encore les réponses à ces lettres que l'on a pu recueillir. Le chevalier de Perrin, chargé par Mme de Simiane, petite-fille de Mme de Sévigné, de publier une édition des lettres, se permit de faire quelques changements pour ne pas froisser les susceptibilités de ses contemporains du XVIIIe siècle et pour adoucir certaines expressions. Nous avons maintenant, heureusement, un texte presque parfait des lettres et nous pouvons admirer sans réserve le style si souple, si noble, si léger, si franc de Mme de Sévigné. Pas de pruderie chez elle mais aussi rien d'impur, et si les termes nous paraissent parfois un peu forts, ne blâmons pas la femme vertueuse qui les emploie, et rappelons-nous que l'on ne parlait pas, à la fin du XVIIe siècle, comme l'on parle aujourd'hui. Étudions la vie, lisons les lettres de Mme de Sévigné et nous l'aimerons comme l'ont aimée ses contemporains. Nous serons captivés par sa taille élégante, son beau teint, ses cheveux blonds, ses yeux *bigarrés*, comme disait Bussy. Son nez carré n'a pas éloigné une foule d'amoureux et il fallut le dévouement maternel pour tenir à distance les nombreux adorateurs. Aimons la marquise et nous serons les rivaux de Bussy-Rabutin, de Conti, de Turenne et de bien d'autres. Hâtons-nous donc de faire la connaissance de Mme de Sévigné, et voyons si elle recevra mieux nos hommages que ceux des élégants cavaliers qui viennent la voir en costumes de velours tout chamarrés de rubans et l'épée au côté. Nous n'avons guère d'espoir de toucher le cœur de la marquise, ce cœur tout rempli de l'image d'une fille chérie, mais nous aurons toujours le plaisir d'avoir rencontré une femme belle, bonne et spirituelle.

Marie de Rabutìn Chantal naquit à Paris le 5 février 1626; son père était Celse-Bénigne, baron de Chantal; sa mère, Marie de Coulanges. La *Vie de* famille de Rabutin à laquelle appartenait *Mme. de* le baron de Chantal était très ancienne, et *Sévigné.* Cristophe, père de Celse-Bénigne, se distingua au combat de Fontaine-Française, sous Henri IV. Il épousa Jeanne-Française Frémyot, connue sous le nom de Sainte Chantal, et mourut à trente-sept ans, tué par accident à la chasse. Quelques années après sa mort sa veuve, guidée par Saint François de Sales, se retira dans un couvent, laissant à son père le soin d'élever ses trois filles et son fils. On raconte que celui-ci se coucha sur le seuil de la porte pour empêcher sa mère de passer, mais que celle-ci persista dans son projet de fuir le monde. Quoique Sainte Chantal ait ainsi abandonné ses enfants elle paraît leur avoir été très attachée et s'intéressa à leur carrière. Dans ses lettres elle parle souvent de son fils et de la petite fille qu'il laissa. Le père de Mme de Sévigné sem-

Son père. ble avoir été un homme d'honneur et un cavalier accompli. Malheureusement il vivait à une époque où le duel était une frénésie, et comme son père, il se battit maintes fois. On raconte qu'un jour, peu après son mariage, il se leva de la table sainte pour aller servir de second à Bouteville. Ce fut chez lui que se réfugia le célèbre duelliste après le duel où son second, des Chapelles, tua son adversaire. Chantal se sentit perdu, s'il restait à Paris, et alla combattre les Anglais à l'île de Ré pendant le siège de la Rochelle. C'est là qu'il fut tué à l'âge de trente et un ans. Le seul billet que l'on ait du père de la célèbre épistolière est celui-ci, qu'il adressa à Schomberg quand il fut fait maréchal de France:

> "Monseigneur,
> Qualité, barbe noire, familiarité."

Mme de Sévigné explique ainsi ce billet: "Vous entendez bien qu'il voulait dire qu'il avait été fait maréchal de France, parce qu'il avait de la qualité, la

barbe noire comme le roi son maître, et qu'il avait de la familiarité avec lui.   Il était joli mon père!"
La veuve du baron de Chantal, Marie de Coulanges, ne survécut pas longtemps à son mari, et la petite orpheline fut confiée à son grand- Orpheline.
père et à sa grand'mère de Coulanges.   Ceux-ci moururent aussi bientôt et un conseil de famille donna la tutelle de l'enfant, alors âgée de dix ans, à son oncle Christophe de Coulanges, abbé de Livry. C'est le *Bien Bon* dont le dévouement à sa pupille fut constant pendant cinquante ans et qui lui donna ces habitudes d'ordre qui lui permirent plus tard de conserver sa fortune pour ses enfants. Mlle de Chantal, comme son amie, Mlle de La Vergne, eut Ménage pour maître, et celui-ci ne fit pas d'exception pour elle, à la règle qu'il semblait s'être imposée, d'être amoureux de toutes ses élèves.   La jeune fille reçut aussi des leçons du lourd et docte Chapelain et apprit bien le latin, l'espagnol et l'italien.   Nous avons déjà dit qu'elle fréquenta l'Hôtel de Rambouillet, et Somaize lui donne le nom de Sophronie dans son Dictionnaire des Précieuses.

Voici ce que dit Mme de La Fayette de sa beauté dans son portrait, sous le nom d'un inconnu : "Sachez donc, madame, si par hasard vous ne le Portrait par
savez pas, que votre esprit pare et embellit Mme. de La
si fort votre personne, qu'il n'y en a point Fayette.
sur la terre d'aussi charmante, lorsque vous êtes animée dans une conversation d'où la contrainte est bannie.   Tout ce que vous dites a un tel charme et vous sied si bien, que vos paroles attirent les ris et les grâces autour de vous; et le brillant de votre esprit donne un si grand éclat à votre teint et à vos yeux,

que quoiqu'il semble que l'esprit ne dût toucher que
les oreilles, il est pourtant certain que le vôtre éblouit
les yeux, et que, quand on vous écoute, on ne voit
plus qu'il manque quelque chose à la régularité de
vos traits, et l'on vous cède la beauté du monde la
plus achevée." Quant au moral, voici ce qu'ajoute
Mme de La Fayette: "Votre âme est grande, noble,
propre à dispenser des trésors, et incapable de s'abaisser aux soins d'en amasser. Vous êtes sensible à la
gloire et à l'ambition, et vous ne l'êtes pas moins aux
plaisirs: vous paraissez née pour eux, et il semble
qu'ils soient faits pour vous; votre présence augmente
les divertissements, et les divertissements augmentent
votre beauté, lorsqu'ils vous environnent. Enfin la
joie est l'état véritable de votre âme, et le chagrin
vous est plus contraire qu'à qui que ce soit."

Voilà le charmant esprit, la gracieuse femme qui
fut donnée à l'âge de dix-huit ans, à un mari indigne
d'elle. Le marquis de Sévigné était
Son
mariage. riche, élégant, bien fait, cousin du coadjuteur de Retz, et le *Bien Bon* crut trouver en
lui un mari digne de sa pupille. Jamais il n'y eut
erreur plus grande; Sévigné était un débauché qui
ne sut jamais apprécier sa femme; il prit part à la
guerre de la Fronde du côté de Retz, et finit par se
faire tuer par le chevalier d'Albret dans une querelle
honteuse. Il n'avait que trente-deux ans et laissait
une veuve âgée de vingt-six ans et deux enfants, une
fille, née en 1646 et un fils, né en 1648. Mme de
Sévigné semble avoir regretté sincèrement son mari
et passa presque tout le temps de son deuil aux
Rochers, en Bretagne, où elle aimait à se promener
dans les belles allées, dans *l'Infinie*, dans la *Solitaire*,

et dont les bois avaient "une beauté et une tristesse
extraordinaires." À son retour à Paris la jeune veuve
se trouva encore entourée d'adorateurs, et   Bussy.
on ne saurait trop admirer le tact avec   Rabutin.
lequel elle sut les éconduire tous sans s'en faire des
ennemis. Au premier rang des amoureux se trouve
Bussy, ce cousin si spirituel, pour lequel Mme de
Sévigné avait de l'amitié et vers lequel elle se sentait
attirée par le *Rabutinage*, disait-elle, pour exprimer
l'esprit de la famille. Bussy, cependant, se conduisit
d'une manière indigne envers sa belle cousine. Irrité
de ce que Mme de Sévigné, ou plutôt le *Bien Bon*, lui
eût refusé une demande d'argent, il eut l'infamie de
mettre le portrait de sa cousine dans son " Histoire
Amoureuse des Gaules." Mme de Sévigné fut brouillée
pendant longtemps avec ce cousin sans principes, et
la lettre par laquelle elle lui accorde son pardon est si
gracieuse qu'on ne peut s'empêcher d'en citer quelques lignes:

"Levez-vous, comte; je ne veux point vous tuer à
terre, ou reprenez votre épée pour recommencer notre
combat. Mais il vaut mieux que je vous donne la
vie, et que nous vivions en paix. Vous avouerez
seulement la chose comme elle s'est passée, c'est tout
ce que je veux. Voilà un procédé assez honnête:
vous ne me pouvez plus appeler justement une petite
brutale.

Adieu, comte, présentement que je vous ai battu,
je dirai partout que vous êtes le plus brave homme de
France, et je conterai votre combat le jour que je
parlerai des combats singuliers."

Les lettres de Mme de Sévigné à M. de Pomponne
lui racontant le procès de Fouquet sont de vraies

pages d'histoire et font honneur au cœur et au courage de la marquise qui, comme La Fontaine et Pellisson, resta fidèle au surintendant dans son infortune. Malgré le chagrin qu'elle éprouve du malheur de son ami son esprit enjoué se fait jour, et dans la même lettre où elle parle du procès de Fouquet, elle interrompt son récit pour raconter une historiette plaisante que nous désirons citer ici pour faire voir et le style et le caractère de la marquise:

Lettres à Pomponne.

"Il faut que je vous raconte une petite historiette, qui est très vraie, et qui vous divertira. Le roi se mêle depuis peu de faire des vers; MM. de Saint-Aignan et Dangeau lui apprennent comme il s'y faut prendre. Il fit l'autre jour un petit madrigal, que lui-même ne trouva pas trop joli. Un matin il dit au maréchal de Gramont: 'Monsieur le maréchal, je vous prie, lisez ce petit madrigal, et voyez si vous en avez jamais vu un si impertinent. Parce qu'on sait que depuis peu j'aime les vers, on m'en apporte de toutes les façons.' Le maréchal, après avoir lu, dit au roi: 'Sire, Votre Majesté juge divinement bien de toutes choses: il est vrai que voilà le plus sot et le plus ridicule madrigal que j'aie jamais lu.' Le roi se mit à rire, et lui dit: 'N'est-il pas vrai que celui qui l'a fait est bien fat?' 'Sire, il n'y a pas moyen de lui donner un autre nom.' 'Oh bien! dit le roi, je suis ravi que m'en ayez parlé si bonnement; c'est moi qui l'ai fait.' 'Ah! Sire, quelle trahison! Que votre Majesté me le rende; je l'ai lu brusquement.' 'Non, monsieur le maréchal; les premiers sentiments sont toujours les plus naturels.' Le roi a fort ri de cette folie, et tout le monde trouve que voilà la plus

cruelle petite chose que l'on puisse faire à un vieux
courtisan. Pour moi, qui aime toujours à faire des
réflexions, je voudrais qui le roi en fît là-dessus, et
qu'il jugeât par là combien il est loin de connaître
jamais la vérité."

Parlons maintenant des enfants de Mme de Sévigné
et commençons par *la plus jolie fille de France*, celle
que sa mère a tellement adorée qu'Ar-
nauld d'Andilly lui disait "qu'elle était   Mme de
                                             Grignan.
une jolie païenne, qu'elle faisait de sa fille
une idole dans son cœur, et que cette sorte d'idolâtrie,
quoiqu'elle la crût moins criminelle qu'une autre,
était aussi dangereuse." Mlle de Sévigné était instruite, mais étudia peut-être trop Descartes et fut
trop philosophe dans bien des occasions où nous eus-
sions préféré lui voir un peu plus d'émotion. Elle
était très belle et fut beaucoup admirée lorsqu'elle
parut à la cour à l'âge de seize ans. Elle dansa dans
les ballets du roi, Benserade et La Fontaine écrivirent des vers pour elle, et à l'Hôtel Guénégaud elle
eut toute une cour autour d'elle. Cependant, au
grand étonnement de Mme de Sévigné, sa fille ne se
mariait pas, quoiqu'elle eût déjà vingt-trois ans; nous
devons croire que le caractère trop indifférent de
la belle demoiselle rebutait les prétendants. Enfin le
mari attendu si longtemps se présenta, il était "non
pas le plus joli garçon, mais un des plus honnêtes
hommes du royaume." C'était François Adhémar,
comte de Grignan. Il avait près de quarante ans,
avait été déjà deux fois veuf, et Mlle de Sévigné disait qu'on pouvait dire de lui ce que l'on avait dit de
Pellisson: "Qu'il abusait de la permission qu'ont les
hommes d'être laids." C'était toutefois un galant

homme, il avait un grand nom, un beau château en Provence, et comme lieutenant-général du duc de Vendôme, il agit comme gouverneur de cette province. Il fut un bon mari, un gendre parfait, et Mme de Sévigné l'aima toujours beaucoup. Elle garda quelque temps sa fille près d'elle, mais en 1671 il fallut se séparer, et c'est alors que commence cette correspondance si volumineuse et si intéressante avec Mme de Grignan. La séparation fut un chagrin immense pour la tendre mère, et même la présence de la pauvre petite Marie-Blanche, enfant de sa fille chérie, ne pouvait consoler Mme de Sévigné.

Faisons maintenant la connaissance du fils de la marquise, le sympathique Charles de Sévigné. Il

Charles de Sévigné. avait beaucoup plus du caractère de sa mère que Mme de Grignan; il était gai, spirituel, et surtout essentiellement bon. Jamais il ne se plaignit de la préférence marquée que témoignait Mme de Sévigné à sa fille et il fut toujours un fils affectueux et dévoué. Sa jeunesse fut légère et "l'argent fondait dans sa main." Il fut plusieurs années guidon dans les "Gendarmes-Dauphin," puis sous-lieutenant commandant le régiment et fit preuve d'une grande valeur. Il n'aimait, cependant, ni la guerre ni la cour, finit par vendre sa charge et se retira aux Rochers, en Bretagne, où il fut très populaire parmi la noblesse. Il se maria en 1684 avec une riche héritière, Mlle de Mauron, et mena une vie heureuse, sans ambition et consacrée à l'étude et à la religion. Nous aurons encore l'occasion de revoir Mme de Sévigné chez son fils, prenons maintenant congé de lui en disant qu'il nous a plu bien mieux que sa sœur, la grande dame. On ne saurait trop

admirer le désintéressement, le charmant caractère de
Charles de Sévigné, et nous pourrions presque en
vouloir à sa mère de lui avoir préféré Mme de Grignan,
si cet amour excessif, peut-être, ne nous avait procuré
les admirables lettres de la marquise.

Mme de Grignan était *Reine de Provence*, et remplissait bien ce rôle.   Elle avait de la dignité dans les manières, mais pas assez de grâce et faisait
de grandes dépenses ainsi que son mari.   **La Reine de
Provence.**
" Ils étaient seuls dans leur château," dit
Mme de Sévigné, quand "ils n'étaient que cent." Ce
fut en 1672 que la marquise vit pour la première fois
le manoir de son gendre; elle demeura quatorze mois
en Provence et, chose étrange, nous devons conclure
par les lettres de Mme de Sévigné que, quand elles
étaient ensemble, la mère et la fille ne s'accordaient
pas parfaitement.   Cet amour maternel était-il trop
absorbant, trop exigeant, ou Mme de Grignan était-
elle trop peu affectueuse ?   Nous pouvons croire que
la dernière hypothèse est la vraie, mais il faut, cependant, reconnaître que la comtesse devait aimer sa
mère, autant qu'il était en sa nature d'aimer, pour
qu'elle eût conservé si précieusement les innombrables
lettres de Mme de Sévigné, et pour qu'elle y eût ré-
pondu, comme elle semble l'avoir fait régulièrement,
malgré ses occupations de *Reine*.   Quant à M. de
Grignan, il administra si bien sa province que le roi
dit de lui un jour: " Je suis content de Grignan,"
éloge qui combla d'aise Mme de Sévigné.

Pendant que la marquise était séparée de sa fille,
quels étaient les amis qui tâchaient de la consoler de
l'absence de Mme de Grignan ? D'abord, Mme de La
Fayette et La Rochefoucauld, les deux meilleurs,

d'Hacqueville, *les d'Hacquevilles*, ensuite le petit Coulanges, cousin et ami d'enfance, homme

Les amis.

d'esprit et amusant, dont les lettres, ainsi
que celle de sa femme, sont très intéressantes.   C'est
au petit Coulanges que Mme de Sévigné écrivit la
fameuse lettre sur le mariage de Mademoiselle, la
lettre du cheval, et la *lettre de la prairie*.   Nous ne
voulons répéter ici les nombreux adjectifs par lesquels
la marquise exprime son étonnement de la résolution
extraordinaire de la cousine germaine du roi d'épouser
un simple seigneur de la cour, mais il nous semble
que rien ne peut donner une meilleure idée du style
badin, léger et gracieux de Mme de Sévigné que la
lettre où l'on voit *faner :*

"   AUX ROCHERS, le 22 juillet 1671.

Ce mot sur la semaine est par-dessus le marché de
vous écrire seulement tous les quinze jours, et pour
vous donner avis, mon cher cousin, que

**Lettre de
la prairie.**

vous aurez bientôt l'honneur de voir
Picard, et comme il est frère du laquais de
madame de Coulanges, je suis bien aise de vous rendre
compte de mon procédé.   Vous savez que madame la
duchesse de Chaulnes est à Vitré ; elle y attend le
duc, son mari, dans dix ou douze jours, avec les états
de Bretagne: vous croyez que j'extravague ; elle
attend donc son mari avec tous les états, et, en
attendant, elle est à Vitré toute seule, mourant d'ennui.   Vous ne comprenez pas que cela puisse jamais
revenir à Picard.   Elle meurt donc d'ennui, je suis sa
seule consolation, et vous croyez bien que je l'emporte
d'une grande hauteur sur Mademoiselle de Kerbone
et de Kerqueoison.   Voici un grand circuit, mais

pourtant nous arriverons au but. Comme je suis
donc sa seule consolation; après l'avoir été voir, elle
viendra ici, et je veux qu'elle trouve mon parterre net
et mes allées nettes, ces grandes allées que vous
aimez. Vous ne comprenez pas encore où cela peut
aller; voici une autre petite proposition incidente;
vous savez qu'on fait les foins; je n'avais pas
d'ouvriers; j'envoie dans cette prairie que les poètes
ont célébrée, prendre tous ceux qui travaillaient, pour
venir nettoyer ici (vous n'y voyez encore goutte); et,
en leur place, j'envoie tous mes gens faner. Savez-
vous ce que c'est faner? Il faut que je vous l'explique: faner est la plus jolie chose du monde: c'est
retourner du foin en batifolant dans une prairie; dès
qu'on en sait tant on sait faner. Tous mes gens y
allèrent gaiement; le seul Picard me vint dire qu'il
n'irait pas, qu'il n'était pas entré à mon service pour
cela, que ce n'était pas son métier, et qu'il aimait
mieux s'en aller à Paris. Ma foi, la colère m'a monté
à la tête; je songeai que c'était la centième sottise
qu'il m'avait faite, qu'il n'avait ni cœur, ni affection;
en un mot, la mesure était comble. Je l'ai pris au
mot, et, quoi qu'on m'ait pu dire pour lui, je suis
demeurée ferme comme un rocher, et il est parti.
C'est une justice de traiter les gens selon leurs bons
ou mauvais services. Si vous le revoyez, ne le recevez
point, ne le protégez point, ne me blâmez point, et
songez que c'est le garçon du monde qui aime le
moins à faner, et qui est le plus indigne qu'on le
traite bien.

" Voilà l'histoire en peu de mots : pour moi j'aime
les relations où l'on ne dit que ce qui est nécessaire,
où l'on ne reprend point les choses de si loin; enfin,

je crois que c'est ici, sans vanité, le modèle des narra-
tions agréables."

Voyez le gracieux badinage dans toute la lettre et
l'amusante ironie de la fin.

Parmi les amis de Mme de Sévigné, après le petit
Coulanges, nous pouvons encore mentionner le

La mar-
quise à la
cour.

chevalier de Grignan, Corbinelli et surtout le cardinal de Retz, l'ancien chef de
la Fronde, homme de goût et ami des
lettrés, dont les mémoires sont aussi intéressants que
ceux de Saint-Simon, M. et Mme de Guitaut, Mme de
Lavardin, dont parle si souvent Mme de La Fayette;
enfin bien d'autres personnes dans le plus grand
monde aimaient et estimaient la belle marquise,
comme le dit si bien M. Mesnard, à qui nous empruntons tous ces détails: " Elle allait aussi à Saint-
Germain, où elle recevait l'accueil le plus flatteur.
Chacun s'y empressait de lui parler de sa fille,
sachant bien qu'il n'y avait point de politesse qui la
touchât davantage.   C'étaient M. de Montausier, le
maréchal de Bellefonds, M. de Charost, M. et Mme de
Duras, Madame de Ludres, et *tutti quanti*.   C'était
aussi Mademoiselle, enfin la reine elle-même, qui lui
adressait toutes sortes de questions sur la belle Provençale, et le dauphin qui lui donnait un baiser pour
elle."   Nous comprenons par la vie que menait Mme
de Sévigné à Paris qu'elle pût envoyer à sa fille toutes
les nouvelles de la cour et celles de l'Europe, car dit-
elle, " je vous donne avec plaisir le dessus de tous les
paniers, c'est-à-dire la fleur de mon esprit, de ma tête,
de mes yeux, de ma plume, de mon écritoire; et puis
le reste va comme il peut."   C'était surtout pour sa
fille qu'elle " laissait trotter sa plume la bride sur le

cou." Elle lui parle des livres qu'elle lit, et là nous
voyons qu'elle préfère Corneille à Racine et qu'elle
aime tout ce qui vient de Port-Royal, surtout Nicole,
Arnauld et Pascal. Son jugement littéraire est
généralement sain, et elle cite La Fontaine à tout
propos. Quant à ses opinions religieuses, Son
elle est sincère sans être bigote et penche caractère.
même vers le fatalisme. Elle est indulgente pour les
défauts d'autrui, et pardonne aisément à ses ennemis,
bien plus aisément qu'à ceux de sa fille. Elle est
humaine et compatit aux souffrances des petites gens,
quoiqu'on l'accuse d'avoir parlé avec trop de légèreté
des malheureux roués ou pendus en Bretagne. En
ceci il faut la juger selon les idées de l'époque qui fut
dure pour les souffrances du peuple, et elle partageait
plutôt les idées de Vauban, de Fénelon, que celles de
Louvois et n'approuvait pas les cruautés, les exactions
si fréquentes en ce temps. Son caractère enjoué la
fait souvent envisager les événements sous le côté le
moins sombre et les raconter plus gaiement parfois
qu'il ne faudrait, mais aussi, comme elle est éloquente
quand, à ses yeux, l'occasion le réclame. Après avoir
raconté la mort de Turenne avec cette énergique concision que tout le monde connaît, elle La mort de
ajoute: "On lui a fait un service mili- Turenne.
taire dans le camp, où les larmes et les
cris faisaient le véritable deuil: tous les officiers avaient pourtant des écharpes de crêpe; tous les tambours
en étaient couverts; ils ne battaient qu'un coup; les
piques traînantes et les mousquets renversés: mais ces
cris de toute une armée ne se peuvent pas représenter
sans que l'on soit ému." Il semble réellement qu'on
assiste à cette scène de deuil, à cette désolation dans

laquelle fut plongée, non seulement l'armée, mais
toute la France. Il fallut nommer huit maréchaux
pour remplacer le rival de Condé; on les appelait la
monnaie de Turenne.

En Bretagne Mme de Sévigné avait de bons amis,
le duc de Chaulnes, gouverneur de la province, et sa

Les Bas-
Bretons.

femme, et la princesse de Tarente. Nous
ne pouvons nommer la Bretagne sans
penser à l'insurrection si cruellement réprimée et
sans citer à ce sujet les lignes suivantes de la marquise: "Nos pauvres Bas-Bretons s'attroupent quarante, cinquante par les champs; et dès qu'ils voient
les soldats, ils se jettent à genoux et disent *mea
culpa;* c'est le seul mot de français qu'ils sachent . . .
On ne laisse pas de pendre ces pauvres Bas-Bretons;
ils demandent à boire et du tabac, et qu'on les
dépêche."

En 1680 Mme de Sévigné vint habiter l'hôtel Carnavalet à Paris et sa fille vint l'y rejoindre et y demeura

L'Hôtel
Carnavalet.

huit ans. La marquise, cependant, fut
obligée de quitter pendant quelque temps
Paris et sa chère fille. Son fils, comme nous l'avons
dit, se maria en 1684, et elle alla demeurer quelques
mois avec le jeune ménage aux Rochers. La nouvelle
marquise plut infiniment, par sa douceur, à sa belle-
mère, et celle-ci fut heureuse du bonheur de son fils.
Le bon et aimable marquis de Sévigné mourut en
1713 retiré dans le séminaire de Saint-Magloire, dirigé
par Massillon. Il ne laissa pas de postérité. Malgré
la faiblesse de son caractère on ne peut guère trouver
de figure plus *sympathique* que celle de Charles de
Sévigné.

Quand Mme de Grignan vint retrouver sa mère en

1680 Marie-Blanche, sa fille, ne l'accompagnait pas. La pauvre enfant avait été sacrifiée par ses parents à l'héritier de leur nom et avait été mise au couvent dès son enfance.

Mme de Simiane.

La grand' mère plaida souvent sa cause, mais en vain, la petite d'Adhémar, comme on appelait Marie-Blanche, ne sortit jamais de son couvent. Pauline, sa sœur, fut plus heureuse, et trouva un galant homme, le marquis de Simiane, qui l'épousa par amour. Les descendants de la fille de Pauline, la marquise de Vence, existent encore aujourd'hui.

Le fils de Mme de Grignan, Louis-Provence, le petit marquis, fut digne d'être le petit-fils de Mme de Sévigné. Il se distingua grandement à la guerre et mourut jeune en 1704. Sa mère ne lui survécut qu'un an, mais son

Le petit marquis.

père vécut jusqu'en 1714, très estimé de tous ceux qui le connaissaient. Le nom de Grignan que Mme de Sévigné a immortalisé s'éteignit, mais le beau château de Grignan en Provence sera toujours un lieu de pèlerinage pour tous ceux qui ont lu et admiré les lettres de Mme de Sévigné, car c'est là que mourut la marquise, de la petite vérole, le 17 avril 1696. Elle avait soixante-dix ans, mais son cœur était resté jeune et ses lettres ne vieilliront jamais. Aussi longtemps que durera la langue française on lira avec un plaisir infini les œuvres d'une femme qui ne croyait écrire qu'à ses amis et à ses enfants, mais qui, en réalité, a été un des plus grands écrivains dont s'honore la France. Une femme charmante, un esprit d'élite, telle fut Mme de Sévigné.

Il y a peu de carrières aussi étranges que celle de Mme de Maintenon. Petite-fille d'Agrippa d'Aubigné, elle naquit en 1635 dans une prison où était détenu

Mme de Maintenon. son père pour toutes sortes de méfaits, eut une mère vertueuse mais aigrie par les malheurs, et pendant son enfance et son adolescence fut dans la plus profonde misère. Elle était huguenote et fut convertie avec beaucoup de peine au catholicisme. On sait que dans la suite elle devint bigote et fut accusée d'avoir contribué à la révocation de l'Édit de Nantes. A l'âge de seize ans et demi elle épousa Scarron, le poète infirme, et fut très admirée par tous ceux qui fréquentaient les salons de l'auteur du "Roman Comique." Elle sut garder sa dignité dans cette société un peu libre, et après huit ans de mariage, lorsqu'elle devint veuve, elle avait su se faire estimer et respecter, et Anne d'Autriche lui donna une pension que Louis XIV continua. Pendant plusieurs années Mme Scarron tâcha de se faire des amis puissants et y réussit si bien qu'à l'âge de trente-six ans elle fut nommée gouvernante des enfants de Mme de Montespan. Dans cette situation un peu équivoque elle se fit aimer du roi, qui lui donna la terre de Maintenon et l'épousa en 1683, à la mort de la reine. Le mariage fut tenu secret mais on ne peut en douter. Il faut lire Saint-Simon pour comprendre le rôle que joua Mme de Maintenon à la cour de France: Le roi travaillant dans sa chambre avec ses ministres et la consultant sur toutes choses, la duchesse de Bourgogne l'appelant "ma tante," et toute la famille royale à ses pieds. Son influence politique ne fut, peut-être, pas heureuse, mais on ne peut nier qu'elle n'ait exercé sur la conduite du roi une influence salutaire. Elle ramena la décence à la cour, mais contribua

à y introduire la bigoterie et en bannit la joie et
les plaisirs.

Le plus grand mérite de Mme de Maintenon est
d'avoir fondé l'école de Saint-Cyr pour deux cent
cinquante pauvres demoiselles. Elle
avait, sans aucun doute, l'instinct péda-
gogique, et ses entretiens et ses lettres sur l'éducation
sont remplis d'excellents conseils et de sages maximes.
Elle écrit bien, avec pureté et élégance, et on peut la
compter parmi les écrivains distingués du XVIIe siècle.
Il lui manque, cependant, la grâce, la sensibilité,
l'enjouement que possédait à un si haut point Mme de
Sévigné, mais il faut se souvenir qu'elle eut à combattre la misère pendant bien des années et que son
cœur fut retréci par les malheurs de la vie. Elle
mourut en 1719 à Saint-Cyr, où elle était aimée et
estimée.

Saint-Cyr.

CHAPITRE VIII

AUTEURS DIVERS

PAUL SCARRON (1610-1660), plus célèbre pour
avoir été le premier mari de Mme de Maintenon que
pour ses œuvres, a cependant écrit des
ouvrages intéressants. Il est curieux de
penser que l'auteur de tant de livres si gais était
paralytique depuis l'âge de vingt-huit ans. Son
"Typhon," son "Virgile Travesti," sont burlesques
et fatiguent le lecteur, sa "Mazarinade" est un grossier pamphlet politique, mais ses comédies ont de
l'esprit et beaucoup de gaieté, et "Jodelet" et "Don

Scarron.

Japhet d'Arménie" furent longtemps populaires. Son meilleur ouvrage, cependant, est "le Roman Comique" qui inspira le "Capitaine Fracasse" de Théophile Gautier. Scarron fait une peinture très exacte des mœurs des comédiens de son temps, et quand on se rappelle que Molière fut pendant douze ans directeur d'une troupe de comédiens ambulants, on lit encore avec plus d'intérêt "le Roman Comique." L'esprit réellement original de l'auteur perce dans tout l'ouvrage, ainsi que sa connaissance étonnante de la nature humaine. Rien n'est plus *réaliste* que la description de l'entrée de la charrette des comédiens dans la ville du Mans: "Cette charrette était attelée de quatre bœufs fort maigres, conduits par une jument poulinière, dont le poulain allait et venait à l'entour de la charrette, comme un petit fou qu'il était. La charrette était pleine de coffres, de malles, et de gros paquets de toiles peintes, qui faisaient comme une pyramide au haut de laquelle paraissait une Damoiselle, habillée moitié ville, moitié campagne." A côté de la charrette marche le Destin, dans un costume extraordinaire, puis vient le vieux la Rancune. Nous assistons ensuite à des scènes amusantes chez le sieur de la Rappinière et au tripot de la Biche, et nous voyons bientôt arriver les autres membres de la troupe, parmi lesquels est le poète, pauvre diable dont les écrits sont chez tous les épiciers. Le personnage de Ragotin est des plus burlesques et les plaisanteries qu'on lui fait ne sont pas toujours très délicates, mais l'amour du Destin et de mademoiselle de l'Étoile jette une lueur de poésie sur cet étrange roman, et nous regrettons infiniment que l'auteur ne l'ait pas complété. Nous voyons par

cet ouvrage que Scarron eût pu produire des œuvres
de grand mérite s'il n'eût pas attaché trop d'importance à son rôle de bouffon.

Parmi les romanciers du XVIIe siècle il faut aussi
mentionner Charles Sorel, auteur de l'"Histoire comique de Francion" et du "Berger Ex-   Sorel et
travagant" (1627).   Ce dernier ouvrage   Furetière.
tourna en ridicule les "romans de bergerie" et les fit
tomber dans l'oubli.   Nommons aussi le "Roman
bourgeois" de Furetière, étude de mœurs intéressante.
Furetière est l'auteur d'un Dictionnaire qui parut
quatre ans avant celui de l'Académie.

Saint-Évremont (1613–1703) fut d'abord officier
dans l'armée française, mais en 1661 il fut exilé à
Londres et y vécut jusqu'à sa mort, quoi-   Saint-
que l'ordre d'exil eût été révoqué en   Évremont.
1688.   Il est étrange qu'il soit resté à Londres si
longtemps sans avoir jamais voulu apprendre un mot
d'anglais.   Il écrivit beaucoup en vers et en prose et
eut une grande réputation comme critique littéraire.
En 1644 parut sa "Comédie des Académistes," où il
se moque finement de l'Académie Française.   C'était
un sceptique, mais il avait le jugement sain, et ses
ébauches inspirèrent de plus grands écrivains que lui,
tels que Montesquieu qui adopta quelques-unes des
idées qu'il avait émises dans ses "Réflexions sur les
divers génies du peuple Romain dans les différents
temps de la République."

Nous connaissons maintenant Perrault (1628–1703)
uniquement par les charmants "Contes de ma mère
l'Oie," où nous voyons le Petit Poucet,   Perrault.
le Chat Botté, le Petit Chaperon Rouge,
Peau d'Âne, Barbe Bleue, la Belle au Bois Dormant,

Riquet à la Houppe, Cendrillon, personnages gracieux, naïfs, immortels. Perrault publia ces contes en
1697 sous le nom de son fils; c'est en réalité du folk-
lore, c'est-à-dire que ces intéressants récits se trans-
mettaient par la tradition depuis longtemps. Perrault
sut leur donner une forme vraiment charmante et
en a fait des classiques. De son temps, cependant,
il était surtout connu pour avoir amené la fameuse
" *Querelle entre les anciens et les modernes.* Il écrivit le "Siècle de Louis le Grand" et "Les Hommes
Illustres qui ont paru en France pendant ce siècle,"
où il compare les anciens et les modernes et donne la
palme à ces derniers. Boileau fut le principal champion des anciens et la querelle fut vive pendant plusieurs années. Elle s'apaisa en 1699 pour recommencer en 1710 entre La Motte-Houdart et Madame
Dacier.

Bayle (1647–1706) est surtout connu par son "Dictionnaire Historique et Critique" et son journal littéraire, "Les Nouvelles de la République
des Lettres." Il avait une immense érudition et ses critiques sont parfois fines et exactes,
mais il est incrédule en matière de religion et de morale, et son œuvre fut surtout appréciée par Voltaire
et les philosophes du XVIII° siècle.

Bayle.

Le seul écrivain qui mérite le titre d'historien au
XVII° siècle est Mézeray. Il publia en 1643 le premier volume de son "Histoire de France"
et les deux autres en 1646 et en 1651.
L'ouvrage est excellent et l'auteur fait
prononcer à ses personnages des discours intéressants.
Mézeray tâcha d'être impartial et indépendant et
déplut même à Colbert qui lui retira sa pension. Il

**Historiens
et auteurs
de mémoires.**

publia aussi en 1668 un "Abrégé" de son histoire de France. Il fut secrétaire perpétuel de l'Académie Française après Conrart. Parmi les auteurs de Mémoires mentionnons Mme de Motteville, l'amie d'Anne d'Autriche; Hamilton, qui écrivit les "Mémoires du Chevalier de Grammont," œuvre qui a tout l'attrait d'un roman bien écrit, et surtout le Cardinal de Retz et Saint-Simon.

Paul de Gondi (1614–1679) devint prêtre malgré lui et mena une vie étrange pour un ecclésiastique. Il devint coadjuteur de l'archevêque de Paris et fut le principal personnage de la **Le Cardinal de Retz.** guerre de la Fronde. Il fut nommé cardinal en 1652, mais, peu après, jeté en prison par son rival Mazarin. Il s'évada, fut errant pendant quelque temps, mais rentra en grâce près du roi en 1662. Ses dernières années furent passées d'une manière digne et honorable et il paya des dettes immenses. Ses "Mémoires" présentent un tableau curieux de l'état politique et social de la France pendant la Fronde, et ils sont écrits avec une fougue surprenante. On ne peut trop se fier, cependant, à la vérité historique de l'ouvrage. Les portraits y sont tracés de main de maître, et les "Mémoires" du Cardinal de Retz ont été comparés pour la beauté et l'énergie du style aux Commentaires de César.

Quoique les "Mémoires" du Cardinal de Retz soient intéressants on ne peut nier que ceux de Saint-Simon ne soient plus importants. La **Saint-Simon** guerre de la Fronde ne nous intéresse pas autant que la vie à la cour de Louis XIV, et, en lisant Saint-Simon, il nous semble être en présence du roi lui-même, et nous connaissons sa famille et ses

courtisans aussi bien que si nous avions vécu dans
leur intimité. Quels tableaux vivants, comme les
traits de chaque physionomie sont accentués, comme
le cœur des personnages est mis à nu, comme nous
voyons bien leurs plus secrètes pensées! L'auteur
dit qu'il est impartial, qu'il ne cherche que la vérité;
nous devons croire qu'il tâcha d'être vrai, mais il y a
trop de force dans l'invective pour qu'il y ait eu impartialité. Nous devons donc nous mettre en garde
contre le charme des "Mémoires," car nous serons
entraînés par la véhémence passionnée du style, tout
incorrect qu'il est parfois, et subjugués par le génie
de Saint-Simon. C'est une chose unique en littérature de voir un homme consacrer presque toute une
longue vie à écrire tout ce qu'il a vu, tout ce qu'il
a entendu, et mettre à ce travail, qui ne doit paraître
qu'après sa mort, un zèle, un enthousiasme extraordinaire, des préventions inconscientes, peut-être,
mais immenses.

Louis de Rouvray, duc de Saint-Simon, naquit en
1675. Son père avait été serviteur de Louis XIII, qui

Son
caractère.

le combla d'honneurs. Ceci explique le
grand amour du père et du fils pour la
mémoire de Louis XIII et la place importante que
donna Saint-Simon à ce monarque dans son parallèle
entre les trois rois, Henri IV, Louis XIII et Louis
XIV. Saint-Simon entra dans l'armée à dix-sept ans,
mais ne servit pas longtemps. Étant devenu duc et
pair par la mort de son père, il se retira très jeune de
l'armée et vécut à la cour. Il ne fut pas en faveur
près du roi, qui trouvait qu'il parlait trop et qu'il était
trop entiché des questions de rang. C'est là le côté
étrange de son caractère; il eût voulu le rétablissement

du pouvoir des nobles et, en même temps, il désirait
le bonheur du peuple, ne comprenant pas que le retour
au système féodal, s'il eût été possible, eût ramené
l'anarchie. Il eût fallu limiter le pouvoir du roi par
l'assemblée des trois ordres de la nation, mais Saint-
Simon considérait la noblesse trop supérieure à la
bourgeoisie pour daigner admettre l'égalité entre le
Tiers État et la noblesse et le clergé. Sa morgue de
grand seigneur dont la famille remontait à Charlemagne explique sa haine contre le duc du Maine, fils
légitimé de Louis XIV, que le roi avait placé au-dessus
des ducs et pairs. Aussi comme il se réjouit de la
chute du duc à la mort du roi, comme il est fier d'y
avoir contribué! Il est ami intime du duc d'Orléans,
mais il ne cache pas ses défauts et il lui dit ce qu'il
pense de l'infâme Dubois que le régent veut faire
premier ministre. Il est membre du conseil de Régence, mais il ne parait pas avoir joué un grand rôle
dans la politique. Il est, cependant, envoyé en Espagne, comme ambassadeur pour négocier le mariage
de Louis XV et de l'infante, et du prince des Asturies
et d'une fille du Régent. Il éprouve un plaisir extrême
à raconter tout le cérémonial de la cour d'Espagne, et
les détails qu'il donne sur la vie de Philippe V et de
sa seconde femme sont extrêmement curieux. A
l'avènement de Dubois au ministère, Saint-Simon se
retira de la cour et passa ses vingt-cinq dernières années à rédiger ses "Mémoires" sur des notes qu'il
semble avoir prises au jour le jour. Il mourut en
1755, et ses innombrables manuscrits furent réclamés
par ses créanciers. Il y eut un procès et les manuscrits furent confisqués par le gouvernement. On en
publia des extraits au XVIIIe siècle, mais ce n'est que

de nos jours que parut une bonne édition des "Mémoires." Il y a encore un grand nombre des écrits
de Saint-Simon qui n'ont pas été publiés.

Essayer de faire une analyse des "Mémoires" serait
presque raconter en entier la fin du règne de Louis

Louis XIV XIV et la Régence du duc d'Orléans.
et sa Jetons seulement les yeux sur la famille
famille. du roi telle que l'a dépeinte Saint-Simon.
D'abord, le Dauphin, Monseigneur, assez beau de
figure, pas méchant, mais inepte, et tremblant devant
son père; ensuite, le duc de Bourgogne, fils aîné du
Dauphin, l'idole de Saint-Simon, prince pieux et
capable; sa femme, gracieuse et spirituelle, favorite du
roi et de Mme de Maintenon; le duc d'Anjou, Philippe
V d'Espagne, second fils du Dauphin, roi timoré et
faible, que gouvernèrent Louis XIV et la princesse
des Ursins; le duc de Berry, troisième fils du Dauphin,
prince excellent, qui eut le malheur d'être le mari de
la trop célèbre duchesse de Berry, fille du Régent.

A côté des descendants légitimes de Louis XIV se
trouvent ses enfants légitimés: les filles qu'il marie
au prince de Conti, au duc de Bourbon, au duc
d'Orléans; les fils, le duc du Maine, la bête noire de
Saint-Simon, homme d'esprit, cependant, et le comte
de Toulouse, homme de mérite, amiral de France.
Que d'intrigues autour de tous ces princes, que de
cabales, les uns qui sont avec Monseigneur à Meudon
et comptent sur sa royauté future, les autres qui sont
les intimes du duc de Bourgogne, et tous mourants de
peur devant le roi et la Scarron. Quel tableau de la
mort de Monseigneur, de la consternation de la cour
de Meudon, des ambitions déçues, de la joie des amis
du duc de Bourgogne, parmi lesquels est Saint-Simon,
qui ne cache pas le bonheur que lui fait éprouver la

mort du Dauphin. Les pages les plus touchantes du
livre sont celles où l'auteur fait la description des
qualités du duc de Bourgogne et de sa femme, de la
joie publique dans l'espoir de leur règne, puis raconte
avec émotion la mort soudaine de la Dauphine, du
Dauphin, de leur fils aîné. Voilà Louis XIV seul
avec un petit enfant de cinq ans et une vieille femme.
Quelle tristesse dans cette cour autrefois si brillante,
que d'intrigues en prévision du nouveau règne, mais
quelle grandeur chez le roi. Toujours majestueux,
digne, courageux, il voit venir la mort sans terreur.
" Il ne paraissait rien regretter dans cette vie; il fut
constamment sans aucune sorte d'inquiétude; il parla,
il régla tout ce qu'on devait faire après lui, comme
s'il eût dû l'ordonner lui-même. Il prévit tout pour
après lui, dans la même assiette que tout homme en
bonne santé et très libre d'esprit aurait pu faire; afin
que tout se passât jusqu'au bout avec cette décence
extérieure, cette gravité qui avaient accompagné
toutes les actions de sa vie." Voilà un tableau écrit
avec calme, où l'on sent percer le respect dû au
maître, mais que Saint-Simon vienne à penser au
testament extorqué au roi par Mme de Maintenon et
le duc du Maine, il s'écriera avec une éloquente véhémence: " Quelle fin d'un règne si longuement admiré,
et jusque dans ses derniers revers si étincelant de grandeur, de générosité, de courage, de force; et quel
abîme de faiblesse, de misère, d'anéantissement, senti,
goûté, savouré et abhorré, et toutefois, subi dans toute
son étendue et sans en avoir pu élargir ni soulager
les liens!" Saint-Simon appartient au moyen âge par
ses idées sur la puissance de la noblesse, au xvii^e
siècle par l'ampleur et l'éclat de son style, au xviii^e
siècle par son esprit philosophique.

QUATRIÈME PARTIE

LE DIX-HUITIÈME SIÈCLE

CHAPITRE I

VUE D'ENSEMBLE DU XVIII° SIÈCLE ET LES SALONS LITTÉRAIRES

Le xviii° siècle, à proprement parler, commence à la mort de Louis XIV en 1715. La Régence du duc

La Régence et Louis XV.
d'Orléans inaugure une ère de frivolité et de débauche, une réaction contre l'esprit de tristesse et de bigoterie des dernières années, et la littérature sera moins décente et moins croyante qu'au xvii° siècle. Il y a perte dans la tragédie et la comédie, dans l'éloquence de la chaire, dans la poésie; il y a gain dans l'histoire, dans la philosophie et dans le roman. Il y a plus de hardiesse dans les idées au xviii° siècle et ce n'est plus un roi qui personnifie l'époque, c'est Voltaire, l'homme universel. A côté de lui, cependant, on voit Montesquieu et Buffon, Rousseau et les encyclopédistes, et le frivole et le sérieux se trouvent côte à côte. La langue française devient européenne, et la littérature française s'étend sur toute l'Europe. L'Espagne et

l'Italie ne produisent plus de grandes œuvres, l'Allemagne n'a pas encore ses Klopstock, ses Lessing, ses Schiller, et ses Goethe, et l'Angleterre, quoiqu'elle soit une digne rivale de la France, admire et étudie sa littérature. Au point de vue politique la France est dégradée par son roi, et malgré Fontenoy elle est vaincue à Rosbach, et Louis XV signe en 1763 le honteux et désastreux traité de Paris, par lequel étaient abandonnées toutes les colonies acquises par la grande extension donnée aux affaires maritimes par ce puissant génie, Colbert. Non seulement les Français, mal secondés par le gouvernement, n'avaient pu résister aux Anglais dans les Indes et en Amérique, mais ils n'avaient pas même pu garder les possessions qu'on ne leur contestait pas, et il avait fallu que le roi très chrétien suppliât son cousin d'Espagne, Charles III, de le débarrasser de cette Louisiane qui avait un si grand amour pour la mère patrie. La France était humiliée et déshonorée aux yeux de l'Europe, et Frédéric ne cachait pas son mépris pour le Bourbon de Versailles. Le roi était entièrement gouverné à l'époque du traité de Paris par sa favorite, Jeanne-Antoinette Poisson, marquise de Pompadour. Elle avait été d'une admirable beauté, et douée d'une intelligence peu commune, elle avait essayé de protéger les lettres et les arts et disait qu'elle aurait voulu aimer un roi chevalier comme François 1er. Son influence a été néfaste pour la France, mais qui doit en être responsable ? N'est-ce pas celui qui était le maître, et dont le pouvoir était absolu pour le bien comme pour le mal et qui, renfermé dans son Parc-aux-Cerfs, se bouchait les oreilles pour ne pas entendre le grondement précurseur de la Révolution.

L'influence de la reine, vertueuse et douce, était nulle, ainsi que celle du Dauphin, prince bon et religieux, et des trois filles du roi, élèves du célèbre Goldoni. C'était la favorite qui gouvernait la France, qu'elle s'appelât Châteauroux, Pompadour ou Du Barry.

Qu'était-ce que Paris au XVIII⁰ siècle ? Suivons un jeune homme qui fait son entrée à Paris et voyons ce qu'il éprouve. La première impression qu'il ressent en voyant la grande ville n'est pas très favorable, car il s'était imaginé trouver une ville aux bâtiments de marbre et de pierre. Au contraire, il voyait des maisons à la façade sombre et délabrée et des rues où il y avait une boue noire et d'une odeur âcre. Au milieu de la rue se trouvait un ruisseau gonflé par la pluie. De grandes enseignes en fer se balançaient, au risque d'écraser les passants, et de rares réverbères à l'huile jetaient une lumière terne.

Tel était à l'extérieur le Paris du XVIII⁰ siècle, mais à l'intérieur de ces maisons à l'apparence sordide, vous eussiez vu des femmes, aux splendides toilettes, causant philosophie et littérature avec des hommes à l'esprit fin et cultivé, ou se préparant à aller entendre à la Comédie Française le gentil marivaudage du "Jeu de l'Amour et du Hasard" ou les pièces de Voltaire et de Crébillon, tandis que d'autres personnes se disposaient à se rendre au Théatre Italien ou à l'Académie Royale de Musique.

Paris était sale et obscur, et Versailles, en prenant le roi, avait paru lui enlever toute sa splendeur, mais, cependant, c'était la grande ville littéraire du monde, celle qui pensait pour l'Europe; c'était la ville de l'Académie Française, du Collège Louis-le-Grand, enfin la ville de cette débauchée d'esprit, comme disait Horace Walpole, la femme du XVIII° siècle. La femme, à cette époque, exerce une immense influence, et c'est à son esprit qu'elle le doit. Jetons donc un coup d'œil sur les salons du XVIII° siècle.

Pendant la glorieuse époque du règne de Louis XIV, il n'y eut d'autre salon que la cour. Ce ne fut que quand cette grande individualité eut cessé de peser sur la France que s'ouvrirent, en réalité, les salons particuliers. Il y eut d'abord ceux qui étaient consacrés principalement aux plaisirs: de la duchesse du Maine à Sceaux, où nous voyons Mlle de Launay, de la princesse de Conti au Temple, du Palais-Royal; ensuite madame de Lambert et madame de Tencin reçurent leurs amis d'une manière charmante. La dernière, surtout, réunissait chez elle des littérateurs et des hommes d'état, et par eux était devenue une grande puissance à la cour. Nous voyons ensuite les salons de madame Dupin, de madame d'Épinay, de madame d'Houdetot, et de madame Doublet, d'où partaient les fameuses nouvelles à la main, qui faisaient les délices des Parisiens et des provinciaux, et même du roi, quoique le lieutenant de police eût feint de vouloir les supprimer. Les deux principaux salons, cependant, étaient ceux de madame Du Deffand et de madame Geoffrin. Mme Du Deffand était une femme très remarquable et qui joua un grand rôle dans son siècle. Elle demeura longtemps au couvent de Saint-Joseph, rue St. Dominique, dans l'ancienne chambre de Mme de Montespan. Quoique vieille et aveugle elle retint son monde par son esprit et, peut-être, par le charme de sa compagne, Mlle de Lespinasse. Que celle-ci la

Les salons littéraires.

quitte, et Mme Du Deffand sera réduite à la société de son vieux président Hainault et de son ami Pont de Veyle. On voyait en Mlle de Lespinasse une ardeur contenue, un enthousiasme, qui manquait à Mme Du Deffand et à Mme Geoffrin. Qu'il vienne un M. de Mora, un chevalier Guibert, et cette ardeur deviendra une passion délirante exprimée dans des lettres enflammées.

Marie-Thérèse Rodet naquit en 1699 et épousa, à l'âge de quatorze ans, M. Geoffrin, un riche banquier, qui se tint à l'écart, et permit à sa femme de recevoir un cercle choisi de personnes distinguées. Le lundi était le jour des artistes; le mercredi, celui des gens de lettres. La plus grande politesse régnait toujours dans le salon de Mme Geoffrin.

CHAPITRE II

VOLTAIRE

VOLTAIRE n'appartient en réalité à aucun genre particulier de littérature. Son génie semble à l'aise dans tous les sujets et il écrit aussi bien en prose qu'en vers. Il produit des poèmes épiques, des tragédies, des comédies, des romans, des œuvres d'histoire et de philosophie, des satires mordantes et spirituelles, et il trouve le temps d'écrire des milliers de lettres à l'Europe entière. Il est l'homme le plus étonnant de son époque, sinon le plus grand, et l'étude de son caractère est un problème intéressant. On ne sait, après avoir étudié avec attention sa vie et ses œuvres, quelle opinion se former de son caractère, et nous tâcherons ici de raconter avec impartialité ce qu'il fit de mal et ce qu'il fit de bien.

François-Marie Arouet naquit à Paris le 21 novembre 1694. Il prit le nom de Voltaire, du nom d'une terre que possédait sa mère, disent les uns, de *Arouet* le *jeune* transposé, disent les autres. Son père, notaire au Châtelet, ensuite trésorier à la Chambre des Comptes, était un homme honorable. Sa mère, Marie-Marguerite Daumart, se plaisait dans la société des gens de lettres. Elle mourut quand son plus jeune fils n'avait que sept ans, et le père le mit, à l'âge de dix ans, au collège Louis-le-Grand dirigé par les jésuites. L'enfant y eut des maîtres de talent et se fit remarquer pour ses dispositions littéraires. Quand il eut fini son cours au collège son père voulut qu'il étudiât le droit, mais son parrain, l'abbé de Châteauneuf, l'encouragea à suivre ses penchants littéraires. Il l'avait déjà présenté à Ninon de l'Enclos, qui lui légua deux mille francs pour acheter des livres, et il le présenta à la société brillante et légère du Temple. Le jeune Arouet mena une vie qui déplut à son père, et celui-ci l'envoya à la Haye comme page de l'ambassadeur de France. Là le jeune homme eut une aventure d'amour qui fut cause de son renvoi à Paris, et il se soumit alors à son père et entra dans l'étude d'un procureur. Peu après il fit la connaissance du marquis de Caumartin, qui le mena à sa terre près de Fontainebleau et lui parla si souvent de Henri IV, qu'il conçut, dès ce moment, l'idée de son poème épique sur le premier roi Bourbon.

A la mort de Louis XIV il parut un grand nombre de poésies satiriques sur le dernier règne et sur le

Sa vie.

Régent, et Arouet, accusé d'avoir écrit plusieurs
satires, fut d'abord exilé de Paris pen-
La Bastille. dant huit mois et ensuite mis à la Bastille
pendant onze mois. Un peu plus tard, en 1718, il
fit jouer sa première tragédie, "Œdipe," qui fut très
bien reçue. C'est alors qu'il prit le nom de Voltaire.
A la fin de 1725 il lui arriva une aventure très désagréable et qui eut une grande influence sur son
avenir. Le chevalier de Rohan lui ayant demandé
d'une manière insolente quel était son nom, Arouet
ou Voltaire, il lui répondit, "qu'il ne traînait pas un
grand nom, mais qu'il savait honorer celui qu'il portait." Quelques jours plus tard Voltaire dînait chez
le duc de Sully et on vint lui dire que quelqu'un voulait le voir. Il se rendit à la porte de l'hôtel et là il
fut saisi par des valets qui le bâtonnèrent, tandis que
le chevalier de Rohan les encourageait de sa voiture à
bien *travailler.* Voltaire demanda son appui au duc
de Sully, dont il était l'hôte, mais le grand seigneur
ne voulut pas prendre le parti d'un poète contre
un noble, et il fallut que l'auteur d' "Œdipe" et de
la "Henriade" tâchât de se faire rendre justice lui-
même. Comme il prenait des leçons d'escrime pour
pouvoir se venger du chevalier, la famille de celui-ci
le fit enfermer à la Bastille, d'où il ne sortit que pour
se rendre en Angleterre. On raconte qu'indigné de
la conduite du duc de Sully dans cette affaire, il sub-
stitua le nom de Duplessis-Mornay à celui de Sully
dans la "Henriade."

Voltaire vécut trois ans en Angleterre, de 1726 à
1729, apprit la langue anglaise et étudia la littérature et les mœurs du pays. Newton et Shakespeare
surtout attirèrent son attention, quoiqu'il ne paraisse

pas avoir bien compris le génie du grand tragique
anglais. Il fit paraître par souscription
en Angleterre, en 1728, une nouvelle édi- **Séjour en
Angleterre.**
tion de la "Henriade," qu'il avait publiée
secrètement à Genève en 1723, et le produit de cet
ouvrage, ajouté à ce qu'il avait touché de la succes-
sion de son père, fut avantageusement placé. Le
poète voulait acquérir l'indépendance que donne la
fortune et, par d'heureuses spéculations, devint très
riche. A son retour en France parut son "Histoire
de Charles XII," et il écrivit un nombre infini d'ouvrages de tous genres. Il fut mal vu du clergé et de
la cour, et finit par se retirer en 1733 au château de
Cirey en Champagne, chez Mme du Châ-
telet. C'était une femme distinguée, et **Mme du
Châtelet.**
Voltaire lui resta attaché pendant seize
ans. Il étudia la physique avec elle, et écrivit à Cirey
quelques-unes de ses plus belles œuvres. Il faisait
souvent des visites à Paris et réussit à acquérir une
certaine faveur à la cour. Il fut nommé historiographe du roi, gentilhomme ordinaire et fut reçu à
l'Académie Française. En 1749 Mme du Châtelet
mourut et son ami fut au désespoir. Il revint habiter
Paris et acheta une maison où il demeura avec sa
nièce, Mme Denis, qu'il aima toujours beaucoup,
quoique le caractère de la dame ne paraisse pas avoir
été très agréable. Malgré ses nombreuses occupations et l'immense succès de ses ouvrages Voltaire
voyait bien qu'il n'était que toléré à **Frédéric.**
Paris, aussi se décida-t-il à accepter l'invitation que lui fit Frédéric de venir se fixer à
Berlin. En 1736 avait commencé la correspondance
du Prince Royal de Prusse avec Voltaire, et lorsque

le prince devint roi, il tâcha d'attirer à sa cour le grand écrivain français. Frédéric, qui fut si Allemand dans sa politique, aimait avec passion la littérature française et avait l'ambition de bien écrire en vers français. Il était, ou prétendait être philosophe, et son grand esprit appréciait celui de Voltaire. Celui-ci avait déjà rencontré le roi et avait même rempli près de lui une sorte de mission diplomatique qui fut stérile. Ce n'était pas le diplomate que voulait le roi, c'était le poète, et il fut ravi quand Voltaire, après s'être fait longtemps prier, consentit en 1750 à accepter son invitation. Il lui donna la clef de chambellan, la croix de l'ordre du Mérite et vingt mille livres de pension. Louis XV laissa partir sans regret son sujet le plus célèbre.

Cette vie d'un poète dans l'intimité d'un roi est étrange, mais l'égalité entre philosophes n'était qu'apparente, quand d'un côté le philosophe était un roi victorieux, de l'autre un simple écrivain. Frédéric avait l'esprit caustique, Voltaire aussi, et on leur rapportait des épigrammes composées par l'un et par l'autre. Frédéric voulait apprendre de Voltaire à se rendre maître de la langue française, puis il aurait dit: "on suce l'orange et on jette l'écorce"; et le poète disait: "le roi m'envoie son linge sale à blanchir." Une assez vilaine affaire financière, dans laquelle trempa Voltaire, sans malhonnêteté mais sans délicatesse, indisposa Frédéric contre lui, et lorsque le spirituel écrivain eut écrit contre Maupertuis sa fameuse "Diatribe du Docteur Akakia," le roi, furieux de voir attaquer ainsi le président de son académie, fit brûler par le bourreau l'ouvrage de Voltaire. Frédé-

Voltaire à Berlin.

ric avait déjà écrit contre lui, sous un nom supposé,
une lettre qui le traitait de calomniateur, aussi le
philosophe français crut qu'il était temps de se
séparer du philosophe prussien. Il obtint un congé
pour se rendre aux eaux de Plombières et partit en
mars 1753 avec l'intention de ne jamais revenir à
Berlin. A Leipzig Maupertuis lui écrivit une lettre
menaçante et Voltaire y répondit d'une manière qui
couvrit de ridicule l'académicien du roi de Prusse.
Celui-ci donna ordre alors d'arrêter à Frankfort son
ex-ami et de lui demander sa clef, sa croix, et un
volume de poésies du roi que celui-ci lui avait donné.
Voltaire rendit la clef et la croix, mais fut obligé
d'attendre l'arrivée d'une caisse où se trouvait le
volume. Sur ces entrefaites, l'agent de Frédéric agit
sans tact et traita grossièrement le poète et sa nièce
qui était venue le rejoindre. Ce ne fut qu'après un
délai de trois semaines que Voltaire put continuer sa
route et il ne pardonna jamais au roi l'affaire de
Frankfort. Frédéric ne parait pas y avoir attaché
beaucoup d'importance, mais il eût agi avec plus de
dignité, s'il eût laissé partir sans toutes ces tracasseries,
l'homme qu'il avait attiré chez lui à force de prières.
Il garda toujours la plus haute opinion du "beau
génie," disait-il, de son maître de français, mais
n'estima plus son caractère. Leur correspondance
recommença peu après et continua jusqu'à la mort
de l'écrivain.

Voltaire, en quittant la Prusse, n'osa pas aller à
Paris, alors il se décida, en 1755, à s'établir en Suisse.
Il acheta, près de Genève, une terre qu'il **Ferney.**
appela les Délices, puis en 1758 la sei-
gneurie de Tournay et celle de Ferney en France, non

loin de la frontière suisse. Le voilà donc menant la
vie d'un grand seigneur, fondant un village à Ferney,
plantant des arbres, s'occupant de culture, bâtissant
une église, et en même temps inondant l'Europe
d'écrits de toutes sortes qu'il désavoue quand ils sont
trop hardis, car tout ami de la vérité qu'il était,
disait-il, il "n'était pas du tout ami du martyre."
Il attaqua toujours l'intolérance religieuse et le despotisme politique, et on doit lui savoir gré d'avoir
défendu Calas, Sirven, La Barre et Lally-Tollendal.
Il n'était pas athée, il croyait en Dieu, mais on ne
peut excuser ses attaques contre la religion chrétienne.
Il disait qu'il fallait *écraser l'infâme,* en parlant de la
superstition, mais il ébranlait la foi et la morale et
encourageait le scepticisme cynique qui veut abattre
tous les dogmes et qui n'y substitue rien.   Nous
voudrions pouvoir retrancher de ses œuvres beaucoup
d'ouvrages indignes de son génie, où il attaque ce
qu'il y a de plus sacré, la religion et le patriotisme.
On ne peut lui pardonner surtout son poème sur
Jeanne Darc, où par une débauche d'esprit incon-
cevable, il souille la gloire la plus pure de l'ancienne
France.   Comme homme il paraît avoir eu des sentiments généreux; il reçut à Ferney et maria une
parente du grand Corneille et lui donna le profit
d'une édition qu'il fit des œuvres du grand tragique,
en disant "qu'il fallait qu'un soldat vînt au secours
de la fille de son général." Il aida les pauvres gens,
il fut bon parent, et sa vie à Ferney fut, pendant
vingt ans, agréable et brillante. Il reçut des visiteurs
de toute l'Europe, joua la comédie avec passion, et
travailla, cependant, comme s'il était jeune.   En
1778 ayant achevé une tragédie, "Irène," on lui per-

suada qu'il devait aller à Paris pour voir à la représentation de sa pièce. Il fut reçu avec le
plus grand enthousiasme, "Irène" fut   Sa mort.
jouée en sa présence et son buste couronné sur la scène.
Franklin lui demanda de bénir son petit-fils, l'Académie Française l'élut son directeur et il s'occupa
activement du plan d'un dictionnaire et se réserva la
lettre A pour sa part de travail. L'excitation de ce
genre de vie épuisa ses forces et il mourut le 30 mai
1778. Son corps fut inhumé à l'abbaye de Scellières,
dont son neveu était abbé commendataire, et y resta
pendant treize ans. L'Assemblée nationale fit transporter ses restes en 1791 au Panthéon avec ceux de
Rousseau, dont il avait été l'ennemi. Jetons maintenant un coup d'œil sur les principaux écrits de
Voltaire.

"Œdipe" parut en 1718 et fut bien reçu, quoique
Voltaire ait beaucoup refroidi l'action par les amours
de Philoctète et de Jocaste. On y voit   La
aussi les tirades philosophiques par les-   Tragédie.
quelles l'auteur exprime ses propres idées par la
bouche de ses personnages, défaut qui va gâter presque toutes ses tragédies. Depuis "Œdipe" (1718)
jusqu'à "Irène" (1778) et "Agathocle," qu'il laissa inachevé et qui fut joué en 1779, Voltaire fit preuve d'une
grande passion pour le théâtre. Il tâcha de relever
ce genre qui languissait et voulut donner plus d'intérêt et d'animation à l'action et présenter des tableaux
· plus conformes à la vérité historique. Il s'occupa de
la mise en scène et réussit à chasser de la scène les
personnes qui gênaient les acteurs. Il écrivit vingt-
sept tragédies, dont il ne reste en réalité que deux:
"Zaïre" et "Mérope," et peut-être, "Tancrède." Il

vient au second rang après Corneille et Racine comme tragique, mais il leur est bien inférieur. Il ne possède pas le vers énergique et fort du premier et la langue harmonieuse et douce du second. Il est, néanmoins, le meilleur tragique du XVIII° siècle et on ne peut mentionner, après son nom, que celui de Crébillon (1674–1762), auteur d'"Atrée et Thyeste" et de **Crébillon.** "Rhadamiste et Zénobie." Crébillon frappe par la terreur et choisit des sujets où l'horreur prédomine. Il eut du talent, et fut, pendant un temps, le rival de Voltaire, qui prit les mêmes sujets que lui et refit les tragédies de Crébillon sans, peut-être, le surpasser.

"Zaïre" est imitée d'"Othello"; c'est une pièce touchante qui est restée au théâtre et qu'on lit avec **"Zaïre."** grand intérêt. Orosmane, soudan de Jérusalem, aime Zaïre, captive dès son enfance, et veut l'épouser. Elle l'aime aussi, mais au moment d'épouser le soudan, elle apprend qu'elle est fille de Lusignan, dernier roi chrétien de Jérusalem, et sœur de Nérestan, jeune chevalier français. Son père lui fait promettre de recevoir le baptême, et il y a en elle une lutte entre son amour pour Orosmane et son attachement à la religion de Lusignan. Lorsque le soudan lui parle de son amour elle est interdite, et cela excite la jalousie d'Orosmane. Il intercepte une lettre qu'écrit Nérestan à Zaïre, et, croyant qu'elle lui est infidèle, il la tue et se tue ensuite quand il apprend la vérité. Nous aimons Zaïre presque autant que la douce Desdémona, et nous nous intéressons à Orosmane que la jalousie aveugle. Surtout lorsque sur le point de renoncer à Zaïre, il lui dit: "Zaïre, vous pleurez?" "Zaïre, vous m'aimez!" Il manque,

cependant, à la pièce de Voltaire le personnage de
Iago et la terrible énergie du Maure de Venise.
"Zaïre" est, néanmoins, une charmante tragédie.

Dans "Mérope" (1743) il n'y a pas d'amour, mais
le sujet est pathétique et le sentiment maternel est
bien exprimé. "Tancrède" (1760) est "Mérope"
une pièce chevaleresque qui nous rappelle et
un peu le "Cid." La scène se passe au "Tancrède."
moyen âge et Voltaire tâche de renouveler le genre
tragique, en ne prenant pas exclusivement ses sujets
de l'antiquité. Il suit, cependant, toutes les règles de
la tragédie, comme on l'entendait de son temps, et ses
œuvres appartiennent au genre de Corneille et de
Racine. Comme tragique il a certainement du
mérite, comme comique il n'en a aucun.

La "Henriade" fut longtemps placée parmi les
grandes épopées, mais elle ne mérite pas La "Poésie."
ce rang. Quoiqu'il y ait de beaux vers, le La "Henri-
poème est froid et peu intéressant. Il ade."
commence par des vers très souvent cités:

> "Je chante ce héros qui régna sur la France
> Et par droit de conquête et par droit de naissance;
> Qui par de longs malheurs apprit à gouverner,
> Calma les factions, sut vaincre et pardonner;
> Confondit et Mayenne, et la Ligue, et l'Ibère,
> Et fut de ses sujets le vainqueur et le père."

Quoique Henri IV fût le plus grand roi de France,
son règne était trop récent pour servir de sujet à une
épopée, et le merveilleux, qui est de l'essence du poème
épique, ne convient guère à l'héroïque et fin Béarnais.

La "Chanson de Roland," quoique du XIe siècle,
est bien plus entraînante que "la Henriade." Cette

œuvre n'est pas la plus grande épopée en français
moderne; c'est dans la "Légende des Siècles" de
Victor Hugo que se trouvent les plus beaux poèmes
épiques depuis la "Chanson de Roland."

Comme poète Voltaire manque d'enthousiasme,
mais il écrivait en vers avec une facilité merveilleuse,
Épîtres et contes. et l'on peut citer son poème didactique,
"Discours sur l'Homme," imité de Pope,
ses "Épîtres," ses contes en vers, ses poésies fugitives,
et surtout ses satires, où il déploie beaucoup de grâce,
d'élégance et d'esprit. Les meilleures satires sont le
"Mondain" et le "Pauvre Diable." Dans la première
il décrie l'état de nature et trouve la civilisation bien
préférable; dans la seconde il critique avec verve et
malice les écrivains de son temps.

Voltaire est un poète de mérite, mais ses vers sont
inférieurs à sa prose. Dans sa correspondance, dans
La Prose. "Charles XII." ses romans, dans ses œuvres historiques,
il a un style d'une lucidité parfaite. Il
écrit avec la plus grande simplicité, avec
concision, avec force. On a dit de lui qu'il était le
plus français de tous les écrivains et il mérite ce titre,
parce qu'il possède au plus haut degré la qualité essen-
tielle de la langue française, la clarté. Il n'y a rien
de recherché dans son style, tout est naturel, et par
conséquent, intéressant. "L'Histoire de Charles XII"
(1731) est un chef-d'œuvre; l'auteur tâche de raconter les faits avec impartialité, et nous lisons avec grand
intérêt le récit de la vie extraordinaire de ce roi de
Suède, rival malheureux de Pierre le Grand, homme
intrépide, obstiné, peu politique, que l'on peut comparer à Charles le Téméraire. La vie de tels hommes
est un vrai roman.

Le "Siècle de Louis XIV" (1751) est le plus grand ouvrage historique de Voltaire. Il y travailla vingt ans, et produisit une œuvre digne de l'époque dont il raconte l'histoire. Il est à regretter que le livre soit divisé en différentes parties, telles que celles qui traitent des affaires militaires, de la vie privée du roi, des beaux-arts, de la littérature, des finances, des affaires ecclésiastiques. Ces différents tableaux affaiblissent un peu l'intérêt, et l'on eût préféré voir l'enchaînement des événements, les causes et le résultat de chacun. Néanmoins, Voltaire, comme Bossuet, est historien philosophe. Dans son "Essai sur les mœurs et l'esprit des nations" il explique les traits caractéristiques des époques, mais il ne comprend pas bien le rôle du christianisme dans la civilisation et se laisse aveugler par ses préjugés. Ses "Annales de l'Empire," son "Histoire de Pierre le Grand," son "Histoire du Parlement de Paris," n'ont pas grand mérite, et son "Précis du Siècle de Louis XV" ne pouvait être une œuvre impartiale, mais nous admirons dans ce dernier ouvrage le récit de la bataille de Fontenoy. Voltaire comprenait parfaitement comment il faut écrire l'histoire et s'exprime ainsi dans son "Siècle de Louis XIV": "Ce n'est pas seulement la vie de Louis XIV qu'on prétend écrire: on se propose un plus grand objet. On veut essayer de peindre à la postérité, non les actions d'un seul homme, mais l'esprit des hommes dans le siècle le plus éclairé qui fut jamais. Tous les temps ont produit des héros et des politiques; tous les peuples ont éprouvé des révolutions, toutes les histoires sont presque égales pour qui ne veut mettre que des faits dans sa mémoire. Mais quiconque pense,

"Siècle de Louis XIV."

et, ce qui est encore plus rare, quiconque a du goût,
ne compte que quatre siècles dans l'histoire du monde.
Ces quatre âges heureux sont ceux où les arts ont été
perfectionnés, et qui, servant d'époque à la grandeur
de l'esprit humain, sont l'exemple de la postérité."
"On ne s'attachera, dans cette histoire," ajoute
l'auteur, "qu'à ce qui mérite l'attention de tous les
temps, à ce qui peut peindre le génie et les mœurs
des hommes, à ce qui peut servir d'instruction, et
conseiller l'amour de la vertu, des arts, et de la
patrie."

Les principaux romans de Voltaire sont "Zadig"
(1747), "Candide" (1759), "l'Ingénu" (1767),
"l'Homme aux quarante Écus" (1768).

Romans. Ils ont tous un but philosophique ou satirique, et sont admirablement écrits. On regrette que
ces œuvres, si parfaites au point de vue du style,
soient gâtées par des grossièretés inexcusables.

C'est dans les "Lettres philosophiques" (1731) et
son "Dictionnaire philosophique," formé en grande

Philosophie et Correspondance. partie d'articles écrits pour l'Encyclopédie, que nous voyons les idées scep-
tiques de Voltaire. Ces idées eurent une
grande influence sur son siècle et hâtèrent la Révolution, dont Voltaire n'eût pas approuvé les excès. Il
n'était pas opposé à la monarchie, mais voulait qu'elle
fût moins despotique et plus éclairée. Son "Dictionnaire philosophique" ne nous intéresse guère aujour-
d'hui, et nous préférons apprendre à connaître l'homme
et l'écrivain par sa correspondance. C'est là que
nous verrons son esprit extraordinaire, son style inimitable. Quant à son caractère, il faut étudier toute
sa vie et toutes ses œuvres pour arriver à bien le com-

prendre et pour peser d'une manière équitable le bien
et le mal. Comme écrivain on peut dire qu'il ne fut
pas un poète de grand génie, mais un prosateur im-
comparable. On ne saurait assez étudier cette langue
si claire, si concise, si simple et si forte.

CHAPITRE III

MONTESQUIEU, BUFFON, LES ENCYCLOPÉDISTES, LES PHILOSOPHES ET LES MORALISTES

VOLTAIRE a exercé une sorte de royauté sur son
siècle, mais il n'a pas le génie aussi profond que Montesquieu. Celui-ci est avec Rousseau le   Montes-
plus grand penseur du XVIIIe siècle, l'es-   quieu.
prit le plus franchement créateur de l'époque.

Charles-Louis de Secondat, baron de la Brède et de
Montesquieu, naquit le 18 janvier 1689 près de Bordeaux. Il fut élevé chez les oratoriens de Juilly,
étudia le droit et devint en 1714 conseiller au parlement de Bordeaux, et en 1718 président à mortier.
Tout en s'occupant des fonctions de sa charge, qu'il
n'aimait pas, il prit une part active aux travaux de
l'Académie de Bordeaux et écrivit des mémoires
scientifiques. Il fit paraître en 1721 les "Lettres
Persanes," où il fit des portraits dignes de La Bruyère,
et une critique fine et exacte de la société   Les "Lettres
de son temps. Deux Persans, Usbek et   Persanes."
Rica, voyageant en France, communiquent leurs impressions à leurs compatriotes, et ceux-ci leur répondent et présentent des tableaux, parfois trop sensuels,

de la vie des Orientaux. Le livre du Président de
Montesquieu est trop frivole par la forme, mais il est
philosophique par le fond. Il valut à l'auteur une
place à l'Académie Française et l'encouragea à continuer ses études sur la société. Il voulut y ajouter
des considérations sur les constitutions et les juris-
prudences des différents peuples, et, ayant vendu sa
charge de président, il se mit à voyager. Il alla à
Vienne, où il rencontra le prince Eugène, en Italie,
où il eut lord Chesterfield pour compagnon, en Allemagne, en Suisse, en Hollande, puis en Angleterre,
dont la constitution lui inspira une grande admiration. Après trois ans de voyage il se retira dans son

"Considéra- château de la Brède et publia en 1734
tions sur la les "Considérations sur la grandeur et la
grandeur et
la décadence décadence des Romains." On peut com-
des Romains."parer cet ouvrage au "Discours sur
l'Histoire Universelle" de Bossuet, car, comme le
grand évêque, Montesquieu cherche la philosophie de
l'histoire. Il s'occupe plutôt des causes de la décadence que de celles de la grandeur, et fait un admirable tableau des guerres de la république et du despotisme de l'Empire.

En 1748 parut le chef-d'œuvre de Montesquieu,
l'"Esprit des Lois," auquel il travailla vingt ans.

L'"Esprit L'auteur y mit pour épigraphe, *prolem*
des Lois." *sine matre creatam* (enfant sans mère), et
eut raison. L'œuvre est réellement une
puissante création, quoiqu'il n'y ait pas assez d'ordre
dans la division du sujet.

Montesquieu avait acquis l'estime de tout le monde
et partageait la popularité de Voltaire en Europe.
Il mourut à Paris en 1755.

Le premier grand nom que nous rencontrions dans
l'histoire de la science en France est
celui de Buffon, mais malgré la popularité   Buffon.
dont il jouit comme savant au XVIII° siècle, c'est
surtout comme littérateur qu'il est célèbre aujour-
d'hui.

Né à Montbard, en Bourgogne, en 1707, George
Louis Leclerc de Buffon fit ses études au collège de
Dijon, s'intéressa d'abord aux mathéma-
tiques, voyagea en Italie et en Angleterre L' "Histoire
                                             Naturelle."
avec lord Kingston, et fit paraître des
traductions d'ouvrages scientifiques anglais. En 1739
il fut nommé intendant du Jardin du Roi, et conçut
alors le projet d'écrire une "Histoire Naturelle." Il
y travailla cinquante ans et publia, à l'aide de collaborateurs, trente-six volumes in-quarto, la "Théorie
de la Terre," puis les "Époques de la Nature,"
l' "Histoire Naturelle de l'Homme," celle des "Qua-
drupèdes," et celle des "Oiseaux." Buffon a l'instinct
scientifique, et ses hypothèses sont admirables. Il
travaillait avec une ardeur infatigable, et l'on ne saurait trop appeler l'attention sur sa définition du génie,
"une longue patience." Nous aimons à nous représenter ce grand homme dans la tour de son château
de Montbard, écrivant son bel ouvrage, le corrigeant
sans cesse, tâchant de trouver un style à la hauteur
du sujet qu'il traite. Il lui semble qu'aucune phrase
ne saurait être assez noble pour décrire les merveilles
de la nature et il écrit avec pompe et éloquence. Ce
style faisait dire à Voltaire de l' "Histoire Naturelle,"
"*pas si naturelle,*" mais on rencontre parfois dans
Buffon de la simplicité. Il faisait des progrès avec
l'âge et ses "Époques de la Nature," écrites quand il

avait soixante et onze ans, sont la plus belle partie de son grand ouvrage.

Il avait une telle popularité dans le monde entier que les corsaires anglais lui envoyèrent des échantil-lons qui lui étaient adressés et qui se trou-vaient dans un navire pris par eux. On lui érigea de son vivant une statue à l'entrée du Jardin du Roi avec cette inscription: *Majestati naturæ par ingenium*, génie égal à la majesté de la nature. Il fut élu spontanément à l'Académie Française en 1753, et négligeant l'éloge banal d'un obscur prédécesseur, il prononça, le jour de sa réception, son célèbre "Discours sur le Style," où se trouve cette phrase si souvent citée: "le style est l'homme même." Reproduisons ici quelques beaux passages de ce discours: "Les ouvrages bien écrits seront les seuls qui passeront à la postérité: la quantité des connaissances, la singularité des faits, la nouveauté même des découvertes, ne sont pas de sûrs garants de l'immortalité: si les ouvrages qui les contiennent ne roulent que sur de petits objets, s'il sont écrits sans goût, sans noblesse et sans génie, ils périront, parce que les connaissances, les faits et les découvertes s'enlèvent aisément, se transportent, et gagnent même à être mises en œuvre par des mains plus habiles. Ces choses sont hors de l'homme, le style est l'homme même."

Dans la partie descriptive de son œuvre Buffon est inimitable, et comme écrivain il mérite d'être placé parmi les plus célèbres de la littérature française. Il rendit aussi de grands services à la science et donna l'impulsion à l'étude de l'histoire naturelle. Il mourut en 1788, à la veille de la Révolution, où périt son fils unique, qui s'écria en montant sur l'échafaud:

"**Discours sur le Style.**"

"Citoyens, je me nomme Buffon." Ce nom illustre
eût dû être respecté par les révolutionnaires.

LES ENCYCLOPÉDISTES, LES PHILOSOPHES ET LES MORALISTES.

Ce fut en 1749 que Diderot conçut le plan de l'Encyclopédie. L'ouvrage devait étre d'abord une traduction de l'Encyclopédie anglaise de L'Encyclo-
Chambers publiée en 1727, mais il devint pédie.
un immense recueil des connaissances et, surtout,
des idées du temps. Diderot en fut le principal
éditeur et eut pour l'aider, d'Alembert, qui écrivit
le Discours préliminaire. Voltaire y collabora, et
l'œuvre fut vivement attaquée, interrompue plusieurs
fois, mais achevée, grâce à la constance de Diderot,
en 1780. L'Encyclopédie n'a pas grande valeur littéraire; elle donne, cependant, une excellente idée des
opinions du XVIII° siècle sur la religion, la politique
et les mœurs. D'Alembert, qui contribua le plus,
après Diderot, au succès de l'entreprise, est plutôt
géomètre que littérateur. Il fut, néanmoins, secrétaire perpétuel de l'Académie Française et écrivit
l'Histoire des membres de cette société morts depuis
1700 jusqu'en 1771. Diderot est connu principalement par l'Encyclopédie, ses tentatives de réforme
dramatique, ses Salons et ses lettres. Il avait beaucoup d'esprit et d'idées, mais déployait, parfois, un
cynisme honteux.

Les principaux philosophes du XVIII° siècle, outre
ceux que nous avons déjà nommés, sont Turgot, Condorcet, Helvétius, d'Holbach et Condillac. Vau-
Le moraliste le plus célèbre est Vaure- venargues.
nargues (1715–1747). Il fut d'abord militaire, mais

ayant perdu la santé après la retraite de Prague eu
1741, il se consacra à l'étude et publia des " Maximes,"
qu'on a comparées à celles de La Rochefoucauld.
Elles ne sont pas aussi pessimistes que celles du XVII°
siècle, et on y voit la recherche sincère de la vérité.

CHAPITRE IV

ROUSSEAU ET L' "ÉMILE"

L' " ÉMILE " de Rousseau a fait époque dans l'histoire de l'éducation. C'est eu effet un livre d'une
merveilleuse éloquence et qui contient de grandes
idées. L'ouvrage a exercé une immense influence
sur l'éducation des peuples et, par conséquent, sur
leur civilisation, et a attiré à l'auteur de grandes
souffrances, que les maux dont il s'est plaint aient
été réels ou imaginaires. Le livre de Rousseau est
bien connu ainsi que Rousseau lui-même, mais il y a
dans le caractère et la carrière de l'homme quelque
chose de mystérieux qui rend ce sujet intéressant à
étudier. Il faut connaître l'auteur d'" Émile " afin
de comprendre l'étrange éducation du mari de
Sophie, car très différents des grands hommes du
XVII° siècle, dont on aperçoit à peine la personnalité
dans leurs écrits, les hommes du XVIII° siècle, et surtout Voltaire et Rousseau, ont répandu leurs propres
opinions dans leurs écrits et nous ont permis d'étudier dans leurs ouvrages leur caractère, et même les
événements de leur vie. Rousseau se fit connaître,
non seulement par ses lettres, mais aussi par ce livre

extraordinaire, "les Confessions." Personne n'avait
encore dévoilé avec tant d'orgueil et de cynisme ses
pensées et ses actions les plus secrètes; et personne
n'a écrit dans un style plus magique l'histoire d'une
misérable vie.

Rousseau naquit à Genève en 1712. Pour comprendre ses écrits il est important de se rappeler qu'il
n'était pas Français. Le citoyen d'une
république libre pouvait seul écrire le   La jeunesse
"Contrat Social." Même Voltaire se   de Rousseau.
laissa éblouir par le clinquant d'une monarchie, et fut
flatté d'être nommé gentilhomme de la chambre du
roi. Il n'avait pas osé faire allusion dans son "Siècle
de Louis XV" aux turpitudes du monarque des Pompadour et des Du Barry. La première éducation de
Rousseau le rendit intrépide dans ses attaques contre
l'état de la société en France, et lui permit de miner
ce trône qui devait s'écrouler dans le sang quinze ans
après sa mort. Sa mère mourut à sa naissance, et
son père, un horloger intelligent et honorable, l'éleva
avec beaucoup de tendresse, quoiqu'il ait fait preuve
d'un grand manque de jugement dans son système
d'éducation. Rousseau raconte que, quand il n'avait
que sept ans, son père et lui passaient des nuits entières à lire ensemble. Ceci dut contribuer à lui
donner cet ébranlement au système nerveux qui le
rendit misérable toute sa vie. Ses sept ou huit premières années furent très heureuses, et il parle avec
plaisir de la bonté de son père et de ses tantes.
Malheureusement, cependant, son père quitta Genève
pour ne pas se soumettre à une action injuste de ses
concitoyens, et Jean-Jacques demeura avec son oncle
Bernard, qui l'envoya avec son fils à l'école du

Pasteur Lambercier. Rousseau passe encore ici quelques heureux moments, mais il détruit le plaisir que son bonheur nous fait éprouver en faisant allusion à un certain état de son esprit dont il ne parlera que trop souvent, et qui nous fait voir que dans le grand utopiste et le grand rêveur se trouve aussi le sensualiste grossier.

Après avoir quitté le pasteur il devint apprenti d'un notaire qui le renvoya à cause de sa stupidité, et **Mᵐᵉ de** il entra en apprentissage chez un graveur. **Warens.** Son maître était un homme brutal, qui le traita avec grande cruauté. Il apprit à voler et à mentir, et nous pourrions croire que son intelligence dut être abrutie par les coups qu'il reçut, mais, à notre grand étonnement, il nous dit qu'il consacrait à la lecture tous les moments qu'il pouvait dérober à son maître. C'est ce goût pour la lecture qui lui permit d'acquérir de grandes connaissances, dont il sut si bien se servir quand il eut à lutter contre l'archevêque de Paris, contre Voltaire et les Encyclopédistes. Un jour étant sorti de la ville avec quelques amis, ils s'attardèrent et revinrent au moment où les gardes fermaient les portes pour la nuit. Rousseau n'osa pas braver, le lendemain, la colère de son maître, et résolut de s'enfuir de la ville. Peu après nous le voyons à Annecy, chez Mᵐᵉ de Warens, cette femme bonne et aimante, dont les fautes et les faiblesses ont été dévoilées si rudement par l'homme à qui elle donna l'hospitalité et dont elle devait éveiller le génie. Le caractère de Mᵐᵉ de Warens est presque aussi étrange que celui de Rousseau: convertie à la religion catholique, elle reçut du roi de Sardaigne une pension qu'elle partageait, dans un

esprit de charité mal conçu, avec tous les aventuriers
qui lui demandaient l'aumône.   Elle paraît avoir
manqué de sens moral, mais nous éprouvons pour
elle une affection sincère, malgré ses défauts, quand
nous considérons que ces défauts n'étaient que trop
communs dans son siècle, et quand nous voyons combien elle était bonne, douce et charmante.   Quand
Rousseau entra dans sa maison hospitalière elle avait
vingt-huit ans et lui seize ans, mais à première vue
elle produisit sur le jeune garçon une telle impression qu'il éprouva pour elle un amour qui devait durer
bien des années.

Rousseau ayant témoigné l'intention de devenir
catholique Mme de Warens l'envoya à Turin, et quoiqu'il eût quelque honte de changer de   Turin.
religion pour des motifs mercenaires, il
fut baptisé avec grande pompe.   Plusieurs années
plus tard il revint à la foi calviniste et fut admis de
nouveau parmi les citoyens de Genève.   Sa vie à
Turin, après sa conversion, se passa à changer con-
tinuellement d'état.   Un jour il était sur le point de
mourir de faim, un autre jour il était secrétaire ou
plutôt laquais d'une vieille dame, puis il entra au
service d'un noble qui le traita avec beaucoup de
bonté, et dont le fils lui donna des leçons de latin.
Il avait une bonne perspective pour l'avenir quand,
tout à coup, il négligea son travail, fut mis à la porte,
et partit avec un de ses compatriotes genevois,
s'imaginant qu'il pourrait gagner sa vie en donnant
des représentations dans les villages avec une fontaine
magique.

En 1729 il revint chez Mme de Warens qui fit tout

ce qu'elle put pour l'aider; elle l'envoya à un séminaire pour se préparer à la prêtrise, mais
on ne le crut pas digne de cette vocation,
et elle lui fit donner des leçons de musique. Son
maître, M. Lemaître, ayant quitté Annecy, Rousseau
l'accompagna à Lyon, et là, le malheureux étant
tombé dans la rue dans une crise épileptique, son
compagnon se contenta de donner aux passants le
nom et l'adresse de M. Lemaître, et l'abandonna. On
peut comparer cet acte de lâcheté avec ce qu'il fit à
Turin et qu'il raconte lui-même avec cynisme. Il
vola un ruban et accusa de ce vol une jeune servante
de la maison. En revenant de Lyon il trouva, à son
grand chagrin, que sa bienfaitrice était allée à Paris.
Pendant son absence il mena la vie d'un vagabond,
allant d'un endroit à un autre, enseignant la musique
sans la savoir et l'apprenant en l'enseignant, interprète d'un archimandrite grec, passant quelques
semaines à Paris, puis errant et vivant de charité,
dormant dans les places publiques à Lyon, et enfin
arrivant dans ses pérégrinations à Chambéri, où Mme
de Warens s'était établie.

Nous sommes maintenant au moment le plus
heureux de la vie de Rousseau. A une courte distance de Chambéri sont "les Charmet-
tes," que Mme de Warens et son protégé
ont rendues immortelles, et où sont attirés tous ceux
qui ont été charmés par le style merveilleux et les
grandes idées de l'auteur d'"Émile." Là, Rousseau
se consacra à l'étude de la nature aussi bien que de la
science et de la littérature, là, il vécut heureux avec
une femme qui semble lui avoir ennobli l'âme par sa
douceur et son dévouement. S'il eût continué cette

Vie errante.

"Les Charmettes."

vie il n'eût pas écrit les ouvrages qui ont ébranlé les
fondements de la société, mais du moins il eût été
heureux. Étant allé à Montpellier pour se faire traiter
pour une maladie imaginaire, il apprit à son retour
que Mme de Warens avait pris un autre compagnon.
Il la quitta et alla à Lyon, où il fut précepteur de
deux petits garçons. Remarquons ici que
Rousseau, l'éducateur théorique, n'eut   Rousseau
                                           précepteur.
pas de succès comme précepteur. Il
était trop nerveux, trop visionnaire pour s'adapter
aux idées de l'enfance, et il dit lui-même qu'il avait
quelquefois envie de tuer ses élèves quand ils se con-
duisaient mal. Le précepteur doit être guidé par sa
raison et non par son imagination, et Rousseau, quoiqu'il devînt un oracle pour tout ce qui concerne
l'éducation, était trop utopiste pour être un maître
pratique.

Nous le trouvons après à Paris, où il était allé
pour présenter une méthode qu'il avait inventée pour
la notation de la musique par des chiffres.
Quoique sa méthode n'eût guère de   "Le Devin
                                       du Village."
succès, son voyage à Paris lui fut utile,
parce qu'il fut mis en contact avec des personnes
influentes, et qu'il obtint ainsi le poste de secrétaire
d'ambassade à Venise. Il paraît s'être bien acquitté
de ses fonctions, et dans ses "Confessions" il se
plaît à raconter comment il faisait le travail de son
chef, qui était un malhonnête homme et un imbécile.
A Venise il se passionna encore plus pour la musique,
et à son retour en France, après qu'il eut eu quelques
scènes orageuses avec son chef, nous le voyons qui
critique la musique française et qui produit son
charmant opéra, " le Devin du Village." L'ouvrage

fut joué devant le roi et eut le plus grand succès.
Louis XV témoigna le désir de voir l'auteur, mais
Rousseau s'y refusa. Le prétexte qu'il donne n'est
pas bon, et nous ne pouvons nous expliquer sa conduite que par le fait que son caractère devenait
morose, sauvage et extraordinaire. Ce fut à cette
époque qu'il rencontra Thérèse Levasseur, avec qui il
vécut jusqu'à la fin de sa vie. Elle était
une servante à la pension où il prenait ses
repas, était ignorante et presque stupide.

Il abandonne ses enfants.

Cependant, Rousseau la traita toujours avec patience
et douceur, quoique, à la fin, elle fût devenue presque
insupportable. Elle paraît, cependant, avoir eu quelques qualités, et Rousseau eût pu être heureux avec
elle, considérant qu'il n'était pas lui-même très
raffiné, s'il n'y avait eu pour les écarter l'un de
l'autre le souvenir de cinq petits enfants absents du
foyer de famille. Thérèse avait eu cinq enfants et,
cependant, elle se trouvait seule! Le père dénaturé
avait envoyé les petits êtres, dès leurs naissance, à
l'asile, et ni lui ni la mère ne surent jamais ce qu'ils
étaient devenus.

Dans ses "Confessions," Rousseau se blâme pour
avoir abandonné ses enfants, mais tâche, néanmoins,
d'excuser sa conduite. Afin d'apprécier l'"Émile,"
nous devons essayer d'oublier que le sentiment paternel faisait entièrement défaut à l'auteur de ce traité
sur l'éducation, car autrement son caractère nous
paraîtrait si repoussant que nous ne pourrions aperce-
voir le mérite du livre. Rousseau n'exerçait pas la
philanthropie chez lui; il plaidait en faveur de
l'existence, du bonheur et du bien-être des enfants
d'autrui, et il abandonnait les siens à la charité

publique. Quelle contradiction! quelle monstruosité!
Espérons que le grain de folie qui devait se développer en lui plus tard fut la cause de sa conduite indigne. Il fut un homme de génie, il écrivit de grands ouvrages; les uns disent qu'il fut un misérable; les autres, un fou. Après avoir étudié sa vie avec attention nous arrivons à la conclusion que ces deux opinions sont correctes, mais qu'il eut aussi des idées généreuses et nobles.

Ce ne fut qu'à l'âge de trente-sept ans que Rousseau devint un écrivain célèbre, car son "Devin du Village," mentionné plus haut, fut écrit **Les** après ses fameux "Discours." L'Aca- **Discours.** démie de Dijon avait donné pour sujet d'un prix la question: "La restauration des sciences a-t-elle contribué a purifier ou à corrompre les mœurs?" Rousseau prit le côté pessimiste de la question et attaqua avec une éloquence entrainante la société de son temps et la civilisation elle-même. Trois ans plus tard il écrivit pour la même Académie un autre essai passionné sur ce sujet: "Quelle est l'origine de l'inégalité parmi les hommes, et est-elle autorisée par la loi naturelle?" Il remporta le prix du premier concours, mais son second travail n'eut pas le même succès. Les deux discours, cependant, le rendirent célèbre. Grimm et Diderot devinrent ses amis intimes, et la *clique holbachique*, comme il appelait les encyclopédistes, rivalisèrent avec les grandes dames pour lui faire honneur.

Rousseau remplit un emploi quelque temps chez M. de Francueil, mais il quitta subitement celui-ci et résolut de gagner sa vie en copiant la musique à tant la page. Nous pouvons nous imaginer l'effet que produisit cet homme extraordinaire sur la société du

Il quitte
Paris —
l'Hermitage.
XVIII⁰ siècle, sur ces hommes et ces femmes si frivoles et en même temps si sérieux. Le siècle de la Régence et de ses
roués devait être aussi celui de la Révolution avec ses
Marat et ses Robespierre; le siècle de Regnard et de
Marivaux, avec leurs amusantes et spirituelles comédies, était aussi celui de Buffon et de Montesquieu,
avec leurs ouvrages grandioses et nobles; le siècle
qui avait vu Louis XV, despote et vil, ruinant la
France avec ses favorites, devait voir aussi un roi
décapité par son peuple, et ce peuple, à son tour,
subjugué par un soldat parvenu. Étrange dix-huitième siècle, avec ses femmes spirituelles et ses
hommes intrépides, avec ses salons littéraires et ses
salons de jeu, avec son immoralité et son intolérance;
étrange dix-huitième siècle qui nous présente Rousseau s'enfuyant de la plus brillante de toutes les
villes, se brouillant avec ses anciens amis pour en
faire de nouveaux qui, eux aussi, deviendront bientôt
des ennemis, se réfugiant chez Mme d'Épinay à la
campagne, ne desirant se consacrer qu'à l'étude de la
nature et forcé, néanmoins, par une impulsion irrésistible d'écrire pour le monde entier "la Nouvelle
Héloïse," "le Contrat Social," et "Émile"!

Pendant qu'il était à l'Hermitage Rousseau devint

"La Nouvelle
Héloïse" et le
"Contrat
Social."
éperdument amoureux de Mme d'Houdetot, qui aimait Saint-Lambert, le soldat
poète. L'ermite, le réformateur de la
société, tomba dans des paroxysmes de
désespoir, et son imagination fut remplie de visions
d'amour. Sa nature sensuelle le maîtrisa complètement et il jeta sur le papier les lettres passionnées

de Julie et de Saint Preux. "La Nouvelle Héloïse"
eut un immense succès, car le style est entraînant
et l'histoire est intéressante et pathétique, mais
malgré ce qu'en dit l'auteur, le livre est immoral et
plus dangereux que bien des romans obscènes. De
ses trois grands ouvrages, le "Contrat Social" exerça,
après quelques années, la plus grande influence au
XVIIIᵉ siècle. Il devint l'Évangile des hommes de
la Révolution et hâta certainement le soulèvement
contre la tyrannie. Il est, cependant, rempli
d'utopies et n'est presque plus lu. L' "Émile" sera
la plus durable de ses œuvres. Nous en ferons une
courte analyse, mais nous devons d'abord jeter un
coup d'œil sur l'état de l'éducation en France avant
Rousseau.

Nous avons déjà fait voir qu'il ne faut pas mépriser
le moyen âge. On ne peut appeler entièrement
obscure une époque qui produisit un *Histoire de
l'éducation
en France.*
Dante en Italie, un Chaucer en Angleterre, le "Nibelungenlied" en Allemagne, et cette admirable épopée, la "Chanson de
Roland." On ne peut nier, cependant, que la masse
du peuple ne fût plongée dans l'ignorance et que la
plupart des nobles ne fussent sans la moindre instruction. Le puissant empereur, Charlemagne, essaya en vain, avec l'aide de l'Anglais, Alcuin, d'établir
des écoles et d'instruire son peuple. Ses successeurs
furent trop faibles pour continuer cette tâche, et il
nous faut attendre jusqu'au douzième siècle pour
voir une nouvelle renaissance des lettres. Nous rencontrons alors la scolastique et la dialectique; les
nominaux et les réalistes fleurissent, le grand
Abélard paraît, et l'Université de Paris reçoit des

milliers d'étudiants désireux de se rendre maîtres des
branches du trivium et du quadrivium. Mais cette
éducation était principalement théologique, et les méthodes d'enseignement étaient dures, même cruelles.
Ce ne fut que quand la chute de Constantinople
eut répandu la culture des Grecs sur l'Europe
occidentale, et que l'invention de l'imprimerie eut
permis aux hommes d'étudier les chefs-d'œuvre de
l'antiquité, qu'une vraie renaissance eut lieu. Rabelais
écrivit son livre extraordinaire, où, sous un masque
burlesque, il cacha tant d'idées profondes et sages. Il
appela l'attention sur l'étude de la nature, de la
physiologie, sur la nécessité des exercices physiques,
et fut avec Montaigne le plus grand des prédécesseurs
de Rousseau. Montaigne est plus pratique que
Rousseau et exprime ses idées d'une manière originale et charmante. Au xviiᵉ siècle l'éducation est
entre les mains des deux grandes congrégations, les
jésuites et les jansénistes, et Port-Royal nous rappelle
Racine et Pascal. Malebranche et Descartes écrivirent
sur l'éducation, Fénelon produisit sa célèbre " Éducation des Filles," Mᵐᵉ de Maintenon fonda l'école de
Saint-Cyr, et au xviiiᵉ siècle le bon Rollin réorga-
nisa et fit revivre l'Université de Paris. Rousseau ne
fut donc pas le premier qui donna un système d'éducation, mais il sut tirer parti des travaux de ses prédécesseurs et consacra à sa tâche tant de zèle et d'énergie que ses efforts furent couronnés de plus de succès que ceux de ses devanciers.

"Émile" commence par ces mots: " Tout est bien,
sortant des mains de l'Auteur des choses, tout dé-
génère entre les mains de l'homme." Basée sur de
telles idées l'éducation de l'élève de Rousseau doit

être, en grande partie, une utopie et être peu pratique, puisque l'enfant ne doit rien savoir du monde et doit être confié dès sa nais- "Émile." sance à un gouverneur. Il faut aussi qu'il soit d'une bonne famille et très sain. Une éducation comme celle d'Émile est impossible, et les idées fertiles de l'auteur, les suggestions, constituent le mérite du livre. L'"Émile" accomplit tout d'abord une grande réforme, les mères nourrirent elles-mêmes leurs enfants et s'occupèrent des premières années des pauvres petits êtres, livrés jusque là à des nourrices mercenaires. "La seule habitude qu'on doit laisser prendre à l'enfant est de n'en contracter aucune," dit Rousseau. Le conseil est certainement excellent et on doit le suivre en donnant à l'enfant une éducation basée sur la raison. Qu'il voie, dès le commencement, qu'il ne doit commander ni aux choses ni aux hommes, aidons-le dans sa faiblesse, mais laissons-le faire lui-même ce qu'il peut faire. Sur toutes choses aimons les enfants et tâchons de les rendre heureux. "La première éducation doit donc être purement négative. Elle consiste, non point à enseigner la vertu ni la vérité, mais à garantir le cœur du vice et l'esprit de "Le Vicaire Savoyard." l'erreur." Voilà un des nombreux para- doxes de Rousseau, car, comment pouvons-nous garantir le cœur du vice et l'esprit de l'erreur d'une manière plus efficace qu'en enseignant à l'enfant la vertu et la vérité? On ne peut mieux inculquer à l'enfant l'amour de la vertu et de la vérité qu'en lui inculquant l'idée de la religion et l'amour de Dieu, mais Rousseau ne veut pas que l'enfant connaisse son Créateur avant qu'il ait presque atteint l'âge

d'homme. Alors il conduira son élève, au point du
jour, voir le soleil se lever resplendissant, et il lui
enseignera la profession de foi du Vicaire Savoyard.
Il n'y a jamais eu de plus belles pages consacrées à la
louange de Dieu, il n'y a jamais eu de plus éloquent
plaidoyer en faveur de l'immortalité de l'âme que les
paroles du Vicaire. Le sentiment n'est pas celui
d'un chrétien, mais il est remarquable, quand on le
compare aux tendances matérialistes du siècle, et
Rousseau n'eût pas dû être persécuté pour avoir
élevé le sentiment de la divinité qu'un si grand
nombre de ses contemporains tâchaient d'abaisser.

Dans ses " Discours " Rousseau avait attaqué l'idée
de la propriété, dans l' " Émile " il l'admet et la fait

**Moyens
d'instruire
Émile.** comprendre d'une manière efficace mais
indirecte. Dans son système de faire
tout apprendre à l'enfant par lui-même
il est obligé d'employer des moyens artificiels. Il
enseigne la géographie à l'enfant en se perdant dans
les bois avec lui, et le fait courir avec de petits paysans
dans un but hygiénique, en mettant un gâteau sur
une pierre et en le donnant à celui des garçons qui
arrivera le premier à la pierre; il lui donne une leçon
de physique en lui montrant un charlatan qui fait
mouvoir des canards en métal à l'aide d'un aimant.
Les idées sont excellentes, mais les méthodes em-
ployées ne sont pas pratiques. Une idée réellement
excellente est quand il exige que le garçon apprenne
un métier. Cette idée, quelque peu modifiée, a
donné naissance à nos écoles manuelles modernes, où
l'on exerce en même temps la main, l'œil et l'esprit.

Nous sommes étonnés de voir cette phrase dans
l' " Émile ": " La lecture est un fléau de l'enfance, et

presque la seule occupation qu'on lui sait donner. A
peine à douze ans Émile saura-t-il ce   Les livres
que c'est qu'un livre." Voilà une   que lit
étrange erreur, car rien n'est plus impor-   Émile.
tant que de donner à l'enfant le goût de la lecture,
quelque jeune qu'il soit. S'il est bien dirigé, il
acquerra par la lecture une culture mentale qui
l'aidera infiniment dans ses études. Si l'on doit
donner un livre à l'enfant, il y en a un, d'après
Rousseau, qui, à lui seul, vaut mieux que toute une
bibliothèque, c'est "Robinson Crusoé." Là, on peut
voir ce que l'homme peut accomplir avec de l'adresse,
de l'énergie et du courage. Quant aux livres à
étudier, ne donnez pas à un enfant les Fables de La
Fontaine, il ne pourra les comprendre et il faudra
attendre que son jugement soit mûri. Le même
raisonnement s'applique à l'histoire, et il vaut mieux
étudier l'homme dans Plutarque que dans la société,
où tout est corrompu. Émile étudiera aussi la
musique et il ne saura pas d'autre langue que la
sienne. Les maximes suivantes de Rousseau sont
réellement nobles: "Si jamais vos talents cultivés
vous mettent en état de parler aux hommes, ne leur
parlez jamais que selon votre conscience, sans vous
embarrasser s'ils vous applaudiront." "Mon enfant,
l'intérêt particulier vous trompe; il n'y a que l'espoir
du juste qui ne trompe point."

Émile est maintenant un jeune homme, il pense à
l'amour et au mariage. Fera-t-il son choix lui-même?
Non, son gouverneur choisira pour lui,   Sophie.
et le conduira à la jeune fille créée et
élevée exprès pour lui. Voilà la partie la plus faible
d'un livre où il y a tant de bonnes idées. L'éducation

de Sophie est encore plus utopique que celle d'Émile,
et la future femme de notre héros nous paraît assez
étrange avec son amour pour Télémaque, amour
qu'elle transférera à Émile comme étant le prototype
du fils d'Ulysse. Ils sont fiancés, et nous pensons
qu'ils vont bientôt se marier, mais ici encore le sage
gouverneur intervient, et il envoie Émile voyager
pendant trois ans, pour apprendre à conquérir ses
passions et pour compléter son instruction. Il
revient, cependant, toujours amoureux de sa Sophie;
le mariage a lieu; les deux êtres privilégiés sont
heureux, et l'ouvrage arrive à la fin. Nous devons
regretter que Rousseau ait écrit une suite de
l'"Émile," où de la manière la plus extraordinaire,
il détruit sa propre théorie de l'éducation des femmes
en rendant Sophie infidèle à son mari.

Nous avons laissé Rousseau à l'Hermitage, amoureux de Mme d'Houdetot et souffrant d'une maladie
incurable. Nous le voyons ensuite à
Montmorency, où l'amitié d'un grand
seigneur, le maréchal de Luxembourg, le
rend comparativement heureux. Bientôt ses malheurs vont recommencer. Quand l'"Émile" parut
ses amis lui firent savoir que le livre devait être
condamné et brûlé. Rousseau s'échappa avant que
le décret fût lancé, et se réfugia à Yverdun, dans le
canton de Berne. Là, il apprit avec stupeur que sa
ville natale, qu'il avait toujours aimée et dont il avait
parlé si favorablement dans ses fameuses "Lettres à
d'Alembert," avait ordonné de brûler le "Contrat
Social" et l'"Émile," et défendu à l'auteur de
pénétrer sur le territoire de la république. Berne
suivit bientôt l'exemple de Genève, et le malheureux

[marginal note: Dernières années de Rousseau.]

écrivain se réfugia à Motiers, en Neuchâtel, apparte-
nant alors au roi de Prusse. Le grand Frédéric
ordonna de bien recevoir Rousseau, et celui-ci,
devenu ami du maréchal Keith, jouit d'un moment
de repos. Les personnes les plus distinguées vinrent
le voir, parmi lesquelles nous voyons Gibbon, l'historien, et Boswell, le biographe modèle. A Motiers
Rousseau écrivit sa célèbre lettre à l'archevêque de
Paris, où il défend la profession de foi du Vicaire
Savoyard. Il renonça aussi, à cette époque, à son
titre de citoyen de Genève et écrivit ses "Lettres de
la Montagne," où il attaque violemment le parti aristo-
cratique de Genève. Ces ouvrages témoignent d'une
vigueur étonnante de style et d'esprit, quand nous
considérons que l'imagination de Rousseau était alors
plus malade que jamais, et qu'il touchait à la folie.
Il adopta le costume arménien et passa son temps à
faire des lacets. Le peuple orthodoxe de Neuchâtel
ne permit pas à l'auteur d' "Émile" de passer ses
jours dans une occupation inoffensive. Ils lui firent
subir toutes sortes de persécutions, qu'il exagéra,
sans doute, et afin de sauver sa vie, à ce qu'il crut,
il alla à l'île de Saint Pierre, dans le lac de Bienne.
L'amour de la nature lui inspira dans cette île une
admirable description du paysage pittoresque et
sauvage. Il vivait content, mais un ordre de Berne
le bannit encore. Où pouvait-il aller ? Hume, le
grand historien, lui offrit un refuge en Angleterre.
Il accepta, alla à Wooton, dans le Derbyshire, se
querella bientôt avec son protecteur et revint en
France, où il ne fut pas inquiété. Il erra de Fleurus,
près de Gisors, jusqu'à Trye, où il prit le nom de
Renou ; il alla ensuite à Grenoble, et en 1770, nous le

trouvons à Paris. Il vécut huit ans dans la capitale de la France, l'esprit troublé, et produisant ces étranges "Dialogues" entre Jean-Jacques et Rousseau, consacrant la plus grande partie de son temps à la botanique, un objet de curiosité pour tous et d'intérêt pour quelques-uns. Bernardin de Saint Pierre, l'auteur de "Paul et Virginie," rencontra souvent Rousseau à cette époque, et nous l'a dépeint. Il était très pauvre et sombre et morose. M. de Girardin lui offrit un asile à Ermenonville, à vingt milles de Paris, et là, le 2 juillet 1778, il mourut subitement. Il n'est pas prouvé que sa mort ne fut pas due à un suicide.

Le caractère de Rousseau était un étrange mélange de bon et de mauvais. Nous devons louer bien des

Rousseau est le fondateur de l'école romantique.

sentiments élevés dans ses écrits, son esprit d'indépendance, sa franchise qui touchait à la brutalité, comme quand il écrivait à Voltaire: "Monsieur, je ne vous aime point;" mais que d'actions viles il a commises, et comme il s'en glorifie! Nous plaignons ses malheurs, mais nous ne pouvons l'admirer comme homme. Comme écrivain nous devons le louer hautement, et dire que ce grand génie mérite d'être enseveli au Panthéon parmi les grands hommes. Son influence comme éducateur a été favorable, mais son influence sur la littérature est encore bien plus importante. Dans ses écrits nous trouvons de la force, et en même temps une grâce et une fraîcheur merveilleuses. Bernardin de Saint-Pierre procède de lui, et Mme de Staël et Chateaubriand et Lamartine, et il est réellement le fondateur de l'école romantique et le précurseur de Victor Hugo, d'Alfred de Musset et de leurs disciples.

CHAPITRE V

LA POÉSIE

Nous avons vu que Voltaire est célèbre comme poète, surtout dans ses Épîtres et ses Satires, où son esprit fin et léger se trouve à l'aise. Le souffle lyrique lui manque, ainsi qu'à tous ses contemporains, et ce n'est qu'à la fin du XVIII° siècle qu'apparaissent un vrai poète, André Chénier, emporté si jeune par la tourmente révolutionnaire et Rouget de l'Isle, l'auteur de "la Marseillaise." Si l'on était bon poète parce qu'on écrit des vers corrects, élégants même, on peut dire qu'il exista en France au XVIII° siècle un grand nombre de poètes. Ils mirent parfaitement en pratique les préceptes de Boileau et furent d'habiles versificateurs, mais l'inspiration poétique leur fit certainement défaut. Jean-Baptiste Rousseau (1670–1741) fut longtemps considéré un poète lyrique de premier ordre. Ses "Odes," J.-B. ses "Cantates," sont, cependant, bien Rousseau. froides, et l'on préfère ses "Épigrammes," qui sont caustiques et spirituelles. Accusé, peut-être à tort, d'avoir écrit des libelles infâmes, il fut banni de France et vécut principalement à Bruxelles. Le Franc de Pompignan (1709–1784) a pleuré, dans une belle ode, la mort de Rousseau et, par ses "Poésies Sacrées," mérite d'être placé Pompignan. parmi les meilleurs poètes de son siècle. Il eut le

malheur d'attaquer les philosophes et Voltaire, et
Louis Racine. celui-ci l'écrasa sous le ridicule. Louis
Racine (1692–1763) écrivit deux poèmes
didactiques, " la Grâce " et " la Religion." On ne lit
guère les œuvres du fils du grand poète du XVIIe
siècle, et les vers lyriques admirables des chœurs
d' " Esther " et d' " Athalie " nous font trouver in-
signifiants les vers de " la Grâce " et de " la Religion," mais on trouve dans Louis Racine beaucoup
de pureté et d'élégance et, quelquefois, de l'enthousiasme. Dans l'école descriptive nous voyons les noms
de Saint-Lambert, de Lemierre, de Delille, de Rou-
cher, qui alla à l'échafaud dans la même charrette
qu'André Chénier. Dans le genre léger et badin
nous avons Gresset et Piron, que nous retrouverons
Gilbert. comme auteurs comiques, dans le genre
lyrique, Malfilâtre et Lebrun, et Gilbert
(1751–1780), qui est célèbre aussi comme satirique.
La légende s'est emparée du nom de Gilbert et l'a
fait mourir de misère à l'hôpital. Tout le monde
connaît les admirables pages que lui a consacrées
Alfred de Vigny dans " Stello," mais quoiqu'il
mourût à l'âge de vingt-neuf ans, ce fut d'une chute
de cheval et non à l'hôpital. Il écrivit le " Dix-huitième Siècle," satire amère, mais pleine de verve et
de force, et attaqua le parti des philosophes. Il
publia aussi une autre satire, " Mon Apologie," et
écrivit, peu de jours avant sa mort, quelques lignes
touchantes et vraiment lyriques, " Adieux à la Vie."
Mentionnons Florian (1755–1794), le meilleur fabuliste après La Fontaine, et passons à André Chénier,
le seul grand poète du XVIIIe siècle.

André Chénier naquit à Constantinople en 1762.
Son père était consul-général de France, et sa mère
était Grecque. Il fut amené en France
à l'âge de trois ans, fit de bonnes études **André Chénier.**
et, à seize ans, traduisait avec talent des
odes grecques. Il fut soldat pendant quelques mois,
puis voyagea en Italie et en Suisse. Il fut ensuite
attaché pendant trois ans à l'ambassade de France à
Londres. A son retour à Paris il adopta les principes
de la Révolution, mais il en blâma bientôt les excès
et prit le parti de ceux qui étaient persécutés. Il
écrivit un poème à la louange de Charlotte Corday,
combattit les montagnards, préta sa plume au roi et
devint suspect, quoique son frère, Marie-Joseph, fût
un ardent républicain. Il dut se cacher, mais ayant
appris l'arrestation d'un de ses amis à Passy, il courut
offrir quelques consolations à la famille de son ami
et fut arrêté lui-même comme suspect. Il fut mis à
Saint-Lazare, détenu plusieurs mois, puis exécuté le
25 juillet 1794 (le 7 thermidor), deux jours avant la
révolution qui amena la chute de Robespierre et qui
aurait ouvert les portes de sa prison. On dit qu'en
montant sur l'échafaud il s'écria en se frappant le
front de la main: " et pourtant il y avait quelque
chose là."

On ne saurait trop regretter la mort prématurée
d'André Chénier, c'était un noble cœur aussi bien
qu'un poète de génie. Sa muse est toute **Ses œuvres.**
grecque, c'est-à-dire gracieuse et élé-
gante; elle s'inspire des poètes de la Grèce, mais ne les
copie pas. On connaissait à peine les œuvres de
Chénier lorsque la Terreur le frappa, et ce n'est qu'en
1819 qu'on publia ses vers. Un an après devaient

paraître les "Méditations," et la France pouvait jouir
des admirables poésies de Chénier et de Lamartine.
Les deux poètes ne se ressemblent cependant pas, car
Chénier est un classique comme Racine. Il sut,
néanmoins, renouveler la poésie en y mettant cette
passion, ce lyrisme qu'on ne rencontre nulle part
ailleurs au XVIIIᵉ siècle. On lit avec un charme
infini les "Idylles," les "Élégies," les "Poèmes," les
"Hymnes," les "Odes," et les "Iambes"
La "Jeune   écrits pendant la captivité. Mentionnons
Tarentine." surtout "l'Aveugle," "le Mendiant," "la
Jeune Captive," les odes à Fanny et la "Jeune
Tarentine," poème si pur et si touchant:

"Pleurez, doux alcyons ! ô vous, oiseaux sacrés,
  Oiseaux chers à Thétis; doux alcyons, pleurez !

Elle a vécu, Myrto, la jeune Tarentine !
Un vaisseau la portait aux bords de Camarine:
Là l'hymen, les chansons, les flûtes, lentement
Devaient la reconduire au seuil de son amant.
Une clef vigilante a, pour cette journée,
Sous le cèdre enfermé sa robe d'hyménée,
Et l'or dont au festin ses bras seront parés,
Et pour ses blonds cheveux les parfums préparés.
Mais, seule sur la proue, invoquant les étoiles,
Le vent impétueux qui soufflait dans ses voiles
L'enveloppe : étonnée et loin des matelots,
Elle tombe, elle crie, elle est au sein des flots.

Elle est au sein des flots, la jeune Tarentine !
Son beau corps a roulé sous la vague marine.
Thétis, les yeux en pleurs, dans le creux d'un rocher,
Aux monstres dévorants eut soin de la cacher.
Par son ordre bientôt les belles Néréides
S'élèvent au-dessus des demeures humides,

Le poussent au rivage, et dans ce monument
L'ont au cap du Zéphyr déposé mollement :
Et de loin, à grands cris appelant leurs compagnes,
Et les nymphes des bois, des sources, des montagnes,
Toutes, frappant leur sein, et traînant un long deuil,
Répétèrent, hélas ! autour de son cercueil :

Hélas ! chez ton amant tu n'es point ramenée,
Tu n'as point revêtu ta robe d'hyménée,
L'or autour de ton bras n'a point serré de nœuds,
Et le bandeau d'hymen n'orna point tes cheveux. "

CHAPITRE VI

LE ROMAN ET AUTEURS DIVERS

Le roman au xviiiᵉ siècle est intéressant et nous rappelle un peu la comédie de l'époque. Mentionnons d'abord les œuvres de Mᵐᵉ de Fontaines et de Mᵐᵉ de Tencin. Elles imitèrent **Mᵐᵉ de Fontaines.** toutes les deux le genre de Mᵐᵉ de La Fayette, et écrivirent des romans d'amour intéressants et d'une observation subtile et exacte des passions. On lit avec plaisir " la Comtesse de Savoie " et " Aménophis," par Mᵐᵉ de Fontaines; ce sont des œuvres pures et sans pédantisme. Quant au "Comte de Comminges," par Mᵐᵉ de Tencin, bien **Mᵐᵉ de Tencin.** des critiques ne le placent guère au-dessous de " la Princesse de Clèves." Nous devons dire que nous ne partageons pas cette opinion et que le roman de Mᵐᵉ de Tencin est loin d'avoir produit sur nous la même impression que l'œuvre si délicate de Mᵐᵉ de La Fayette. "Le Comte de Comminges," cependant, a du mérite, et l'on est étonné, en lisant ce petit livre, de voir que l'auteur, dont la vie fut si déréglée, donne à ses héros les sentiments les plus nobles. Le comte de Comminges est amoureux de Mlle de Lussan et refuse d'obéir à son père, qui veut le marier à une autre personne. Il est mis dans un cachot, et Mlle de Lussan, pour le libérer, épouse un homme qu'elle n'aime pas et dont elle connaît le vilain caractère. Après plusieurs aventures Comminges apprend que la femme qu'il aime est morte. Dans son désespoir il se retire dans un couvent de trappistes, mais malgré les austérités de la règle, il ne peut oublier son Adélaïde. Un jour un des religieux est sur le point de mourir, et fait sa confession à haute voix. C'est Adélaïde, qui s'était échappée du cachot, où son mari la tenait enfermée, et qui s'était réfugiée aussi dans le couvent sous un habit d'homme. Elle raconte qu'elle y a reconnu le comte et dépeint les tortures qu'elle a endurées de n'avoir pu se faire connaître de lui. Elle meurt; et le comte se jette en désespéré sur le corps de celle qu'il n'a retrouvée que pour la perdre pour toujours. Cette scène est certainement dramatique et touchante.

Le plus grand romancier du XVIIIe siècle est sans contredit Le Sage. Son "Gil Blas" est aussi im-

Le Sage. mortel que le "Don Quichotte" de Cervantes et nous rencontrons dans cet ouvrage des personnages réels, dont les vertus et les vices sont bien ceux de l'humanité. Il n'y a pas d'héroïsme surhumain dans "Gil Blas," c'est le récit de la vie d'un aventurier et nous voyons se dérouler devant nous d'intéressants tableaux, où l'auteur fait preuve d'une connaissance étonnante du cœur humain. Quelques traits de plume suffisent pour indiquer clairement un caractère, et ce caractère une fois tracé se développe naturellement, selon les circonstances. Appelons l'attention sur quelques scènes de ce livre admirable.

Gil Blas est de basse naissance, mais son oncle, le chanoine Gil Perez, le fait instruire et il devient très fort sur la dialectique. Quand il a seize "Gil Blas." ans il lui faut aller chercher fortune. Sur la route il rencontre un parasite qui soupe à ses dépens et lui donne une leçon de modestie, puis il tombe dans une caverne de voleurs. Il réussit à s'échapper, est encore dupé, puis devient domestique et, plus tard, aide du docteur Sangrado. Quelle amusante création que celle du fameux médecin qui traite aux saignées et à l'eau chaude et qui fait plus de ravages dans une ville qu'une épidémie! Gil Blas est obligé de s'enfuir et d'abandonner la pratique de la médecine pour avoir employé un peu trop tôt ses remèdes favoris sur une riche veuve qui devait épouser un spadassin. Il se rend ensuite à Madrid, où il devient valet de nobles et de comédiennes. Il est quelque temps secrétaire de l'archevêque de Grenade, le grand auteur d'homélies; il a encore beaucoup d'aventures et nous le voyons enfin secrétaire et confident du duc de Lerme. Le Sage nous présente un tableau fidèle de la cour de Philippe III, entièrement gouverné par le duc de Lerme, et de Philippe IV, gouverné par le comte-duc d'Olivarès. L'opulence gâte Gil Blas, il devient orgueilleux et dur, mais lorsqu'il est mis à la tour de Ségovie il se corrige de ses vices et, devenu libre, secourt ses parents et jouit avec modération de sa faveur à la cour. Il finit par se retirer dans son château et

mène une vie honnête avec sa femme et ses enfants.
Gil Blas n'est certes pas un personnage très vertueux,
mais il nous raconte ses fautes avec tant de naïveté
que nous les lui pardonnons, surtout quand nous le
voyons devenir un honnête homme. Son ami Fabrice,
le poète, disciple de Gongora, nous intéresse aussi
beaucoup, ainsi que tous les personnages secondaires
de l'histoire. Gil Blas parut de 1715 à 1735 et, avant

"Le Diable- cet ouvrage, Le Sage avait fait paraître
Boiteux." "le Diable Boiteux," amusant roman
satirique, où Asmodée fait voir à un
jeune homme tout ce qui se passe à l'intérieur des
maisons, scènes comiques et scènes navrantes, la vie
enfin, telle qu'elle est. Le Sage est aussi célèbre
comme auteur comique que comme romancier, et
nous aurons plus tard occasion de parler de "Crispin
rival de son maître" et de "Turcaret." L'auteur de
"Gil Blas" était un homme honnête et fier. Il
accepta, cependant, une pension de l'abbé de Lyonne,
et suivit le conseil de celui-ci, qui l'engagea à étudier
la littérature espagnole. Il traduisit et imita beaucoup de romans espagnols du genre picaro, et donna
enfin son chef-d'œuvre, que les Espagnols réclamèrent
comme leur ayant été dérobé. Cette assertion ne
repose sur aucune preuve, et Le Sage a l'honneur
d'avoir produit le premier roman de mœurs de la
littérature française. Né en Bretagne en 1668 il
mourut en 1747.

Pierre Carlet de Marivaux naquit en 1688 et
mourut en 1763. Il est célèbre pour ses comédies
Marivaux. dont nous parlerons bientôt et pour deux
romans ingénieux, "Marianne" et "le
Paysan Parvenu," où l'on voit l'analyse des caractères

exprimé dans un style tant soit peu maniéré, mais vif
et gracieux. Il est à regretter que Marivaux n'ait
pas terminé ses romans, que l'on peut placer parmi
les meilleurs du XVIII⁰ siècle.

François Prévost d'Exiles naquit en Artois en
1697. Il fut d'abord mousquetaire, puis entra dans
l'ordre des jésuites qu'il quitta au bout
de six mois pour une vie d'aventures.   **L'abbé Prévost.**
Peu après il se fit bénédictin et resta
six ans dans le cloître, mais il s'échappa un beau jour
et se réfugia en Hollande, où il composa d'innombrables ouvrages, dont les meilleurs sont les "Mémoires d'un homme de qualité," "Cléveland,"
"Manon Lescaut," et "le Doyen de Killerine." Il
revint enfin en France, devint aumônier du prince de
Conti, et continua à écrire toutes sortes d'ouvrages.
Il s'établit près de Chantilly et se trouvait parfaitement heureux, mais ce fut pour peu de temps.
"Un jour," dit Jules Janin, "comme il se rendait à
pied à sa modeste maison des champs, il tombe par
terre frappé d'un coup d'apoplexie. Des paysans le
portèrent chez un opérateur de village, qui croyant
avoir affaire à un cadavre, ouvrit ce pauvre homme,
et l'abbé Prévost se réveilla, mais blessé au cœur. Il
mourut donc d'une façon plus dramatique que tous
les héros de ses livres. Cette mort terrible couronna
dignement cette vie si remplie d'agitations et
d'aventures."

"Manon Lescaut" est un chef-d'œuvre. On ne
peut lire d'ouvrage plus touchant et dont les personnages soient plus vivants. L'histoire   **"Manon Lescaut."**
n'est pas morale et nous ne pouvons
approuver la conduite de Manon et du cheva-

lier des Grieux, mais ils sont si naturels, si naïfs
et si malheureux que nous nous attachons grandement à eux.   Quel amour sincère que celui du
chevalier! Il brise sa carrière, il quitte Paris, il
quitte la France pour suivre celle qu'il aime, et
lorsqu'elle expire dans une plaine de la Louisiane,
"il ensevelit pour toujours, dans le sein de la terre,
ce qu'elle avait porté de plus parfait et de plus
aimable."

Tout le monde a lu cette gracieuse idylle, "Paul
et Virginie," cet ouvrage qui parut en 1788 et qui

**Bernardin
de Saint-
Pierre.**
sembla ramener la France au sentiment
de la poésie et de la nature.   Nous
aimons à accompagner les deux aimables
enfants dans les bois de l'Ile-de-France, nous voyons
naître et grandir leur amour, et nous partageons le
désespoir de Paul quand il voit périr Virginie et
qu'il contemple éperdu son cadavre, que la mer a
laissé sur la côte en se calmant après la tempête.
Bernardin écrivit aussi " la Chaumière Indienne,"
histoire simple et intéressante, et les "Études de la
Nature," qui furent reçues avec enthousiasme, mais
qu'on ne lit guère aujourd'hui.

Né au Havre en 1734, Bernardin de Saint-Pierre
partit à douze ans pour la Martinique, mais revint
peu après.   Il fut d'abord ingénieur des ponts et
chaussées et servit dans l'armée française, puis il
voulut aller fonder une colonie sur les bords du lac
Aral.   Il se rendit en Russie et fut envoyé en Fin-
lande comme capitaine d'artillerie, et ne pouvant
fonder sa colonie, il revint en France après avoir
voyagé dans toute l'Europe.   Nous le voyons ensuite
ingénieur à l'Ile-de-France, dont il a fait de si belles

descriptions, puis nous le retrouvons à Paris, où il
herborise avec Rousseau. Pendant la Révolution il
fut nommé directeur du Jardin des Plantes, et il
vécut tranquille et heureux avec sa famille et ses
amis jusqu'en 1814. Il fut digne disciple de Rousseau quant au style, et ses ouvrages ont bien plus de
pureté que ceux de l'illustre Genevois. "Paul et
Virginie" est un livre immortel, dont on admirera
toujours la sensibilité et la fraîcheur.

Avant de passer à la *comédie* qui sera notre dernier
chapitre sur le xviiie siècle, il faut mentionner
encore quelques noms dans la littérature de l'époque: Fontenelle, Rollin, Marmontel, Laharpe et
Mirabeau.

Fontenelle, né en 1657, était neveu de Corneille et
vécut cent ans. Il fit servir cette longue vie à mettre
la science à la portée de tout le monde.
On lit encore avec plaisir ses "Entre- **Fontenelle.**
tiens sur la pluralité des mondes" et ses "Éloges"
des membres de l'Académie des sciences. Ses autres
ouvrages sont gâtés par l'afféterie et la subtilité.

Rollin fut professeur au collège de France et recteur de l'Université de Paris. Ses "Histoires" sont oubliées, mais son "Traité **Rollin.**
des Études" est un beau livre sur la science de l'éducation.

Marmontel et Laharpe écrivirent beaucoup d'ouvrages, mais on ne se rappelle plus que leurs ouvrages
de critique et d'histoire littéraire, les **Marmontel**
"Éléments de Littérature" de Mar- **et Laharpe.**
montel, le "Lycée ou Cours de Littérature" de Laharpe.

Avec la Révolution commence l'éloquence parle-
mentaire en France, et le plus grand de tous les orateurs français, Mirabeau, fait retentir la
tribune de sa voix puissante. Après lui
on peut nommer l'abbé Maury, Barnave,
et Vergniaud, l'éloquent Girondin victime de la Terreur.

Mirabeau et Vergniaud.

CHAPITRE VII

LA COMÉDIE

Dès qu'on mentionne le mot *comédie* tout de suite
la figure immortelle de Molière nous apparaît. Il
semblerait que cet homme s'élève à une telle hauteur
qu'il cache dans son ombre tous ceux qui ont osé
écrire après lui dans le genre comique. Tel est presque le cas, et c'est avec difficulté que l'on aperçoit
d'autres hommes derrière Molière. Faisons-les ap-
procher un peu, et nous verrons de charmantes
physionomies, des figures fines et spirituelles. Ils
s'avancent : observez leurs manières élégantes et
polies, leurs brillants costumes, leurs cheveux pou-
drés, et vous reconnaîtrez les hommes du XVIIIᵉ
siècle.

Le premier auteur qui doive nous occuper est Regnard. Quoiqu'il naquit en 1656, il est réellement du
dix-huitième siècle par le style de ses
écrits, style léger, artificiel même, mais
toujours amusant. C'est à peine si nous pouvons
reconnaître en Regnard le successeur de Molière, si
nous lisons "le Misanthrope" ou "le Tartuffe"; mais
nous voyons dans "le Joueur," dans "le Distrait,"

Regnard.

dans "les Ménechmes," la bonne et franche gaieté de
"l'Étourdi," des "Fourberies de Scapin," du "Médecin malgré lui."

"Le Joueur" est le chef-d'œuvre de Regnard; la
pièce est intéressante depuis le commen- "Le
cement jusqu'à la fin, le dialogue est vif Joueur."
et animé, et le vers est bon.   Tout le monde connaît
l'amusante apostrophe de Valère:

> "Tu peux me faire perdre, ô fortune ennemie!
> Mais me faire payer, parbleu, je t'en défie."

Il adore sa belle quand il n'a plus le sou, et il
s'écrie: "O charmante Angélique!" mais que celle-ci,
dans son aveuglement, lui donne son portrait enrichi
de diamants, il se hâte de le mettre en gage et il retourne au jeu avec une nouvelle ardeur:

> "On le peut voir encor sur le champ de bataille;
> Il frappe à droite, à gauche, et d'estoc et de taille;
>
> .   .   .   .
>
> Maudissant les hasards d'un combat trop funeste:
> De sa bourse expirante il ramassait le reste;
> Et, paraissant encor plus grand dans son malheur,
> Il vendait cher son sang et sa vie au vainqueur."

Voilà un beau récit d'un combat autour d'un tapis
vert.   Ne croirait-on pas voir le Cid courant contre
les alfanges des Maures, à "l'obscure clarté qui tombe
des étoiles," au milieu des horribles mélanges du
sang chrétien et du sang païen et faisant les deux rois
prisonniers?   Hélas! pour Valère, comme pour Rodrigue, "le combat cessa faute de combattants."
Lorsque ses derniers écus eurent succombé, il sentit
redoubler son amour pour Angélique et il courut se

jeter à ses pieds. Il était arrivé trop tard; Angélique, ayant appris l'histoire du portrait, donne sa main
à Dorante, l'oncle de Valère, et celui-ci se retire sans
avoir aucune intention de se suicider, car, dit-il à son
valet:

> "Va, va, consolons-nous, Hector, et quelque jour
> Le jeu m'acquittera des pertes de l'amour."

C'est ce même Valère qui s'était aussi écrié:

> "La jeunesse toujours eut des droits sur les belles ;
> L'amour est un enfant qui badine avec elles."

Cette rapide analyse du "Joueur" suffit pour vous
faire voir l'entrain et la gaieté du théâtre de Regnard.
Ces mêmes qualités se retrouvent dans "Attendez-
moi sous l'Orme," charmante pièce écrite en collaboration avec Dufresny, dans "le Distrait," dont les
bévues innombrables nous rappellent celles de
l' "Étourdi," dans "Démocrite," dans "les Folies
Amoureuses," dans "les Ménechmes," dans "le Lé-
gataire Universel."

"Les Ménechmes" est la pièce la plus amusante de
Regnard. Elle est imitée de Plaute, et comme "The
Comedy of Errors" de Shakespeare, raconte les plaisantes méprises que cause
la ressemblance extraordinaire de deux frères. Ménechme vient à Paris pour recevoir un héritage et
épouser Isabelle. Son frère, le chevalier, qu'il ne
connaît pas, arrive aussi à Paris. On lui remet la
malle de Ménechme, et il apprend par les papiers de
celui-ci quelles sont ses intentions. Le chevalier se
hâte d'aller trouver Isabelle et envoie tous ses créanciers à son frère. Le pauvre Ménechme, qui n'avait
jamais quitté sa province, est tout étonné de rencon-

"Les Mé-
nechmes."

trer tant de connaissances à Paris et d'avoir tant de
dettes qu'on le force à payer. Il se rend enfin chez
Isabelle, où il rencontre son frère. La pièce se termine par le mariage du chevalier et d'Isabelle, et de
Ménechme et de sa vieille et riche coquette, Ara-
minte.

En parlant de coquettes, voici ce qu'en dit Regnard dans "le Distrait," à propos d'un régiment de
femmes :

> " Et, si chaque famille armait une coquette,
>   Cette troupe, je crois, serait bientôt complète."

Terminons notre revue de Regnard par quelques
mots sur "les Folies Amoureuses." C'est l'histoire
d'une jeune fille qui aime un charmant
jeune homme, et qui se fait passer pour   *" Les Folies*
folle pour ne pas épouser son tuteur.   *Amoureuses."*
Elle fait mille extravagances, et comme on doit s'y
attendre, elle trompe le bonhomme et épouse celui
qu'elle aime.

Regnard mourut en 1710 à son château de Grillon,
où il menait la vie la plus heureuse. Les comédiens
étaient à ses pieds ; bien différente fut la vie du grand
Molière. Il jouait pour que ses compagnons ne man-
quassent pas de pain, et il tombait expirant sur cette
scène où avaient parlé ses sublimes créations, Alceste
et Tartuffe.

Quand nous mentionnons le XVIIIᵉ siècle, il semble
que le nom de Voltaire se présente tout d'abord à
notre esprit, mais malgré le génie de cet   **Les comé-**
homme extraordinaire, son théâtre comi-   **dies de**
que est inférieur à celui d'un grand nom-   **Voltaire.**
bre de ses contemporains. L'auteur de "Zaïre" et

de "Mérope" vient après Corneille et Racine, mais
c'est à peine si nous osons parler de "Nanine"
après les pièces les moins importantes de Molière. Ce
n'était pas l'esprit qui manquait à Voltaire, il en avait
tout autant et même plus que Marivaux, mais là où
celui-ci écrivait des œuvres charmantes, celui-là produisait des comédies mort-nées.

Rien ne nous intéresse plus que le gracieux et gentil marivaudage du "Jeu de l'Amour et du Hasard."
Marivaux. On y rencontre le *pensé*, le *fin*, l'amour
de la forme, qui caractérisent le siècle;
les idées sont les mêmes dans toute la pièce, mais
comme elles sont exprimées avec art, avec gentillesse.
Ce sont "des riens pesés dans des balances de toile
d'araignée" a dit Voltaire, des riens si bien envelop-
pés dans de jolis rubans roses qu'ils reviennent à la
signification première du mot et qu'ils veulent dire
plus que les choses sérieuses de bien des écrivains.

Le siècle de Marivaux était un peu amoureux de
quintessence, et les beaux esprits qui fréquentaient
les salons de la duchesse du Maine, de Mme de Lambert, de Mme Du Deffand, de Mme Geoffrin étaient
attirés par le faux brillant d'une conversation tant
soit peu affectée et déclamatoire; mais, cependant, le
mauvais goût des fausses précieuses du XVIIe siècle
ne se trouve pas dans les œuvres du XVIIIe. Quelques passages des comédies de Dancourt, de Marivaux,
de Sedaine, peuvent nous étonner et nous paraître
étranges; ce n'est que la reproduction des coutumes
de l'époque. Il n'y a que les valets et les suivantes
qui ne soient pas de leur temps, mais étaient-ils davantage du temps de Molière? Voudrions-nous voir
disparaître Dorine, Scapin et Mascarille, parce que

nous savons que, sous le règne du Grand Roi, les valets et les soubrettes n'avaient pas la langue aussi bien pendue? Non, gardons ce type si curieux de notre comédie française emprunté au théâtre des Grecs, et remercions Marivaux de nous avoir donné Lisette et Pasquin, quoique ce dernier mot soit, en effet, une rime excellente pour coquin et faquin.

"Le Jeu de l'Amour et du Hasard" nous présente une intrigue qui paraît devoir être très embrouillée, mais, cependant, toutes les scènes se suivent avec un intérêt croissant. Silvia est fiancée à Dorante, qu'elle n'a jamais vu, et cause avec Lisette. Elle raconte ce qu'elle a entendu dire des maris, et termine ainsi: "Songe à ce que c'est qu'un mari!" La maligne Lisette lui répond: "Un mari? c'est un mari: vous ne deviez pas finir par ce mot là; il me raccommode avec tout le reste." Silvia, toutefois, veut savoir quel est le caractère de son fiancé, avant de l'épouser, et elle prie son père de lui permettre de changer de rôle avec Lisette; elle sera la suivante et Lisette sera Silvia. De son côté, Dorante avait eu la même brillante idée, et il arrive chez M. Orgon sous le nom et les habits de Pasquin, et Pasquin sous ceux de Dorante. Vous voyez d'ici les scènes plaisantes auxquelles donne lieu ce déguisement. Dorante devient amoureux de Silvia qu'il prend pour Lisette, et Pasquin se glorifie d'avoir fait la conquête de Lisette qu'il prend pour Silvia. L'amour est aveugle, dit-on; il ne l'est certainement pas dans les spirituelles comédies de Marivaux. Le cœur de Dorante a reconnu sa Silvia sous des habits d'emprunt, et le jeu de

"Le Jeu de l'Amour et du Hasard."

l'amour et du hasard produit le mariage de Dorante et de Silvia, de Pasquin et de Lisette.

Voici un exemple de ce badinage affecté qu'on est convenu d'appeler le marivaudage; Pasquin parle à Lisette:

"Vous vous trompez, prodige de nos jours, un amour de votre façon ne reste pas longtemps au berceau: votre premier coup d'œil a fait naître le mien, le second lui a donné des forces, et le troisième l'a rendu grand garçon. Tâchons de l'établir au plus vite; ayez soin de lui, puisque vous êtes sa mère."

Dans les "Fausses Confidences," nous retrouvons presque la même intrigue que dans "le Jeu de l'Amour et du Hasard." Ces deux comédies se liront toujours avec grand plaisir par tous ceux qui aiment l'esprit attique, l'esprit gaulois, pourrions-nous dire. Ajoutons ici que l'une des œuvres de Marivaux inspira le "Fantasio" d'Alfred de Musset, l'immortel auteur de "Rolla" et des "Nuits."

Longtemps on a placé Destouches (1680–1754) immédiatement après Regnard comme poète comique.

Destouches. A notre avis, il est bien inférieur à Le Sage, à Piron, à Gresset, dont nous allons bientôt nous occuper. Ses comédies manquent de gaieté, mais le "Philosophe Marié," "le Glorieux," "la Fausse Agnès" sont des ouvrages intéressants et bien écrits. Destouches a pris fort au sérieux le précepte de la comédie qu'il faut corriger les mœurs, et s'il n'emploie pas le rire pour arriver à son but, on ne peut trop lui en vouloir. Nous avons tant de pièces spirituelles en français qu'il n'est pas mauvais d'en lire quelques-unes un peu moins animées. C'est un délassement après les saillies de Regnard, après l'art apprêté de Marivaux. "Le Philosophe Marié" nous offre une intrigue assez originale, mais qui n'en est pas moins vraie, puisqu'elle représente un incident de la vie de Destouches. C'est l'histoire d'un homme marié secrètement et qui veut cacher son mariage pour des raisons d'intérêt et par un faux amour-propre de philosophe. Il est placé dans la désagréable situation d'entendre faire des déclarations d'amour à sa femme sans pouvoir céder à l'envie démesurée qu'il éprouve de jeter l'impertinent par la fenêtre. Enfin, l'indiscrétion d'une belle-sœur amène le dénouement, toujours heureux dans les œuvres de Destouches. Pour comprendre "le Glorieux" et l'insolence de Lisimon, le parvenu, il faut se rappeler que le XVIII° siècle est l'époque de l'agiotage par excellence. Les longues guerres et le luxe effréné de Louis XIV avaient ruiné le pays, et l'on avait accepté avec enthousiasme les idées de Law, idées bonnes en réalité, et qui donnèrent naissance à notre système de crédit actuel. Seulement, Law avait basé son crédit sur les mines d'or de la Louisiane; les brouillards du Mississippi eussent en plus de consistance. Aussi la banque de la rue Quincampoix ne fut pas de longue durée.

Néanmoins, les contemporains du Régent comprirent que l'argent valait mieux que les titres de noblesse, surtout depuis que les seigneurs n'osaient lever la tête trop haut, de peur de la perdre, comme avaient fait Chalais, Montmorency et Cinq-Mars. Lisimon pouvait donc considérer ses deux millions comme un ample équivalent aux parchemins du comte de Tufière, baron de Montorgueil et autres lieux. Ce sont ces rapprochements entre la vie imaginaire de la scène et la vie réelle qui doivent nous intéresser avant tout dans les comédies du XVIIIᵉ siècle. On y fait une étude de mœurs, on y apprend d'étranges coutumes. Regrettons seulement une chose, c'est qu'aucun auteur comique n'ait eu le courage de flageller sur le théâtre le cardinal Dubois et le roi Louis XV. Dubois, le misérable débauché, dans la chaire de Fénelon à Cambrai; Louis XV, qui joue avec la Du Barry, et se laisse appeler La France par la courtisane, pendant que celle-ci fait sauter Choiseul et Praslin en jetant en l'air deux oranges. Quelles scènes risibles et quelle comédie elles offraient à la nation, quand elles furent terminées par cette tragédie sanglante mais grandiose, la Révolution!

Il y eut, cependant, un homme qui eut l'audace de faire monter des coquins sur la scène et de les

Le Sage. démasquer. Cet homme fut Le Sage, **"Turcaret."** l'auteur de "Turcaret." Voilà, enfin, une comédie de caractère, la seule en réalité après, Molière. Ces personnages vivent, nous les voyons tous les jours autour de nous; maintenant comme alors, c'est la même cupidité, les mêmes sentiments bas et vils, c'est le même train de la vie humaine dont parle Frontin: "Nous plumons une coquette, la coquette mange un homme d'affaires, l'homme d'affaires en pille d'autres: cela fait un ricochet de fourberies le plus plaisant du monde." Plaisant, non, car il existe dans l'œuvre de Le Sage une âpreté, qui n'en rend pas la lecture agréable. On est entraîné par la force du style, par la vérité de l'intrigue; on éprouve le même sentiment que quand on voit corriger un misérable qui a battu un enfant ou insulté une femme; c'est une satisfaction, mais ce n'est pas un plaisir. Nous

sommes heureux de voir punir ainsi ces traitants qui
vivaient de la sueur des malheureux, mais nous regrettons que "Turcaret" ait jeté un tel odieux sur les
fermiers généraux que le peuple sacrifia à son ressen-
timent, un innocent, un savant illustre, Lavoisier.

Ce nom de Piron (1689–1773) que nous avons mentionné plus haut ne rappelle à bien des   **Piron.**
gens que la fameuse et maligne épitaphe:

> Ci-gît Piron qui ne fut rien,
> Pas même académicien.

C'était, cependant, un homme d'un esprit merveilleux et qui osa même se croire l'égal de Voltaire. Il a
écrit des ouvrages impies et immoraux, des tragédies,
des comédies, mais de tout ce bagage littéraire, quoiqu'il jetât ses œuvres en bronze, et Voltaire en mar-
queterie, comme il le disait, il ne reste que quelques
épigrammes et "la Métromanie." Sainte-Beuve nous
donne d'intéressants détails sur Piron, et nous parle
de son esprit caustique qu'il ne pouvait contrôler,
puisqu'il *éternuait* des épigrammes. Il se fit ainsi
beaucoup d'ennemis, mais il eut, néanmoins, une cour
dans cette société si fine du XVIIIᵉ siècle, où l'on admirait tellement les saillies mordantes et spirituelles.
Mais tous ces bons mots qui faisaient les délices de
ses contemporains n'ont plus de charme pour nous
qui n'avons jamais entendu parler le malicieux poète,
et nous ne voyons en lui que l'auteur d'une excellente
comédie.

Quand on lit "la Métromanie" après "Turcaret,"
on se trouve dans une atmosphère toute différente.
Le Sage nous avait présenté des miséra- **"La Métro-**
bles sans honneur, Piron nous fait voir sous **manie."**
le métromane un honnête homme et un homme de

goût, malgré sa folie de rimer. Molière nous avait
déjà donné Oronte dans " le Misanthrope " et Trissotin dans "les Femmes Savantes," mais leur rage de
rimer n'est qu'un épisode. Dans "la Métromanie "
nous rencontrons deux personnages attaqués de cet
amour extrême de la versification, Damis ou M. de
l'Empirée, et Francaleu, le futur beau-père de Damis,
qui écrit dans le Mercure sous le nom d'une Basse-
Bretonne. Le caractère de Baliveau est très comique, et la pièce abonde en vers qui sont devenus des
proverbes. Voici un passage qui donne une bonne
idée de l'extravagance de Damis; il parle des grands
auteurs et s'écrie :

"Ils ont dit, il est vrai, presque tout ce qu'on pense.
Leurs écrits sont des vols qu'ils nous ont faits d'avance,
Mais le remède est simple : il faut faire comme eux.
Ils nous ont dérobés, dérobons nos neveux ;
Et tarissant la source où puise un beau délire,
A tous nos successeurs ne laissons rien à dire.
Un démon triomphant m'élève à cet emploi.
Malheur aux écrivains qui viendront après moi."

Voilà l'œuvre immortelle de Piron, c'est "la Métromanie," une œuvre unique dans la langue française et
qui ne pouvait être écrite que par cet homme étonnant qui regrettait de mourir avant Voltaire, et qui
laissait dans un coffret cent cinquante épigrammes
pour qu'on en fît partir une toutes les semaines pour
Ferney. "Cette petite provision, disait-il, ainsi mé-
nagée, égayera pendant trois ans la solitude du re-
spectable vieillard de ce canton." Penser à son lit de
mort à faire des piqûres d'épingle à un rival était bien
de Piron et de son siècle. C'est aussi à lui, dit Sainte-
Beuve, que revient la paternité de ce bon mot sur

l'Académie: "Ils sont quarante, et ils ont de l'esprit comme quatre."

De même que Pirou n'a fait qu'une comédie. Gresset (1709–1777) aussi n'en a fait qu'une, mais outre "le Méchant" nous avons de lui "Vert-Vert," le plus joli poème badin qu'il y ait en français. Boileau a écrit son "Lu-trin" sur une intrigue tout aussi légère que celle de "Vert-Vert," et ces deux ouvrages restent comme les chefs-d'œuvre du genre. L'histoire de ce perroquet renommé pour sa piété, qu'on envoie d'un couvent de Visitandines à un autre, et qui, pendant le trajet sur la Loire, apprend des hommes du bateau les mots les plus grossiers et scandalise les bonnes sœurs par son langage, est réellement charmante. L'homme qui, à vingt-cinq ans, produisait "Vert-Vert," devait, jeune encore, écrire "le Méchant," et se retirer dans sa ville natale, Amiens, pour ne plus rien produire de bon.

Gresset. "Le Méchant," "Vert-Vert."

"Le Méchant" est une peinture exacte des salons du XVIIIᵉ siècle, et met devant nos yeux l'esprit de société dans tout ce qu'il y a de moins beau. Cléon se fait un plaisir de flatter les passions des gens pour arriver à les rendre malheureux. La calomnie est son arme favorite, mais comme elle est inoffensive quand nous la comparons à celle du Basile de Beau-marchais. Comparons cette ligne:

"Toujours la calomnie en veut aux gens d'esprit."

aux conseils pleins de perfidie de Basile, et nous serons de l'avis de Voltaire, lorsque Gresset vieilli se repentait d'avoir fait "le Méchant":

"Gresset se trompe, il n'est pas si coupable,"

Néanmoins, c'est dans cette comédie que nous trouvons ces vers si souvent cités:

> "La parenté m'excède, et ces liens, ces chaînes
> De gens dout on partage ou les toits ou les peines,
> Tout cela préjugés, misères du vieux temps :
> C'est pour le peuple enfin que sont faits les parents."

Voilà, certes, des sentiments peu louables et heureusement peu naturels. En revanche, cette ligne-ci est tout ce qu'il y a de plus vrai:

> " L'esprit qu'on veut avoir gâte celui qu'on a."

On ne peut faire l'analyse du "Méchant"; on ne peut que vous renvoyer à l'œuvre elle-même et vous dire qu'en la lisant vous serez enchantés du poète de " Vert-Vert."

Après Regnard, Marivaux, Destouches, Le Sage, Piron et Gresset, il ne reste plus de grand auteur comique au XVIIIe siècle que Beaumarchais. Avant de parler du " Barbier de Séville " et du " Mariage de Figaro," il faut cependant mentionner quelques auteurs secondaires qui ne manquent pas de mérite.

Dufresny, dont le grand-père était fils de Henri IV et de la belle jardinière du château d'Anet, imita les comédies d'intrigue de Molière, et son théâtre, grâce à son esprit, se lit encore avec plaisir. Dancourt écrivit " le Chevalier à la Mode " que Regnard n'eût pas désavoué, Brueys et Palaprat donnèrent l'amusante pièce du " Grondeur " et rajeunirent l'admirable farce du moyen âge, " l'Avocat Pathelin." La Chaussée inaugura la *comédie larmoyante*, Diderot, la *comédie sérieuse*. On ne lit plus " le Fils Naturel "

Diderot et La Chaussée.

et "le Père de Famille" de Diderot, mais ces ouvrages
furent, dit-on, l'origine de notre drame moderne, où,
trop souvent on sacrifie, comme l'a dit Nisard de
l'œuvre de Diderot, le caractère aux situations.

Nous ne dirons rien de Barthe et de Favart, mais
il faut appeler l'attention sur le nom de Sedaine.
Jules Janin l'appelle le *bonhomme*, mais
il nous paraît être un bonhomme dans le   Sedaine.
genre de La Fontaine et de Béranger, c'est-à-dire
tout pétri d'esprit. Ses joyeux couplets le rendirent
populaire, et le " Philosophe sans le savoir " et " la
Gageure Imprévue " l'ont rendu justement célèbre.
Il est difficile de trouver une plus jolie pièce que " la
Gageure Imprévue." Le stratagème de la Marquise
est des plus ingénieux, et elle se moque de son mari
avec grâce et finesse. Ajoutons ici qu'Alfred de
Vigny a consacré à Sedaine quelques pages admirables de " Servitude et Grandeur Militaires."

Un autre joyeux compagnon est Collé, un chansonnier comme Sedaine, et, de plus, cousin de
Regnard, dont il a la verve et la gaieté,   Collé.
sinon le génie. " La Partie de Chasse
de Henri IV " sera toujours lue avec intérêt par tout
Français, par tout homme qui aime la vaillance et la
bonté réunies à un si haut point dans le Béarnais.
Eussions-nous vécu de son temps, nous aurions tous
chanté comme les paysans de Collé :

> " Vive Henri quatre !
> Vive ce roi vaillant !
> Ce diable à quatre
> A le triple talent,
> De boire et de battre,
> Et d'être un vert galant."

Nous aurions aussi fredonné avec Henri lui-même:

> " Charmante Gabrielle,
>   Percé de mille dards,
>   Quand la gloire m'appelle
>   Sous les drapeaux de Mars,
>   Cruelle départie !
>   Malheureux jour !
>   Que ne suis-je sans vie,
>   Ou sans amour ! "

A l'époque où Sedaine et Collé écrivaient leurs joyeux refrains, il existait à Paris un homme tout aussi gai, mais d'un esprit caustique et hardi au suprême degré. Pierre-Augustin Caron, autrement dit Beaumarchais (1732–1799), n'eut jamais le génie des quatre grands hommes du XVIII° siècle, Voltaire, Rousseau, Montesquieu et Buffon, mais il exerça sur son époque une telle influence que son nom est resté un des plus populaires de la littérature française. L'étonnant succès des deux comédies de Beaumarchais ne fut pas seulement dû aux caractères si vivants que présentait l'auteur, mais encore à la carrière extraordinaire de l'homme. Fils d'un horloger, horloger très habile lui-même, Beaumarchais, grâce à son talent de musicien, devint professeur de musique de Mesdames, filles du roi Louis XV. Il eut le bonheur de rendre alors un service au grand financier Paris-Duverney. Celui-ci le prit sous sa protection, et reconnut lui devoir une somme de quinze mille livres. Le comte de la Blache, héritier de Paris, ne voulut pas acquitter cette dette. De là l'origine des fameux mémoires. Beaumarchais, pour obtenir une audience du conseiller Goëzman, donna

(marginal note: Beaumarchais. *)*

à sa femme cent louis d'or, une montre enrichie de
diamants, et quinze livres en argent blanc. Il était
convenu que Mme Goëzman rendrait argent et montre,
si le procès était perdu. La dame, par une étrange
folie, rendit l'or et la montre, mais garda les quinze
livres. Alors, Beaumarchais, qui avait lui-même
essayé de corrompre la justice, se fait l'adversaire de
la vénalité, et écrit quatre mémoires où il couvre de
ridicule le parlement Maupeou. Jamais Voltaire
lui-même n'avait rien écrit de plus mordant, de plus
spirituellement amer. Voilà Beaumarchais au comble
de la popularité, aussi n'a-t-il qu'à se représenter lui-
même dans son Figaro pour obtenir un prodigieux
succès.

Nous savons que Molière eut une peine infinie à
obtenir la permission de jouer "Tartuffe"; encore
n'attaquait-il pas la société de son temps,
il ne s'en prenait qu'à un vice odieux.
Que le pouvoir s'opposât à la représentation des pièces de Beaumarchais, nous
le comprenons bien mieux que pour "Tartuffe." Dans "le Barbier de Séville" et "le Mariage
de Figaro," l'auteur tourne en ridicule roi, nobles et
magistrature. Louis XVI le comprit mieux que sa
cour, qui allait en foule applaudir Figaro se moquant
du comte Almaviva et touchant presque à son
honneur. "Le Barbier de Séville," nous dit Sainte-
Beuve, fut joué au Petit Trianon: la reine remplissait le rôle de Rosine et le comte d'Artois celui de
Figaro. Qu'il était loin du Charles X de 1830, le
débauché de 1785! Le comte de Provence n'était
pas non plus Louis XVIII; libre-penseur et pédant,
il écrivait dans les journaux. Il attaqua Beaumar-

La reine et le
comte d'Ar-
tois jouent
"Le Barbier
de Séville."

chais, celui-ci répondit, sans savoir à qui il avait
affaire, et voilà bien vite l'auteur enfermé à St.
Lazare. Il en sortit quatre jours après, mais l'incident n'en est pas moins curieux. Le succès de
Beaumarchais ne fit qu'augmenter, jusqu'à ce que
cette Révolution qu'il avait hâtée vint le reléguer
dans l'ombre. Sa vie, dès lors, se passa en intrigues
financières et se termina en 1799. Son rôle finit à la
Révolution. Dans "la Mère Coupable," la continuation de ses deux immortelles comédies, il avait fait de
Figaro un honnête vieillard dévoué à ses maîtres.
Tel ne fut pas le Figaro de la Révolution: il fut, au
contraire, peu scrupuleux, il repoussa ses maîtres, il
devint maître à son tour, il commanda au peuple, à
l'armée; il fut Foucher, il fut Barras, nous dirions
même qu'il fut Bonaparte, si malgré l'ambition
égoïste du parvenu, nous ne craignions de profaner
le génie incomparable du vainqueur d'Austerlitz et
d'Iéna.

Il est inutile de raconter l'intrigue du "Barbier de
Séville." Tout le monde sait que le comte Almaviva
"Le Barbier rencontre devant la porte de Rosine le
de Séville." rusé Figaro qui doit l'aider à enlever la
jeune fille au vieux tuteur Bartholo. Dès les
premières scènes l'esprit gai, mais souvent cynique
du barbier se fait voir. N'est-ce pas lui qui a dit:
"Mon intérêt vous répond de moi"; oui l'intérêt,
l'égoïsme, voilà ce qui nous gouverne, a affirmé La
Rochefoucauld bien avant Beaumarchais. Figaro a
aussi des mots touchants dans leur misanthropie:
"Je me presse de rire de tout de peur d'être obligé
d'en pleurer."

La définition de la calomnie par Basile est un chef-d'œuvre. "D'abord un bruit léger, rasant le sol comme l'hirondelle avant l'orage, *pianissimo* murmure et file, et sème en courant le trait empoisonné." Puis, "vous voyez calomnie se dresser, siffler, s'enfler, grandir à vue d'œil. Elle s'élance, étend son vol, tourbillonne, enveloppe, arrache, entraîne, éclate et tonne, et devient, grâce au ciel, un cri général, un *crescendo* public, un *chorus* universel de haine et de proscription." Quelle magnifique gradation! Nous frémissons quand nous pensons à la puissance de l'arme terrible de Basile.

La scène entre Rosine et Bartholo, où la jeune fille, encore une fausse Agnès, trompe si bien le bonhomme, et celle où l'on envoie Basile se coucher, sont les plus amusantes du "Barbier de Séville." Remarquons, toutefois, "Le Mariage de Figaro." que les deux comédies de Beaumarchais pourraient, comme l'Avocat Pathelin, avoir pour sous-titre, "les Trompeurs trompés." Tous les personnages, dans "le Barbier," depuis Figaro jusqu'à Rosine, et dans "le Mariage," depuis Chérubin jusqu'à la comtesse, essaient de se tromper les uns les autres. Ne soyons pas, cependant, trop rigoureux sur la morale de ces pièces admirables. D'ailleurs, tout est bien qui finit bien. Soyons donc contents que Rosine ait été enlevée à son vieux tyran, et remercions-en Figaro. Si dans "la Folle Journée" de son mariage il se permet de jouer quelques tours à son maître, il le fait parce que le comte veut lui prendre sa Suzanne. Suzanne elle-même n'est pas trop vertueuse, ni Fanchette, ni la Comtesse, qui garde bien longtemps le ruban de Chérubin; mais enfin personne ne succombe, et nous sommes heureux de voir Figaro et le Comte joués par Suzanne et la

Comtesse. Nous applaudissons la remarque de Marceline: est-ce parce que nous sommes si sûrs de notre pouvoir? "Ah! dit-elle, quand l'intérêt personnel ne nous arme point les unes contre les autres, nous sommes toutes portées à soutenir notre pauvre sexe opprimé contre ce fier, ce terrible... mais pourtant un peu nigaud de sexe masculin."

La plus jolie création de Beaumarchais, est, sans contredit, Chérubin, cet enfant dont le cœur s'ouvre à l'amour, et qui exprime avec tant de fraîcheur et de grâce les sentiments qu'ils ressent. "Enfin, dit-il à Suzanne, le besoin de dire à quelqu'un *je vous aime* est devenu pour moi si puissant, que je le dis tout seul, en courant dans le parc, à ta maîtresse, à toi, aux arbres, aux nuages, au vent qui les emporte avec mes paroles perdues."

Chérubin.

Arrêtons ici nos citations, car il nous faudrait vous lire presque toute la pièce, si nous voulions vous rappeler les charmants passages. Nous ne vous dirons rien du fameux monologue de Figaro, vous savez tous comment les paroles du barbier devenu concierge sont vraies, et quelle immense influence elles eurent sur la France.

Influence de Beaumarchais sur son siècle.

Malgré le mérite du "Mariage de Figaro," nous préférons "le Barbier de Séville." Les personnages du "Barbier" sont plus naturels, et la gaieté y est plus franche. L'intrigue du "Mariage" est trop compliquée, elle rappelle certaines pièces espagnoles où l'on voit des amoureux grimper à tous les balcons de la belle, entrer dans tous les cabinets, se trouvant mille fois face à face, rencontrant le père rébarbatif,

le frère sanguinaire, et épousant l'un la cousine,
l'autre, la sœur qui se mourait d'un amour inconnu.

Avec Beaumarchais, nous devrions, peut-être, finir
cette esquisse de la comédie au XVIIIᵉ siècle, mais
nous tenons à vous nommer Collin
d'Harleville, et à vous engager à faire
la connaissance de "M. de Crac" et

Fabre d'Églantine.

du "Vieux Célibataire." Il faut aussi mentionner
Fabre d'Églantine qui eut l'audace de donner une suite
au "Misanthrope." Son "Philinte de Molière" a toute
l'énergie, toute la profondeur de "Turcaret." Mais
avec Fabre, la comédie du XVIIIᵉ siècle est finie. Le
bruit sourd de la guillotine qui tombe en emportant
la tête de l'auteur comique, ainsi que celles de
Camille Desmoulins et de Danton, ce bruit a étouffé
la voix des Valère, des Dorante, des Damis, des
Figaro. Pendant longtemps on n'entendra plus que
le grondement du canon, et la couronne de laurier
que la France va cueillir n'ornera plus le front des
Regnard, des Marivaux, des Le Sage, des Beaumarchais, elle deviendra une couronne impériale et ornera la tête d'un homme "grand comme le monde,"
mais fatal comme le destin.

CINQUIÈME PARTIE

LE DIX-NEUVIÈME SIÈCLE

————

Dans un abrégé de l'histoire générale de la littérature française on ne peut donner de détails sur les écrivains du XIX⁰ siècle. Il faudrait consacrer tout un volume à ce siècle qui touche à sa fin et qui a produit tant de grandes œuvres. Nous nous contenterons de nommer les principaux écrivains et d'appeler l'attention sur les ouvrages les plus importants.

————

CHAPITRE I

LA LITTÉRATURE SOUS L'EMPIRE

En terminant notre aperçu de la littérature du XVIII⁰ siècle nous avons mentionné le grand nom de Napoléon. Pendant quinze ans ce nom absorbe, pour ainsi dire, tous les autres, et l'ambition militaire, le despotisme de l'Empereur, amoindrit les esprits, enlève l'indépendance nécessaire à la production des œuvres de génie. On ne peut nier ce fait quand on

voit que les plus grands écrivains sous l'Empire sont
ceux qui font opposition à l'Empereur. Sous Louis
XIV il n'y eut pas plus d'indépendance que sous
Napoléon, mais comme nous l'avons déjà dit, le roi
personnifiait la France, et le glorifier c'était du patriotisme. L'état de guerre continuel ne pouvait être
favorable an développement littéraire. La tragédie
languit sous la tradition classique, et Marie-Joseph
Chénier, Népomucène Lemercier, Ray-   La
nouard produisent de pâles imitations des   tragédie.
chefs-d'œuvre de Corneille et de Racine.
Ducis tâche d'introduire sur la scène française les
pièces énergiques de Shakespeare, mais il ne les
comprend pas bien lui-même et les dénature.

La comédie est plus intéressante que la tragédie, et
les œuvres d'Andrieux, de Picard, d'Étienne sont
amusantes et parfois spirituelles. La   La comédie
poésie est élégante, gracieuse même, mais   et la poésie.
comme celle du XVIII⁰ siècle, elle man-
que d'inspiration et on ne lit plus les vers de Fon-
tanes, de Chênedollé, de Legouvé, et à peine ceux de
Millevoye. Comme prosateurs nous avons Joubert
(1754-1824), dont les " Pensées " et les " Maximes "
sont profondes et exprimées dans un   Joseph et
style ciselé; Joseph de Maistre (1754-   Xavier de
1821), grand écrivain, rempli de préjugés   Maistre.
et de passion, dont les ouvrages, " Considération sur
la France," " le Pape," " les Soirées de Saint-Péters-
bourg " sont parmi les plus célèbres de la littérature
française. Il était né à Chambéri, mais ne voulut
pas être Français, quoiqu'il admirât beaucoup ce
pays sous le régime monarchique. Il était l'adversaire de la Révolution et le champion de l'église.

Peu d'hommes ont écrit avec plus de force que lui,
tandis que son frère Xavier de Maistre (1763–1852)
est célèbre par ses œuvres charmantes et simples,
"Voyage autour de ma chambre," "le Lépreux de
la cité d'Aoste," "les Prisonniers du Caucase," et "la
Jeune Sibérienne."

Napoléon lui-même doit être placé parmi les
grands écrivains. Ses "Proclamations" sont brû-
Napoléon. lantes et imagées, et ses "Mémoires,"
dictés à Sainte-Hélène, sont écrits avec
une force et une concision remarquables. Quand il
fait le récit de ses batailles on peut le comparer
comme écrivain à César, mais il manque à ses œuvres
cet accent de vérité qu'on admire dans les commentaires du grand capitaine des Romains.

Les deux noms les plus importants du commencement du xixe siècle sont ceux de Mme de Staël et de
Chateaubriand. Leurs ouvrages ont exercé une si
grande influence que nous donnerons quelques détails
sur la vie et les œuvres de ces deux écrivains célèbres.
Nous nous étendrons principalement sur Mme de
Staël, comme elle est, à l'exception de George Sand,
la femme auteur la plus distinguée du xixe siècle.

Après le règne désastreux de Louis XV il eût
fallu, pour éviter un cataclysme, que le chef de
l'État eût un génie aussi ferme que celui
Madame de Henri IV. Tel ne fut pas le mal-
de Staël. heureux Louis XVI; honnête et bon il
était peu capable et il ne devait montrer de la fermeté que devant la mort. Les finances étaient dans
un état déplorable et il fallut que le roi appelât à son
aide un riche banquier genevois, Necker, homme de
cœur, financier habile, mais ministre peu fait pour

une pareille époque de confusion. Necker avait une
femme charmante, et dans ses salons se réunissait une
société d'élite. Là, on voyait tous les hommes de
lettres de l'époque, les femmes spirituelles, les hommes élégants, et à côté de Mme Necker se trouvait sa
fille, la jeune Germaine, née en 1766, qui écoutait
attentivement la conversation si brillante de cette
société raffinée du XVIIIe siècle. Mûrie de bonne
heure à ce contact Germaine se met à écrire sur toutes sortes de sujets : romans, drames, tragédies, essais
philosophiques, et quoique ces œuvres ne témoignent
pas grand talent on y reconnaît déjà le caractère de
l'auteur. Elle était bonne, dévouée à ceux qu'elle
aimait, mais trop impulsive, trop imprudente dans
ses paroles. Elle avait l'esprit étendu, beaucoup
d'imagination, mais se laissait trop emporter par ses
sentiments. Elle considérait qu'une femme ne devait chercher la gloire que pour se faire aimer et elle
disait : "Une femme ne doit avoir rien à elle et trouver toute sa jouissance dans ce qu'elle aime." Elle
trouvait que le suprême bonheur était l'amour dans
le mariage, et on la mariait à un homme qui avait
dix-sept ans de plus qu'elle, qu'elle n'aimait pas et qui
l'épousait afin d'avoir de l'argent pour payer ses dettes
et pour soutenir dignement son rôle d'ambassadeur.

Le baron de Staël-Holstein représentait le roi de
Suède en France, et le salon de sa femme devint bientôt le plus populaire de Paris. Mme de
Staël se fit des ennemis par la hardiesse   **Son salon
de ses opinions exprimées trop librement,   à Paris.**
et groupa autour d'elle tous ceux qui voulaient la
réforme de l'ancienne monarchie. Son salon fut un
salon politique plutôt que littéraire et ses intimes

furent Narbonne, Talleyrand et Mathieu de Montmorency.

Elle triompha lorsque son père fut ministre une seconde fois en 1789 et elle accueillit les principes de la Révolution avec enthousiasme. Elle gouverna presque lorsque Narbonne fut ministre, et la reine lui fut hostile, mais elle n'était pas faite pour la politique. Elle comprenait parfaitement les idées de son siècle et les a exprimées avec une fidélité qui constitue un des grands mérites de ses œuvres, mais elle n'eut pas d'idées politiques vraiment neuves, et les événements précipités qui conduisirent la France aux massacres de Septembre la terrifièrent. Elle courut de grands dangers, mais réussit à se réfugier au château de son père à Coppet, sur le lac de Genève. Là, elle prit généreusement la défense de Marie-Antoinette, et écrivit ses " Réflexions sur le procès de la reine." En 1789 elle avait publié ses " Lettres sur Jean-Jacques," le premier ouvrage qui parut sous son nom de femme. Elle admire Rousseau et le juge avec finesse.

C'est à Coppet, en 1794, qu'elle rencontra Benjamin Constant, avec qui elle fut liée pendant plus de dix ans et qu'elle aima beaucoup. Le **Benjamin Constant.** sceptique, le cynique auteur de ce roman si désespérant, " Adolphe," s'attacha par vanité à une femme célèbre et la rendit malheureuse. Il était trop égoïste, avait le cœur trop sec pour apprécier le noble désintéressement dont fit toujours preuve Mᵐᵉ de Staël. Celle-ci était rentrée en France après le 9 Thermidor et était devenue franchement républicaine, mais comme elle voulait organiser une république selon ses idées à elle, le Directoire ne la

vit pas d'un œil très favorable, et en décembre 1795
nous la revoyons à Coppet près de son père. Elle
reçoit un nombre infini de visiteurs et elle fait des
improvisations plus belles que ses écrits. Elle cause
si bien, elle est si éloquente, que Mme de Tessé disait
d'elle: "Si j'étais reine, j'ordonnerais à Mme de Staël
de me parler toujours." Elle put encore exercer
son empire sur la société française et rouvrit son
salon à Paris en 1797. Elle donnait, cependant, une
partie de son temps à son père, à Coppet, et c'est là
que naquit sa fille Albertine en 1797. Elle avait
deux fils, l'un né en 1790, l'autre en 1792. Son mari
se sépara d'elle en 1798, mais en 1802 se sentant malade il voulut revoir ses enfants, et sa femme partit
pour Coppet avec lui. Il mourut avant d'arriver, et
l'on crut que Mme de Staël épouserait alors Benjamin
Constant. Ils ne parurent s'en soucier ni l'un ni
l'autre, et Mme de Staël continua à écrire et à s'occuper de politique. Lorsque le 18 Brumaire eut lieu
elle vit le premier consul, et l'on dit   Hostilité de
qu'elle resta interdite en sa présence et ne   Bonaparte.
trouva rien à dire. Elle ne lui plut pas;
était-ce par jalousie de son influence ou par cette anti-
pathie qu'ont toujours éprouvée les despotes pour les
femmes à esprit fort? Il prétendit qu'elle excitait ses
amis contre son gouvernement et que ses livres étaient
la critique de ses actes. Ceci était vrai en partie, mais
rien n'excuse la persécution que Bonaparte et, plus
tard, l'empereur fit subir à une femme de génie, à
une patriote, quelque indiscrète qu'elle fût. Si elle
eut une trop bonne idée de l'étranger ce fut Bonaparte qui en fut cause en partie, et ses opinions trop
libérales, trop généreuses parfois n'eussent pas dû lui

être imputées comme des crimes. Son persécuteur la rendit malheureuse et lui donna de l'importance en Europe. M. Albert Sorel, dans son excellent livre sur Mme de Staël, s'exprime ainsi : "Mme de Staël dans cette lutte qui dura dix ans, garde le dernier mot, et ce mot est celui d'une femme d'esprit : 'Quelle cruelle illustration vous me donnez, écrivait-elle à Bonaparte en 1803 ; j'aurai une ligne dans votre histoire.'" Après "Delphine" (1802), qui déplut à Bonaparte, elle fut exilée en 1803 à quarante lieues de Paris.

En 1794 et en 1795 elle avait publié deux écrits politiques, où l'on voit qu'elle comprend bien l'his-
"Delphine." toire de son temps. Elle publia aussi un "Essai sur les Fictions," et en 1796 le traité "De l'Influence des Passions sur le bonheur des individus." Elle devait reprendre le sujet de "l'Essai" dans son livre "De la Litérature considérée dans ses rapports avec les institutions sociales," et mettre en pratique dans ses deux grands romans les préceptes de son traité sur "les Passions." Disons maintenant quelques mots de "Delphine." Dans ce roman Mme de Staël se met elle-même en scène, et y dépeint son caractère romanesque et bon. Delphine d'Albémar donne de l'argent à sa cousine Mathilde de Vernon pour qu'elle puisse épouser Léonce de Mondoville, mais dès qu'elle a vu celui-ci elle l'aime passionnément. Léonce partage cet amour et se décide à rompre son engagement avec Mathilde pour épouser Delphine, mais il est trompé par de fausses apparences et l'astuce infernale de Mme de Vernon, et il abandonne Delphine. Après son mariage avec Mathilde il apprend l'innocence de

Delphine, et pendant quelque temps un pur amour les rend heureux. Cependant Delphine est trop souvent imprudente, elle obéit trop aux entraînements de son cœur, sans penser à l'opinion publique, elle est persécutée par un prétendant qui s'arroge des droits sur elle, et elle est obligée, par la force des circonstances, d'entrer dans un couvent et d'y prononcer ses vœux. Léonce la découvre dans le couvent, et pense à l'épouser, grâce aux nouvelles lois contre les vœux monastiques. Il est pris par les Français, condamné injustement, sous l'accusation d'avoir porté les armes contre la France, et conduit au supplice. Delphine qui n'a pu le sauver, meurt de désespoir, et Léonce est fusillé. Le caractère de Léonce est faible et peu intéressant, il n'a pas la force de braver l'opinion publique en faveur de la femme qu'il aime, tandis que Delphine est héroïque et noble dans son dévouement imprudent. Les personnages secondaires sont bien tracés, et Mme de Vernon est une figure réellement machiavélique.

Les extraits suivants de " Delphine " expriment les idées de Mme de Staël sur la conduite de la femme dans la société: "Quant à moi, dit Delphine, c'est de mon Dieu et de mon **Extraits de "Delphine."** propre cœur que je fais dépendre ma conduite," cependant, un peu plus loin, l'auteur donne la conclusion à laquelle elle paraît être arrivée forcément: " C'est un grand hasard pour une femme, que de braver l'opinion; il faut, pour l'oser, se sentir, suivant la comparaison d'un poète *un triple airain autour du cœur*, se rendre inaccessible aux traits de la calomnie, et concentrer en soi-même toute la chaleur de ses sentiments; enfin, il faut trouver dans

l'objet de nos sacrifices la source toujours vive des
jouissances variées du cœur et de la raison, et traver-
ser la vie appuyés l'un sur l'autre, en s'aimant et faisant le bien." Si l'on a une fille, il faut lui répéter
que, "pour les femmes, toutes les années de la vie
dépendent d'un jour! et que d'un seul acte de leur
volonté dérivent toutes les peines ou toutes les jouissances de leur destinée." En parlant de l'amour
qu'elle croit cependant si nécessaire à la femme, elle
s'écrie: "C'est un grand mystère que l'amour; peut-
être est-ce un bien céleste, qu'un ange a laissé sur la
terre; peut-être est-ce une chimère de l'imagination,
qu'elle poursuit jusqu'à ce que le cœur refroidi ap-
partienne déjà plus à la mort qu'à la vie."

Exilée de Paris en 1803 Mme de Staël résolut d'aller
visiter l'Allemagne, et au commencement de 1804,
nous la voyons à Weimar, dans la société
de Goethe et de Schiller. Il paraît qu'elle   L'exil.
ne fut guère comprise par ces deux grands hommes,
et qu'elle les effaroucha par ses questions indiscrètes
parfois. M. Sorel dit qu'"on a comparé spirituellement l'effet que produisit Mme de Staël sur la cour et
la ville de Weimar à quelque chose comme l'incursion
d'un écureuil dans une fourmilière." Elle fit l'effet d'un
tourbillon sur ces hommes graves et méthodiques et
ils durent se sentir soulagés quand elle partit. Néanmoins, ce voyage fut très important, puisque Mme de
Staël recueillit sur son passage les matériaux pour le
beau livre, "De l'Allemagne," qu'elle écrivit plus tard.
Elle revint à Coppet, appelée par la maladie de son
père, mais ne revit plus Necker. La mort de son père
causa un immense chagrin à cette fille dévouée. On
sait qu'elle a dit: "J'ai vécu pour Dieu, mon père et

la liberté.' Elle s'occupa quelque temps à Coppet de l'éducation de ses enfants, puis, attirée par le pays de Mignon, "le pays où fleurit l'oranger," elle partit pour l'Italie. Ce n'était pas le climat, ce n'était pas la beauté topographique de l'Italie qui attirait Mme de Staël, car tout élève de Rousseau qu'elle était, elle n'apprécia jamais les beautés de la nature. Ce sont les souvenirs antiques qui la conduisent en Italie, c'est l'étude d'un peuple, des arts, de la littérature; ce n'est ni l'éclatant Vésuve, ni l'admirable baie de Naples. Le voyage en Italie produisit "Corinne," qui parut en 1807. Entrée en France en 1806 pendant l'absence de Napoléon en Allemagne, Mme de Staël avait cru pouvoir y rester, mais l'Empereur, dit M. Sorel, écrivit à Fouché ces lignes brutales: "Cette femme est comme un corbeau, elle croyait déjà la tempête arrivée et se repaissait d'intrigues et de folies. Qu'elle s'en aille sur son Léman. . . ." Sinon: "Je la ferai mettre à l'ordre de la gendarmerie, et alors je serai sûr qu'elle ne reviendra pas impunément à Paris." Le succès extraordinaire de "Corinne" dut un peu consoler Mme de Staël de cet exil irrévocable, cette fois-ci, aussi longtemps que régnerait Napoléon.

Dans "Corinne" l'auteur se décrit encore elle-même, comme dans "Delphine," mais l'héroïne est peut-être plus idéalisée. Le livre est intéressant, le plan est bien conçu, et l'intrigue du ro- **"Corinne."** man sert de cadre à une peinture animée de l'Italie et des Italiens. Un jeune Anglais, en proie à la mélancolie et qui se croit détaché de toutes choses terrestres, assiste au triomphe au Capitole de Corinne, l'improvisatrice merveilleuse. Il aime la gracieuse femme, le poète de génie, il se fait présenter chez elle, il obtient son amour, et elle veut lui faire connaître les splendeurs de la ville éternelle. Avant de les suivre dans Rome appelons l'attention sur quelques pensées poétiques exprimées avec charme: "Oswald arriva le soir chez Corinne avec un sentiment tout nouveau: il pensa qu'il était peut-être attendu. Quel enchantement, que cette première lueur d'intelligence avec ce qu'on aime! Avant que le souvenir entre en partage avec l'espérance, avant que les paroles aient exprimé les sentiments, avant que l'éloquence ait su peindre ce que l'on éprouve il y a dans ces premiers instants je ne sais quel vague, je ne sais quel mystère d'imagination, plus passager que le bonheur même, mais plus céleste encore que lui."

"Ils commençaient à dire *nous*. Ah! qu'il est touchant, ce *nous* prononcé par l'amour! quelle déclaration il contient, timidement et cependant vivement exprimée!"

Corinne montre à Oswald toutes les merveilles de la Rome païenne et de la Rome chrétienne, elle lui fait voir que tout dans la ville ramène aux âges héroïques: on demande à une vieille femme où elle demeure, elle répond: "A la roche Tarpéienne."

L'auteur met ainsi sous nos yeux, de la manière la plus correcte et dans un beau langage, un tableau de Rome, de Naples, de Venise, de Florence, de la littérature et de l'art de l'Italie, des mœurs et du caractère des Italiens.

Tout le monde connaît les malheurs de Corinne: on sait qu'Oswald apprend que son père lui a destiné pour épouse la blonde Lucile, sœur de Corinne, que son respect pour les dernières volontés de son père le rend presque traître à la femme qui l'aime plus

que la vie, et que celle-ci se sacrifie pour Oswald et
Lucile et meurt le cœur brisé. Cette histoire est
triste et d'un romanesque parfois trop exalté, mais elle
exerce une grande influence sur tous ceux qui vivent
par l'imagination ou par le cœur. Le caractère de
Corinne est bien tracé, celui d'Oswald ne nous plaît
guère plus que celui de Léonce dans "Delphine."
Mme de Staël n'avait pas encore rencontré d'homme
qui pût rendre une femme heureuse, et ne semble pas
avoir pu créer un semblable personnage. Citons encore
quelques passages d'un livre qui n'est peut-être pas
un chef-d'œuvre, mais qui renferme des idées justes
exprimées d'une manière poétique: "Tous les âges
avaient des plaisirs semblables: l'on prenait le thé,
l'on jouait au whist, et les femmes vieillissaient en
faisant toujours la même chose, en restant toujours à
la même place: le temps était bien sûr de ne pas les
manquer, il savait où les prendre."

La mort de Corinne est réellement touchante et
poétique: "Elle se fit transporter sur un fauteuil,
près de la fenêtre, pour voir encore le ciel. Lucile
revint alors; et le malheureux Oswald, ne pouvant
plus se contenir, la suivit, et tomba sur ses genoux en
approchant de Corinne. Elle voulut lui parler, et
n'en eut pas la force. Elle leva ses regards vers le
ciel, et vit la lune qui se couvrait du même nuage
qu'elle avait fait remarquer à Lord Nelvil, quand ils
s'arrêtèrent sur le bord de la mer en allant à Naples.
Alors elle le lui montra de sa main mourante, et son
dernier soupir fit retomber cette main."

Le séjour de Coppet, après la publication de "Corinne," fut plus animé que jamais, et le château de
Necker, comme autrefois Ferney, fut un lieu de pèle-

rinage. Parmi les amis de Mme de Staël nous remarquons surtout Mme Récamier, si fidèle à tous ceux qu'elle aime. Il n'y avait que Benjamin Constant qui troublât parfois la sérénité de l'hôtesse, mais il se maria en 1808 et Mme de Staël fut délivrée de cette chaîne qui lui pesait, sans qu'elle voulût se l'avouer. Elle était occupée à écrire son livre " De l'Allemagne," pour lequel Schlegel lui fut d'un grand secours, et se distrayait en composant et en jouant des drames. Vers cette époque son talent semble être devenu plus grave, et elle apprécie davantage la religion chrétienne. Elle avait, cependant, gardé quelques illusions sur le caractère de Napoléon, car elle fit imprimer en France en 1810 son livre, " De l'Allemagne," et en envoya un exemplaire à l'Empereur. Les censeurs lurent l'ouvrage, et, tout en le trouvant anti-patriotique, ils en permirent la publication avec quelques suppressions. Napoléon fut moins libéral, et fit détruire l'édition par la police. On fit défense à l'auteur de pénétrer en France et de recevoir à Coppet. Beaucoup de ses amis l'abandonnèrent, comme l'avait fait autrefois Talleyrand, et son malheur paraissait complet. Ce fut alors, au contraire, que lui vint le seul bonheur qu'elle eût jamais rêvé, l'amour dans le mariage. Albert de Rocca, jeune Genevois de vingt-trois ans, officier dans l'armée française, revint blessé dans son pays. Il vit Mme de Staël et l'aima et, en 1811, elle consentit à l'épouser. Elle voulut que le mariage fût tenu secret, mais son mari, qu'elle estimait, la rendit parfaitement heureuse. Napoléon, cependant, ne l'oubliait pas, et la police éloignait tous ses amis d'elle; elle eut peur pour M. de Rocca, pour elle-même, et résolut de s'enfuir loin de

Coppet.

France. Elle partit pour Vienne pour se rendre à St. Pétersbourg, et de là en Suède.

Jetons maintenant un coup d'œil sur le livre " De l'Allemagne." L'ouvrage est divisé en quatre parties : " De l'Allemagne et des Mœurs des Allemands," " De la Littérature et des Arts," " La Philosophie et la Morale," " La Religion et l'Enthousiasme." Dans la première partie l'auteur a bien saisi la différence qui existe entre les mœurs des Allemands et celles des Français, mais c'est la deuxième partie qui nous intéresse le plus. Mme de Staël fait une analyse approfondie et remarquablement exacte de la littérature allemande. Elle explique surtout de la manière la plus lucide la différence entre le drame français et le drame allemand, et, tout en admirant la tragédie française, elle désire, cependant, qu'elle soit renouvelée, ainsi que l'inspiration littéraire elle-même.

" De l'Allemagne."

Le chapitre où elle parle de la poésie classique et de la poésie romantique est un des plus remarquables du livre, et l'école de Victor Hugo s'en est inspirée sans aucun doute. Quelques citations feront comprendre ses idées sur ce sujet : " Le nom de romantique, dit-elle, a été introduit nouvellement en Allemagne, pour désigner la poésie dont les chants des troubadours ont été l'origine, celle qui est née de la chevalerie et du christianisme. Si l'on n'admet pas que le paganisme et le christianisme, le Nord et le Midi, l'antiquité et le moyen âge, la chevalerie et les institutions grecques et romaines, se sont partagé l'empire de la littérature, l'on ne parviendra jamais à juger sous un point de vue philosophique le goût antique et le goût moderne."

Le nom de romantique.

"On prend quelquefois le mot classique comme
synonyme de perfection, je m'en sers ici dans une
antre acception, en considérant la poésie classique
comme celle des anciens, et la poésie romantique
comme celle qui tient de quelque manière aux
traditions chevaleresques. Cette division se rapporte également aux deux ères du monde; celle
qui a précédé l'établissement du christianisme, et celle
qui l'a suivi." . . . "La littérature des anciens est chez
les modernes une littérature transplantée : la littérature romantique ou chevaleresque est chez nous
indigène et c'est notre religion et nos institutions qui
l'ont fait éclore." Voilà, dix-sept ans avant "Cromwell," le manifeste de l'école romantique.

Les deux dernières parties du livre, "De l'Allemagne," ne nous intéressent pas autant que la deuxième, au point de vue de l'histoire littéraire, mais en les étudiant on comprend
mieux qu'auparavant les idées que l'auteur
avait déjà exprimées sous une autre forme dans
ses premiers ouvrages. Dans le chapitre intitulé "De
l'amour dans le mariage," elle dit : "On a raison
d'exclure les femmes des affaires politiques et civiles,
rien n'est plus opposé à leur vocation naturelle que
tout ce qui leur donnerait des rapports de rivalité
avec les hommes, et la gloire elle-même ne saurait
être pour une femme qu'un deuil éclatant du bonheur." On pourrait appliquer cette dernière phrase
à Mme de Staël en 1812, lorsqu'elle s'enfuyait à
travers l'Europe pour échapper au despotisme de
Napoléon. Elle fut, néanmoins, reçue partout avec
enthousiasme par les ennemis de l'Empereur des
Français. Alexandre, surtout, lui fit un accueil des

*Les idées
de Mme
de Staël.*

plus flatteurs, ainsi que son ancien ami Bernadotte. Après un court séjour en Suède elle passa en Angleterre et enfin, en 1814, à la chute de Napoléon, elle revint en France.

Elle aimait la France, mais sa haine pour l'homme de génie qui l'avait persécutée lui avait fait croire, pendant son exil, que les étrangers sauveraient la France en renversant Napoléon. **Dernières années.** Elle s'aperçut bien vite, à sa rentrée en France, que les alliés ne pensaient qu'à leur intérêt personnel et que le règne des Bourbons serait une période rétrograde en politique. Elle eut le bonheur de marier sa fille en 1816 à un homme distingué, le duc Victor de Broglie, et rouvrit son salon à Paris. Elle eut encore beaucoup d'ennemis, mais aussi beaucoup d'amis, parmi lesquels on peut compter Chateaubriand qui, au début de sa carrière, lui avait été hostile. Elle n'eut pas le temps de jouir paisiblement de son séjour à Paris, qu'elle aimait tant. En février 1817 elle fut frappée de paralysie dans un bal et languit jusqu'en juillet. Elle mourut à cinquante et un ans, laissant deux ouvrages que ses enfants publièrent pieusement en 1818 et en 1821, " Considérations sur la Révolution française " et " Dix Années d'exil."

Mme de Staël a exercé une grande influence sur la politique, la société et la littérature française et, quoique ses ouvrages ne soient plus aussi populaires qu'ils l'étaient, le nom de cette **Son influence.** femme célèbre ne périra jamais, car, toute sa vie, elle chercha le vrai et le beau dans la littérature, dans l'histoire et dans la société.

François-René de Chateaubriand naquit à Saint-Malo en 1768, deux ans après Mme de Staël, et devait ex-

ercer sur son époque une influence encore plus considérable que l'auteur de "Corinne." "Il a
renouvelé l'imagination française," dit
M. Émile Faguet, il a certainement continué l'œuvre
de Rousseau par ses splendides descriptions de la
nature et par son inspiration poétique. Son style
est noble et grandiose, ses idées sont sentimentales et
il a ébloui et touché ses contemporains. Nous ne
sommes plus sous l'empire du charme qu'exerçait
l'homme lui - même, et ses œuvres n'ont plus un
intérêt d'actualité, mais nous admirerons toujours le
grand écrivain, le grand artiste, l'auteur d' "Atala,"
de "René," de "l'Itinéraire," du "Dernier des
Abencerages," et de bien des pages sublimes dans ses
autres ouvrages.

Chateau-briand.

Chateaubriand appartenait à une famille d'une
antique noblesse, mais presque ruinée au XVIIIᵉ siècle.
Son père se fit armateur et réussit à re-
dorer son blason. Il acheta le domaine
de Combourg, qui avait appartenu à ses
ancêtres, et c'est dans ce vaste et sombre
château que se passèrent plusieurs années de l'enfance
du futur écrivain. Le père était triste et dur, la
mère craintive et peu tendre, l'enfant se prit alors
d'une amitié extrême pour sa sœur Lucile, de quatre
ans plus âgée que lui et d'un esprit maladif. Elle
semble avoir deviné le génie de son frère, quand celui-
ci hésitait encore sur le choix d'une carrière. Il
pensa à se faire marin, puis prêtre et enfin entra dans
l'armée comme sous-lieutenant au régiment de Navarre. Les excès qui accompagnèrent la prise de la
Bastille et d'autres événements de la Révolution lui
firent souhaiter de quitter la France. Il eut l'idée

Sa jeunesse —son voyage en Amérique.

d'un voyage au nord-ouest de l'Amérique et partit
pour ce pays en 1791. A Philadelphie il fut reçu
par Washington, qui produisit sur lui une grande impression, et ayant abandonné l'idée de ses explorations
au pôle Nord il s'enfonça dans les forêts du Nouveau
Monde et recueillit de la nature sauvage et des
Indiens, des sensations qu'il devait exprimer plus
tard en paroles admirables. En Amérique il apprit
la fuite de Louis XVI et son arrestation à Varennes,
et il crut de son devoir de retourner en France. Peu
après son arrivée il épousa Mlle Buisson de la Vigne
et partit pour l'armée des émigrés. Son mariage ne
fut pas un mariage d'amour, quoique sa femme fût
jeune, belle et spirituelle. Il finit par l'estimer et elle
lui fut dévouée, mais disons ici que Chateaubriand
fut trop égoïste pour aimer véritablement. Il se
laissa adorer et eut de bien charmantes amies: Mme
de Beaumont, Mme de Custine, Mme de Mouchy et
surtout Mme Récamier, qui toutes exercèrent sur lui
la plus heureuse influence.

Parmi les émigrés Chateaubriand se conduisit bra-
vement; il fut blessé à Thionville, et à
travers mille privations se rendit à Os- L'émigra-
tion.
tende, puis à Jersey et de là en Angleterre. Il gagna péniblement sa vie à Londres comme
traducteur, et dans son amertume publia un ouvrage
sceptique, athée même, "Essai sur les Révolutions."
Vers cette époque il reçut le dernier adieu de sa mère
et de sa sœur Julie, et il dit: "J'ai pleuré et j'ai cru."
C'est alors qu'il conçut le plan de son "Génie du
Christianisme" pour ramener la France à la religion.

La paix et la tranquillité rétablies par le Consulat
permirent à Chateaubriand de rentrer dans sa patrie,

et le 8 mai 1800, il débarqua à Calais sous un faux
Retour en nom. A Paris il fréquenta le salon de
France. Mme de Beaumont, où il rencontra une
société élégante et distinguée et préluda à sa carrière
littéraire par une attaque violente contre Mme de
Staël. Celle-ci se vengea noblement en faisant rayer
le nom de Chateaubriand de la liste des émigrés. Il
fit paraître en 1801 " Atala," épisode des " Natchez,"
et l'ouvrage fut reçu avec enthousiasme.

Bonaparte se préparait à signer le Concordat avec
le pape et à ouvrir de nouveau les églises, aussi Chateaubriand saisit le moment favorable et
Vie pendant publia le 14 avril 1802 son " Génie du
le Consulat. Christianisme." L'ouvrage parut quatre
jours avant le *Te Deum* à Notre Dame et aida considérablement le Premier Consul dans son œuvre de
pacification religieuse. " Atala " et " René " faisaient
partie du " Génie du Christianisme," et n'en furent
détachés qu'après la septième édition. L'auteur
dédia la deuxième édition à Bonaparte, et celui-ci le
nomma secrétaire d'ambassade à Rome, puis ministre
au Valais en 1804. Au moment où Chateaubriand
faisait ses préparatifs pour se rendre à son nouveau
poste il apprit la nouvelle de l'exécution du duc d'En-
ghien et envoya sur-le-champ sa démission à Talleyrand. Bonaparte fut très irrité de cet affront, mais
n'inquiéta pas l'indépendant écrivain, qui passa son
temps à écrire et à visiter ses amis. Ce fut à Coppet,
chez Mme de Staël, qu'il apprit la mort de sa sœur
Lucile, Mme de Caud. Peu après, il partit pour
l'Orient, en juillet 1806, et ne revint qu'en juin 1807.
Il a raconté ce voyage dans son beau livre publié en
1811, " Itinéraire de Paris à Jérusalem."

A son retour à Paris Chateaubriand mécontenta l'empereur par un article trop hardi et se retira aux environs de Sceaux, dans la Vallée-aux- **Hostilité** Loups. En 1809 parurent les " Martyrs," **contre** ce poème épique en prose où l'auteur **l'Empire.** tâche d'opposer les beautés du christianisme à celles du paganisme.

En 1811 mourut Marie-Joseph Chénier, et Chateaubriand fut élu à sa place à l'Institut. Son discours de réception soumis à Napoléon était d'une telle violence qu'il dut s'estimer heureux d'être seulement invité à quitter Paris. Il fit alors une guerre sourde mais implacable à l'Empire, et en 1814 fit paraître son sanglant pamphlet, " De Buonaparte et des Bourbons," qui valut plus qu'une armée à la cause royaliste.

Pendant les Cent Jours il suivit le roi en Belgique, et sous le règne de Louis XVIII, il fut **Ambassa-** ambassadeur à Berlin et à Londres, puis **deur et** ministre des affaires étrangères. Il fit **ministre.** entreprendre en 1823 cette guerre d'Espagne anti-libérale, mais qui donna la gloire militaire au duc d'Angoulême. Louis XVIII, cependant, ne l'aimait pas, et il fut congédié assez brutalement. Sous Charles X il fut généralement de l'opposition contre le ministère et non contre la royauté et, à la Révolution de Juillet, il se retira de la Chambre des Pairs et vécut dans la retraite. Il travailla à ses " Mémoires " et à d'autres œuvres, et devenu paralysé en 1847, il mourut en 1848, ayant à ses côtés son amie si dévouée, Mᵐᵉ Récamier. Mᵐᵉ de Chateaubriand était morte en 1847, ayant réussi à obtenir l'estime, mais jamais l'amour de son mari.

Chateaubriand avait voulu avoir un tombeau gran-

diose et avait négocié avec Saint-Malo pour obtenir
Son pour sépulcre le rocher du Grand-Bé,
tombeau. dans la rade de sa ville natale. C'est là
qu'il repose, sur cet îlot battu par la tempête. Son
tombeau est poétique comme ses charmantes créations.

Appelons maintenant l'attention sur ses principales
"Atala." œuvres. "Atala" est une histoire indienne, une peinture plutôt de la nature
sauvage. Rien n'égale la splendeur des descriptions
et des comparaisons: "Le vent du midi, mon cher
fils," dit Chactas à René, "perd sa chaleur en passant
sur des montagnes de glace. Les souvenirs de l'amour
dans le cœur d'un vieillard sont comme les feux du
jour réfléchis par l'orbe paisible de la lune, lorsque le
soleil est couché, et que le silence plane sur les huttes
des Sauvages."

Les lignes suivantes expriment admirablement le
caractère habituellement triste de Chateaubriand:
"Ainsi passe sur la terre tout ce qui fut bon, vertueux, sensible! Homme, tu n'es qu'un songe rapide,
un rêve douloureux; tu n'existes que par le malheur;
tu n'es quelque chose que par la tristesse de ton âme et
l'éternelle mélancolie de ta pensée!"

On a voulu voir dans "René," la plus parfaite des
œuvres de Chateaubriand, son histoire et celle de sa
"René." sœur Lucile. Telle n'a pu être l'intention de l'auteur, car un pareil sujet serait
répugnant, s'il était vrai. "René" exprime cet état
de *désespérance* si commun dans la première moitié
du XIXᵉ siècle, et eut un grand nombre d'imitations.

"Le Génie du Christianisme" nous paraît bien
froid aujourd'hui, et il nous semble que l'auteur a
plutôt compris la pompe de la religion que le senti-

ment chrétien, mais quelques parties de l'œuvre reste-
ront, à cause de la forme artistique.

Il y a aussi de magnifiques pages dans les " Martyrs," et on lira toujours le combat des
Gaulois et des Francs et l'épisode de Vel-   **Les "Martyrs."**
léda, et l'on s'intéressera aux chastes
amours d'Eudore et de Cymodocée, mais le merveilleux
chrétien ne peut être aussi brillant que le merveilleux
païen, et le but que se proposait l'auteur n'est pas atteint.   Le christianisme, au point de vue de l'art, ne
nous intéresse pas autant que le paganisme.

L' " Itinéraire " est écrit avec plus de simplicité
que les autres œuvres de Chateaubriand, et le " Der-
nier des Abencerages " est une histoire   **Influence de ses ouvrages.**
pure et gracieuse.   Mentionnons encore
" les Natchez," les " Études Historiques,"
le " Voyage en Amérique," la " Vie de Rancé," et
terminons la liste des ouvrages de Chateaubriand par
les " Mémoires d'Outre-Tombe."   Là, nous voyons
dans tout son éclat le grand talent de l'écrivain, mais
nous regrettons de voir l'homme se montrer avec son
immense orgueil et son immense égoïsme.   Quel que
fût, cependant, son caractère on doit étudier avec le
plus grand soin les œuvres de Chateaubriand, si l'on
veut bien comprendre l'école romantique.   Il en fut,
sans nul doute, le principal inspirateur.

CHAPITRE II

LE ROMANTISME

ON entend par le romantisme en France l'école
littéraire qui réagit contre l'uniformité amenée par

l'imitation presque servile des grands maîtres du XVII⁰ siècle. Quatre causes principales contribuèrent à cette révolution dans la littérature française: l'étude de la nature, des littératures étrangères, du moyen âge, et le sentiment chrétien ramené en partie par le "Génie du Christianisme." A la chute de Napoléon il y eut la paix et un régime bien plus libéral, et la littérature put se développer sans entraves. Trois noms attirent d'abord notre attention: Delavigne, Béranger et Lamartine. Ils ne font pas réellement partie de l'école romantique, mais leurs œuvres ne sont pas coulées dans le même moule que celles du XVIII⁰ siècle et ont leur propre originalité.

Casimir Delavigne (1773–1843) publia ses premières "Messéniennes" en 1818. Ce sont des chants

Delavigne. patriotiques où l'on rencontre de beaux vers et de l'enthousiasme. On admire surtout le poème sur Jeanne Darc, et la vierge de Domrémy nous apparaît sublime sur son bûcher, lorsqu'elle "montre aux Anglais son bras à demi consumé." Les "Derniers Chants" de Delavigne contiennent de gracieuses ballades, et cet écrivain occupe une place honorable comme poète lyrique. Comme auteur dramatique il appartient plutôt à l'école classique qu'à l'école romantique. Ses "Vêpres Siciliennes" parurent en 1819, ensuite il donna deux comédies amusantes et spirituelles, "les Comédiens" et "l'École des Vieillards." Sa meilleure tragédie est "Louis XI," et l'on peut aussi citer "le Paria," "Marino Faliero" et "les Enfants d'Édouard." Ses tragédies sont peu naturelles et froides, et l'on sent que l'auteur est gêné par les innovations de la nouvelle école.

Béranger (1780–1857) est un des poètes les plus populaires de la France. Il sut aussi, comme Delavigne, s'inspirer de sujets patriotiques et chanta l'Empereur défendant le sol de la patrie envahi par l'étranger. **Béranger.** Il contribua à entretenir cette légende napoléonienne qui devait, malheureusement, ramener l'Empire en 1852. Il chanta encore Lisette, c'est-à-dire, l'amour et la jeunesse, dans mille chansons joyeuses, et toucha le cœur du peuple en lui présentant des sujets tirés de la vie des petites gens. Dans bien des occasions sa poésie est sérieuse et noble, et la grandeur, l'esprit satirique, la bonhomie que l'on trouve en Béranger, font de lui un des écrivains le plus originaux du XIX° siècle. C'est un grand poète lyrique, un chansonnier qui n'a pas de supérieur.

On a dit de Lamartine que "ce n'était pas un poète, mais la poésie elle-même," cette définition est vraie, car on ne peut lire de vers plus naturels, plus harmonieux que ceux du **Lamartine.** poète dont la vie se résumait, d'après lui-même, en ces trois mots: "Amour, poésie et religion."

Alphonse de Lamartine naquit à Mâcon en 1790. Il fut rêveur dès l'enfance et fut élevé par un père, vieux soldat honorable, et par une mère pieuse et sensible à laquelle il fut sincèrement attaché. Il alla au collège des jésuites à Belley, mais s'intruisit principalement par la lecture des poètes et des romanciers. A dix-huit ans il fit un voyage en Italie, pendant lequel eut lieu l'incident qui lui inspira "Graziella," ce gracieux épisode de ses "Confidences." A la chute de Napoléon il servit dans les gardes de Louis

Les "Méditations" et les "Harmonies poétiques."

XVIII, mais après le retour de l'île d'Elbe, il passa
son temps en Dauphiné, chez son ami, Aymon de
Virieu, à Aix en Savoie, et à Milly, la maison pater-
nelle, écrivant ses impressions et composant ses admirables poésies, les " Méditations poétiques." Ce fut
en 1820 que parut le premier recueil de vers de
Lamartine, et il devint immédiatement célèbre. Il y
avait longtemps que la France n'avait entendu une
langue aussi pure, aussi musicale, et on lut avec
transport "le Lac," "le Vallon" et autres vers tristes
et doux. Il publia les " Nouvelles Méditations " en
1823 et les " Harmonies poétiques et Religieuses "
en 1829, puis il partit pour l'Orient en 1832 et écrivit un beau livre sur ce voyage, qui fut assombri par
la mort de sa fille unique.

Dans " Jocelyn " (1836), l'auteur nous présente
des tableaux poétiques dans un style enchanteur,
"Jocelyn." et malgré une certaine invraisemblance
du sujet, ce poème est une des plus
belles œuvres de Lamartine. On ne peut admirer
la " Chute d'un Ange " (1838), ni les " Recu-
eillements Poétiques " (1839). L' " Histoire des
Girondins " (1847) est un récit émouvant d'une
L' " Histoire époque tragique et regrettable de la Ré-
des volution, et indique quel changement
Girondins." s'était fait dans les opinions politiques
de l'auteur. De royaliste il était devenu républicain,
et il joua un rôle héroïque et important à la Révolution de 1848. Il fut membre du gouvernment pro-
visoire et sut, par son éloquence, réprimer l'anarchie.
Il tomba peu après dans l'oubli et dans l'indigence,
et consacra ses dernières années à un labeur immense,
mais où, trop souvent, la gêne domestique détruit

l'inspiration.   Mentionnons, cependant, les "Confidences," les "Nouvelles Confidences," "Raphaël," où se trouvent encore bien des belles pages.

Lamartine mourut en 1869 et sa gloire semble avoir diminué depuis sa mort. On l'accuse d'avoir inventé les incidents les plus poétiques de sa vie, tels que celui de Graziella, d'être incorrect et obscur; cela est en partie vrai, mais nous croyons que la postérité placera au plus haut rang le poète dont l'âme fut noble et généreuse et dont les œuvres ne sont que le reflet de cette âme.

Avec Victor Hugo commença réellement l'école romantique et il en fut le chef incontesté. Il voulut que le vers ne fût pas asservi aux règles de Malherbe et de Boileau, il pratiqua **Victor Hugo.** l'enjambement, assouplit le rythme et le modifia, mais conserva la rime aussi riche que possible. Ses poésies ont une vigueur et un éclat que n'ont pas celles de Lamartine et sont souvent aussi harmonieuses que les plus belles "Méditations." Il fut poète, dramaturge et romancier, et son œuvre est immense et grandiose. Comme caractère il fut inférieur à Lamartine et l'on pourrait trouver dans sa vie bien des actes peu louables. Cependant, il a aimé la liberté, il a secouru les malheureux, il a eu un grand amour pour les petits enfants, et l'on oubliera ses défauts en se rappelant seulement ses sublimes vers lyriques et épiques.

Victor Hugo naquit à Besançon en 1802. Son père était général de l'Empire, sa mère, Vendéenne. Dans son enfance il parcourut l'Italie et l'Espagne à la suite de son père, puis sa mère s'établit à Paris, et il commença à écrire des vers à l'âge de quinze ans.

Il fut couronné plusieurs fois aux Jeux Floraux, et en 1822, publia son premier recueil de poésies, " Odes et Ballades." On voit dans cette œuvre l'influence des idées royalistes et catholiques de sa mère. Plus tard il devait chanter l'épopée napoléonienne, dont son père fut un des héros.

Les premiers vers de Victor Hugo furent reçus avec enthousiasme et on y vit le grand artiste, le poète de génie, quoique le sentiment fût moins profond que chez Lamartine.

Poésies.

Citons après les " Odes et Ballades," les " Orientales" (1829), les " Feuilles d'Automne" (1831), les " Chants du Crépuscule" (1835), les " Voix Intérieures" (1837), les " Rayons et les Ombres" (1840). Sous le règne de Louis-Philippe, en 1845, il devint pair de France et, en 1848, il fut membre de l'Assemblée Constituante. Il fit opposition au Prince-Président, et au Coup d'état du Deux Décembre il fut exilé. Il alla à Jersey, puis à Guernsey et ne revint en France qu'à la chute de l'Empire.

Avant l'exil, pendant plusieurs années, Victor Hugo avait négligé la littérature pour la politique. Pendant l'exil il écrivit un grand nombre d'ouvrages de tous genres, parmi lesquels nous mentionnerons les " Châtiments" (1852), satires sanglantes de l'Empereur et de ses acolytes, les " Contemplations" (1856), où l'auteur consacre de tendres vers à la mémoire d'une fille chérie, morte en France, et la " Légende des Siècles," poésies épiques les plus belles de la littérature française, les plus émouvantes depuis la " Chanson de Roland." A son retour en France il publia l' " Année terrible" (1872), la deuxième " Légende des Siècles" (1877) et la troisième en 1881,

l' "Art d'être Grand-Père" (1877), les "Quatre Vents
de l'Esprit" (1882). Il fut élu sénateur en 1876 et
mourut en mai 1885. Il fut l'idole du peuple français, qui lui fit des funérailles splendides et conduisit
son corps au Panthéon.

Nous avons raconté brièvement la vie de Victor
Hugo et parlé de ses poésies lyriques et épiques; il
nous reste maintenant à dire quelques mots de ses
drames et de ses romans.

C'est surtout dans le drame que le romantisme a
fait des innovations importantes. La préface de
"Cromwell" (1827) fut le manifeste de la
nouvelle école. Hugo y exposa son sys- **Drames.**
tème: la vérité dans la représentation, c'est-à-dire, la
peinture de l'homme avec ses vices et ses qualités.
Le grotesque ne doit pas être exclu de la scène, puisqu'il se trouve dans la société, et le comique et le
sérieux peuvent être mis côte à côte, car il en est
ainsi dans la vie. Hugo revenait à ce mélange du
comique et du sérieux que l'on voit dans les mystères
du moyen âge, mais il y voulait, naturellement, plus
de décence. Il condamne absolument les règles de
l'unité de temps et de lieu, et ne garde que l'unité
d'action. L'école romantique voulait donc que le
drame fût plus réel, plus vraisemblable, et ne se contenta pas comme l'école classique de l'analyse d'une
passion ou d'un sentiment. Tel étant le cas il fallait renoncer aux unités de temps et de lieu et remplacer l'analyse psychologique par des incidents
variés et intéressants. Là fut le danger, ce fut
l'exagération des incidents tragiques ou grotesques, et
bien des drames romantiques ne furent pas plus
vraisemblables que les tragédies classiques. Victor

Hugo, lui-même, le chef de la nouvelle école, manque de naturel dans ses drames et ne nous présente pas des personnages réellement vivants. "Cromwell" (1827) était trop long pour être joué et "Marion Delorme" (1829) fut arrêtée par la censure. Dans cette pièce l'auteur soutient la thèse de la réhabilitation, par l'amour, de la femme tombée, thèse que Dumas fils devait plaider plus tard avec tant de talent dans la "Dame aux Camélias." "Hernani" fut joué le 25 février 1830 et, après un combat acharné, la pièce réussit. Il y règne une fraîcheur qui nous rappelle "le Cid" et on y trouve des vers, parfois tendres et doux, parfois énergiques et passionnés, mais toujours admirables. C'est cette belle poésie qui fera vivre à jamais les drames en vers de Victor Hugo. On jouera encore "Hernani," à cause des beaux vers, mais l'instinct dramatique faisait trop défaut à l'auteur pour que la pièce vive comme œuvre dramatique. "Le Roi s'amuse" (1832) est rempli de beaux vers, mais l'ouvrage est trop horrible pour nous plaire. Le poète semble faire reposer son système dramatique principalement sur l'antithèse et il en fait un abus partout, surtout dans "le Roi s'amuse."

Ruy Blas (1838) est une œuvre intéressante, mais n'a aucune valeur historique, quoi que prétende l'auteur. Il contient, cependant, comme "Hernani," des vers magnifiques.

"Les Burgraves" (1843) n'eurent aucun succès à la scène. L'intrigue de la pièce est si compliquée qu'on peut à peine la comprendre, mais on lira toujours ce drame comme poème. La chute des "Burgraves" éloigna le grand poète du théâtre pour lequel il se croyait une vocation. Outre ses pièces en vers il en écrivit aussi trois en prose : "Lucrèce Borgia," la meilleure de ses pièces, au point de vue dramatique; "Marie Tudor," et "Angelo." Nous verrons tout à l'heure quel fut le succès dans le drame des disciples du chef de l'école romantique.

"Bug Jargal" et "Han d'Islande" furent les premiers romans de Victor Hugo. Nous y voyons, comme dans ses drames, l'abus de l'antithèse. "Notre Dame de Paris" (1831) eut un grand succès. C'est une belle étude archéologique et une œuvre d'une grande vigueur, où nous rencontrons Quasimodo, le sonneur de cloches, Esmeralda, la gracieuse gitana, et Claude Frollo, le sombre archidiacre. Dans "Claude Gueux" et le "Dernier Jour d'un Condamné" Hugo attaqua la justice telle que l'entend la société moderne, et dans les "Misérables" (1862) il développa sa thèse avec une force et une poésie incomparables. Ses personnages peuvent ne pas être assez réels, mais on ne peut oublier Fantine, Cosette, Marius, et le sublime Jean Valjean. Les "Travailleurs de la Mer" et "Quatre-vingt-treize" sont deux romans intéressants et dramatiques, mais l' "Homme qui rit" (1869), malgré quelques poétiques antithèses, est lourd et obscur.

Victor Hugo écrivit aussi "Napoléon le Petit" et l' "Histoire d'un Crime," véhéments pamphlets politiques; le "Rhin," voyage; "William Shakespeare," et un grand nombre de poésies inédites, dont plusieurs recueils ont paru après sa mort et qui prouvent que dans sa vieillesse le poète n'avait rien perdu de son génie.

Terminons cette courte notice sur Victor Hugo par les lignes suivantes empruntées au critique éminent, M. Émile Faguet: "Il est notre plus grand poète lyrique; il est presque notre unique poète épique. Il serait, comme style et comme rythme, le plus habile artiste en vers que nous ayons, si La Fontaine n'existait pas. Par là il vivra aussi longtemps que la langue française."

Alfred de Vigny fut de l'école romantique, mais il n'en adopta pas les exagérations. Ses vers sont purs et gracieux et genéralement mélancoliques. Dans " Poèmes Antiques et Modernes" on voit quelques œuvres exquises, " Éloa," " Dolorida," " le Cor," " Moïse," " le Déluge," et dans " les Destinées," ouvrage posthume, nous admirons "le Loup," " la Bouteille à la Mer," et " Esprit pur." Il n'y a pas assez de passion chez Alfred de Vigny pour qu'il ait pu plaire aux masses, mais on peut, néanmoins, le placer parmi les grands poètes du xixᵉ siècle. Il écrivit aussi un roman historique, " Cinq-Mars," le meilleur, peut-être, dans ce genre en français, mais où l'auteur ne rend pas justice au caractère de Richelieu.

Alfred de Vigny était né en 1797 et mourut en 1863. Il fut soldat pendant de longues années et écrivit " Grandeur et Servitude Militaires," où il fait un bel éloge de l'honneur du soldat. Un épisode, " Laurette, ou le Cachet Rouge," est un chef-d'œuvre de style.

Vigny traduisit " Othello " en 1829 et fit jouer deux drames écrits d'après les préceptes de Victor Hugo, " la Maréchale d'Ancre " et " Chatterton." Il écrivit aussi "Stello," récit poétique de la vie de trois poètes malheureux, André Chénier, Gilbert et Chatterton.

Alfred de Musset a écrit quelques poèmes qui sont

parmi les plus beaux de la littérature française. Né
en 1810 il commença par faire partie du
Cénacle de Victor Hugo, et publia en   **Alfred de**
1830 ses "Contes d'Espagne et d'Italie,"   **Musset.**
poésies d'une allure cavalière, où se voit déjà une certaine originalité, malgré son admiration pour le
romantisme. Il devait, plus tard, se détacher quelque
peu de la nouvelle école et même s'en moquer finement. Il produisit ses plus belles œuvres avant qu'il
eût trente ans et mourut en 1857. Il avait été très
lié avec George Sand, mais se sépara d'elle à Venise
en 1833. C'est alors qu'il écrivit ses vers les plus
beaux, les plus passionnés. Mentionnons parmi ses
poésies ses admirables "Nuits," surtout la "Nuit de
Mai," "Rolla," poème malsain mais grandiose, la
"Lettre à Lamartine," les "Stances à la Malibran,"
l'"Espoir en Dieu" et "Sur Trois Marches de Marbre
Rose." La rime chez Musset n'est pas riche, mais on
voit dans ses ouvrages un sentiment vrai. Il exprime
franchement ce qu'il éprouve, et se défend de l'accusation d'imiter qui que ce fût en disant:

"Mon verre n'est pas grand, mais je bois dans mon verre."

Il a écrit de charmantes comédies, "Un Caprice,"
"le Chandelier," "Il ne faut jurer de rien," "Il faut
qu'une porte soit ouverte ou fermée," et des nouvelles
fines et spirituelles, "le Fils du Titien," "Margot,"
"Croisilles," l'"Histoire d'un Merle Blanc," "la
Mouche."

"Lorenzaccio," est un drame énergique et sombre
et dans "On ne badine pas avec l'amour," et dans
"Fantasio" nous voyons sous des paroles gaies une
profonde amertume, un sentiment de désenchante-

ment, de découragement, de lassitude morale, à la
manière de René et de Werther. C'est surtout dans
"la Confession d'un enfant du siècle" que l'on
aperçoit cet étrange état de l'âme contre lequel une
organisation aussi sensitive, aussi peu énergique que
celle de Musset ne pouvait réagir. Il se laissa aller à
des excès qui minèrent sa santé et épuisèrent son
génie, et il mourut encore jeune et n'ayant produit
presque rien depuis longtemps. Il fut, cependant, un
poète lyrique de premier ordre, et on peut le comparer
à Lamartine et à Victor Hugo.

Hugo, Vigny et Musset sont les poètes les plus
connus de l'école romantique, mais il y en a d'autres
qui sont célèbres aussi, à juste titre.
Barthélemy et Méry. Barthélemy et Méry, Marseillais tous
deux, écrivirent ensemble des satires politiques contre les ministres de Charles X, puis un
poème épique, " Napoléon en Égypte," dont Barthélemy voulut remettre lui-même un exemplaire au duc
de Reichstadt. Il ne put réussir à voir le prince, et à
son retour à Paris, il publia " le Fils de l'Homme," qui
le fit condamner à la prison et à l'amende. Sous le
règne de Louis-Philippe les deux poètes firent paraître
pendant un an, du 1er mars 1831, à la fin de février
1832, un journal satirique en vers, "la Némésis."
Jamais il n'y eut de satires plus énergiques ni écrites
en plus beaux vers. Barthélemy, cependant, devint
chaud partisan de cette royauté qu'il avait attaquée
avec tant d'amertume et perdit toute sa popularité.
Méry écrivit seul un grand nombre de comédies et de
romans, où il éparpilla un talent remarquable.

On peut comparer à " la Némésis " " les Iambes "

d'Auguste Barbier, où l'on trouve ces satires violentes et admirables, la " Curée," l' " Idole," la " Cuve," " Melpomène."

Barbier.

Brizeux, poète breton, a écrit un doux et charmant poème, " Marie," et " les Bretons," où il a dépeint avec amour et fidélité les mœurs et les coutumes de la Bretagne. Victor de Laprade imite Lamartine et produit les " Poèmes Évangéliques "; Hégésippe

Brizeux, Quinet et autres poètes.

Moreau meurt à vingt-huit ans et laisse le " Myosotis," qui annonçait beaucoup de talent; Reboul, le poète-boulanger, écrit l' " Ange et l'Enfant "; Autran, " Laboureurs et Soldats " et " Poèmes de la Mer "; Edgar Quinet, plus grand comme prosateur que comme poète, écrit " Napoléon," " Ahasvérus " et " Prométhée." Citons encore, parmi les poètes romantiques, quelques noms de femmes: Mme Desbordes-Valmore, Mme Tastu, Mme Louise Colet, et Mme Émile de Girardin qui, sous le nom de Delphine Gay, fut considérée la *Corinne* de la nouvelle école.

Théophile Gautier (1811–1872) est le plus célèbre des disciples de Victor Hugo. Il fut le chef des défenseurs d' " Hernani " en 1830 et eut une adoration pour le *Maître*. Ses

Théophile Gautier.

poèmes se distinguent par la beauté de la forme, par le rythme pur et harmonieux, plutôt que par la grandeur des idées. Citons " la Comédie de la Mort," " Paysages," " Intérieurs," " España," et surtout " Émaux et Camées." Il écrivit aussi de charmantes nouvelles et des romans où il excelle à faire revivre une époque et à donner un rôle aux objets inanimés. " Le Roman de la Momie " et " le Capitaine Fracasse " sont les plus connus des romans de Gautier, ce sont des ouvrages intéressants, quoique l'auteur fasse un abus des descriptions. Il est l'homme de *l'art pour l'art* et sert de transition entre les Romantiques et les *Parnassiens.*

Leconte de Lisle, né à l'île Bourbon en 1820, est le chef des *Parnassiens.* Ses vers sont nobles et impo-

Les Par.nassiens. sants, mais il les a empruntés trop souvent aux sujets grecs ou hindous pour qu'ils puissent plaire aux masses. Ses poésies ont plus de grandeur que de chaleur, et celles de Sully-Prud-homme, d'André Theuriet, de Théodore de Banville, de François Coppée, ont plus de grâce et de fraîcheur que d'énergie. Coppée est non seulement un charmant poète, mais il a écrit aussi des nouvelles intéressantes et des drames. "Le Passant," "le Trésor," "le Luthier de Crémone" sont des petites pièces exquises, et "les Jacobites" nous présentent un tableau poétique et touchant des malheurs de Charles-Édouard, le jeune Prétendant. N'oublions pas de mentionner parmi les poètes modernes, le chansonnier Dupont, Baudelaire, Heredia et Richepin. La poésie de la fin du XIXᵉ siècle, malgré les *décadents*, est certainement bien supérieure à celle de la fin du XVIIIᵉ siècle.

CHAPITRE III

LE DRAME ET LE ROMAN

Quoique Victor Hugo eût lancé dans "Cromwell" en 1827 le manifeste de la nouvelle école dramatique,

Le Drame. ce fut Alexandre Dumas (1803-1870) qui fit jouer la première pièce romantique. Le 11 février 1829, un an avant "Hernani," on re-

présenta " Henri III et sa cour." Voici ce qu'en dit
M. Petit de Julleville dans son excellent ouvrage,
" le Théâtre en France : " " Dans ' Henri
III,' Dumas poussait à bout déjà tous **Dumas.**
les défauts du genre : idolâtrie des détails, violence
dans les procédés scéniques, excès d'imagination,
pauvreté de sens critique et d'observation psychologique ; et malgré tout, un intérét brutal s'attache à ces
tableaux habilement jetés et décousus ; ce n'est certes
pas un bon drame, mais c'est une lanterne magique
bien amusante, faite de verres éblouissants." Dumas
avait bien plus l'instinct dramatique que Victor
Hugo, et son " Antony " (1831) est le type du drame
et du roman contemporains, où l'on ne se fait aucun
scrupule de mettre sur la scène les passions les plus
violentes, les plus honteuses même, pour faire comprendre la vie réelle, telle que la voient les auteurs de
ces œuvres. Alexandre Dumas a écrit beaucoup de
drames et un si grand nombre de romans qu'il est
impossible de les citer tous. On l'a accusé d'avoir eu
une *manufacture* de romans, c'est-à-dire, d'avoir
signé des ouvrages qui n'étaient pas de lui. Il est vrai
qu'il eut des collaborateurs, mais c'est lui qui mit
sur les romans qui portaient son nom l'empreinte de
sa prodigieuse imagination et de son talent pour le
dialogue. Tout le monde a lu cette intéressante,
trilogie, " les Trois Mousquetaires," " Vingt ans
après," et " le Vicomte de Bragelonne," ainsi que " le
Comte de Monte-Cristo." Citons encore de Dumas
deux spirituelles comédies, " Mademoiselle de Belle-
Isle " et " les Demoiselles de Saint Cyr."
Eugène Scribe (1791–1861) est un autre écrivain

aussi fécond que Dumas. Il sut écrire des pièces

Scribe. d'actualité, c'est à dire, selon le goût du moment, et eut une grande popularité, mais il n'a que trop rarement fait des études de mœurs. Ses comédies ont, cependant, le mérite d'être amusantes et on les jouera encore probablement longtemps.

Mentionnons "la Closerie des Genêts" de Frédéric Soulié et passons à la réaction contre le drame romantique. Nous avons déjà dit que Delavigne tâcha de faire une transaction entre l'école

Soumet et Ponsard. classique et l'école romantique. Alexandre Soumet fit de même et produisit des tragédies de mérite, dont "Saül" et "Une Fête sous Néron" sont les plus connues. L'auteur qui réussit le mieux dans ce genre mixte fut François Ponsard (1814–1867). Il revint presque à la tragédie classique avec "Lucrèce," représentée en 1843, peu après la chute des "Burgraves," et dans "Charlotte Corday" (1850), son chef-d'œuvre, il allia l'indépendance des romantiques au bon goût et au style correct des meilleurs tragiques de l'ancienne école. Il écrivit aussi "l'Honneur et l'Argent," où il dénonça les bassesses de l'agiotage, et "le Lion amoureux," peinture des mœurs du temps du Directoire.

Émile Augier (1820–1889) et Eugène Labiche (1815–

Augier. 1888) occupent un rang élevé parmi les dramaturges contemporains, le premier, par les types qu'il a créés et l'observation exacte des passions, le second, par la gaieté si franche de son théâtre.

Alexandre Dumas fils (1824) et Victorien Sardou

(1831) sont les plus populaires des dramaturges français de notre époque et ont tous deux un très grand talent. Leurs œuvres, ce- *Dumas fils et Sardou.* pendant, nous offrent, presque toutes, des tableaux, qu'à notre avis, quelque vrais qu'ils soient, il vaut mieux ne pas présenter d'une manière aussi brutale.

Octave Feuillet, Meilhac et Halévy, Legouvé, Henri de Bornier, Pailleron ont écrit aussi d'excellentes pièces. Pour bien comprendre *Octave Feuillet et autres.* l'évolution du théâtre en France il serait intéressant de comparer un mystère ou une moralité du moyen âge à "la Tosca" de Sardou ou à "Francillon" de Dumas fils. On verrait dans les œuvres du XIXᵉ siècle un grand progrès dans le style et beaucoup de talent, mais on ne sait si l'impression produite par les drames modernes serait aussi saine que celle qu'on éprouverait à voir jouer un mystère ou une moralité avec leur foi naïve. Le drame français moderne ne s'adresse pas autant au cœur et à l'esprit que celui, surtout, du temps de Molière ou de Corneille; il s'adresse principalement aux sens.

En parlant des auteurs dramatiques nous en avons nommé quelques-uns qui étaient aussi romanciers, nous devons maintenant étudier d'une *Le Roman.* manière plus spéciale le roman, ce genre de littérature si populaire au XIXᵉ siècle. Benjamin Constant écrivit en 1815 "Adolphe," roman malsain, mais d'une analyse pénétrante, puis Beyle (Stendahl) continua ce genre avec "Rouge et Noir," et "la Chartreuse de Parme," *Beyle.* où il fait une peinture intéressante de la société d'une des cours minuscules de l'Italie. Charles Nodier réunissait autour de lui à la bibliothèque de l'Arsenal

tous les adeptes du romantisme et il était très aimé de
cette bande impétueuse. Il a écrit dans
presque tous les genres, mais s'est fait
connaître surtout par ses nouvelles et ses contes,
"Smarra," "Jean Sbogar," "la Fée aux Miettes,"
"Trésor des fèves et fleur des pois." Il est un des
meilleurs prosateurs français et son style est ciselé.

Nodier.

Prosper Mérimée (1803–1870) unit à la perfection
du style la force des idées et l'analyse des
caractères, et l'on peut dire qu'il écrit
avec une concision et une clarté dignes de Voltaire
historien. Il publia d'abord le "Théâtre de Clara
Gazul" et "la Guzla," en attribuant ces ouvrages à
des auteurs supposés, puis il fit revivre avec une ex-
actitude extraordinaire deux époques terribles de
l'histoire de France, dans "la Jacquerie" et la
"Chronique du règne de Charles IX." Son roman,
ou plutôt sa nouvelle la plus longue, est "Colomba,"
tableau dramatique des mœurs corses, et il n'y a rien
de plus exquis comme forme et de plus émouvant
comme récit que les quelques pages de "Mateo
Falcone" et de "l'Enlèvement de la Redoute."
Nous voyons cette même finesse d'observation dans
toutes les nouvelles de Mérimée, parmi lesquelles
nous devons citer "le Vase Étrusque," "Carmen,"
"Lokis" et "la Chambre Bleue." Il fut aussi historien, et dans "les Faux Démétrius" et dans "Don
Pèdre Ier" nous admirons un récit vrai et impartial.
Dans les "Lettres à une inconnue," Mérimée nous
fait voir son caractère, un peu sceptique et railleur,
mais capable aussi d'affection et de dévouement.

Mérimée.

Après Mme de Staël la femme auteur la plus célèbre

du XIXᵉ siècle est George Sand. Aurore Dupin naquit
en 1804 et épousa en 1822 le baron Dudevant. Elle le quitta en 1831 et mena à   **George
Sand.**
Paris la vie d'un étudiant du quartier
Latin, habillée en homme et camarade des artistes et
des écrivains du temps. Elle se lia avec Jules Sandeau
et ils écrivirent ensemble et publièrent, sous le nom de
Jules Sand, un roman, "Rose et Blanche," qui eut un
certain succès. Mᵐᵉ Dudevant écrivit ensuite "Indiana," et l'éditeur tenant au nom de Sand, il fut décidé
que le livre paraîtrait sous le nom de George Sand.
"Indiana" eut un grand succès, dû à un style passionné
et éloquent, mais nous ne pouvons partager le mépris
des héros du roman pour les lois de la société. George
Sand, elle-même, crut parfois pouvoir braver l'opinion
publique et agir selon sa fantaisie, mais ce ne fut pas
alors qu'elle fut heureuse. Elle obtint une séparation légale de son mari en 1836 et fixa sa résidence à
son château de Nohant en Berry. Elle mena alors
la vie d'une mère de famille digne et aimée. Elle
avait une imagination immense, et ne se représente
jamais dans ses livres telle qu'elle est. Elle avait
beaucoup de bon sens, était bonne, simple et modeste.
Après "Indiana," "Valentine" et "Lélia" eurent
aussi beaucoup de succès, et George Sand écrivit alors
dans la "Revue des Deux Mondes." Elle a produit
tant de romans qu'on ne peut les mentionner tous.
Citons, cependant, de la première manière, "Jacques,"
"Simon," "Mauprat" et "Consuelo." Ce dernier
ouvrage est dû à l'influence de Chopin et on y trouve
beaucoup de belles pages, mais tout est si mystique et
sombre qu'on comprend à peine que l'auteur a une
thèse à développer. Les thèses, les systèmes, voilà ce

qui gâte les romans de la deuxième manière, "le
Péché de M. Antoine," le "Meunier d'Angibault,"
etc., romans socialistes, dus à l'influence de Michel
(de Bourges), de Pierre Leroux, de Barbès. Ce sont
les romans de la troisième manière qui nous plaisent
le plus, ce sont ces charmantes idylles, "la Mare au
Diable," "la Petite Fadette," "François le Champi."
A partir de "François le Champi" (1850), George
Sand continua à produire des œuvres gracieuses et
aimables. C'est une quatrième manière, mais qui
tient à la troisième, ce sont des idylles, mais les scènes
ne sont pas toutes rustiques. Citons les "Maîtres
Sonneurs," "Valvèdre," "l'Homme de Neige," "Mademoiselle Merquem," "Jean de la Roche," "Mont-
Revêche," "les Beaux Messieurs de Bois-Doré," et
"le Marquis de Villemer." Elle fit jouer avec succès
plusieurs drames, tirés principalement de ses romans.
George Sand mourut à Nohant en 1876, et ses derniers
mots furent: "Ne touchez pas à la verdure."

Honoré de Balzac naquit à Tours en 1799 et mourut
en 1850. Il travailla avec la plus grande énergie et

Balzac. écrivit beaucoup de romans avant de
réussir à produire un bon ouvrage. "Le
Dernier Chouan" (1830) eut quelque succès et "la
Peau de Chagrin" (1831) le rendit célèbre. Il se consacra alors à un labeur incessant et produisait ces nombreux romans qu'il a réunis sous le titre de la "Comédie Humaine," œuvre immense, où l'on voit, en effet,
les hommes tels qu'ils sont dans la société. Balzac est
de l'école réaliste, c'est-à-dire que, par sa faculté d'observation extraordinaire, il voit les plus petits détails
de la vie humaine et les reproduit avec une force
étonnante. Nous devons regretter qu'il nous ait

présenté le vilain côté de l'humanité, et ses œuvres
produisent toutes une impression pénible.   Après
avoir lu "le Père Goriot" et "Eugénie Grandet" on
est hanté par la physionomie désolée du père martyr,
et par la dure figure du tonnelier avare.   Qu'on soit
réaliste, si cela veut dire être vrai, mais pourquoi ne
pas présenter aussi quelques scènes riantes de la vie?
Balzac n'écrit pas bien et il manque de goût, mais on
lira toujours "le Père Goriot," "Eugénie Grandet,"
"César Birotteau" et la "Cousine Bette"; ce sont
des types immortels comme ceux de Molière et de Le
Sage.

     Jules Sandeau, qui écrivit "Rose et Blanche" en
collaboration avec Mme Dudevant, a écrit des romans
qui rappellent la quatrième manière de **Sandeau et**
George Sand.   Ses œuvres sont sérieuses **autres ro-**
et pures et quelques-unes ont eu beaucoup **manciers**
de succès, "Mademoiselle de la Seiglière," **contempo-**
roman et drame, "le Docteur Herbeau," "Le Châ- **rains.**
teau de Penarvan" et "Sacs et Parchemins."   Charles
de Bernard imita Balzac dans le "Gerfaut," "la Peau
du Lion," "le Gentilhomme Campagnard."   Xavier
Saintine écrivit "Picciola," charmante histoire d'une
fleur et d'un prisonnier; Émile Souvestre se fit connaître par les "Derniers Bretons" et par un ouvrage
d'une lecture saine et attrayante, "Un Philosophe
sous les toits"; Eugène Sue voulut réformer la société
et publia des romans où l'horreur prédomine, "les Mystères de Paris" et le "Juif Errant"; Alphonse Karr
fut satirique et spirituel dans les "Guêpes" et dans
"Sous les Tilleuls"; Henri Murger a parfaitement
décrit la vie des étudiants à Paris dans "Scènes de la
vie de Bohême" et dans "le Pays Latin"; Edmond

About a écrit des romans très amusants, "Trente et quarante," "le Roi des Montagnes," "l'Homme à l'oreille cassée"; Émile Erckmann et Alexandre Chatrian ont produit en collaboration un grand nombre de romans sur des sujets historiques et patriotiques; Octave Feuillet a écrit "le Roman d'un jeune homme pauvre," très populaire aussi comme drame, "M. de Camors," "Julie de Trécœur," "la Morte" et beaucoup d'autres romans qui ont eu du succès; Victor Cherbuliez, André Theuriet, Mme Henri Gréville, Claretie, sont parmi les plus populaires des romanciers contemporains; Albert Delpit, Louisianais de naissance, se fit un nom à Paris comme romancier et comme dramaturge.

Gustave Flaubert (1820–1874) écrivit, comme Stendhal et comme Balzac, des romans où l'analyse des caractères est minutieuse. Il a une grande imagination et son style est excellent. "Madame Bovary," son chef-d'œuvre, est une œuvre originale et forte, mais elle est profondément immorale. "Salammbô," récit du temps d'Amilcar Barca, nous fatigue par d'innombrables descriptions et par des scènes horribles, et "la Tentation de Saint-Antoine" est un roman fantastique. L'école naturaliste actuelle prétend tirer son origine de "Madame Bovary." Elle compte quelques écrivains de talent, mais malheureusement ils sont trop souvent d'une brutalité, d'une crudité révoltante. Émile Zola (1840) est le chef des *naturalistes*. Il écrit avec grande vigueur, et l'on doit regretter sa tendance à l'immoralité, à la grossièreté. Son dernier roman publié en 1892, "la Débâcle," est une peinture saisissante de la démorali-

Flaubert.

Zola.

sation qu'entraîne la défaite et une leçon pour l'avenir. Les frères de Goncourt et Guy de Maupassant sont aussi de l'école de Zola.

Alphonse Daudet, né à Nîmes en 1840, se fit connaître par un volume de poésies, "les Amoureuses." Il écrivit ensuite de charmants contes, une bouffonnerie amusante et spirituelle, **Daudet.** "Tartarin de Tarascon," et plusieurs grands romans, parmi lesquels nous pouvons citer "Fromont jeune et Risler aîné," "Jack," "le Nabab," "les Rois en Exil," et "l'Immortel" où il fait une critique de l'Académie Française.

Paul Bourget est le romancier psychologiste par excellence, Ludovic Halévy est l'auteur de cette œuvre si gracieuse, "l'Abbé Constantin," et Pierre Loti (Julien Viaud) peint plutôt qu'il n'écrit; dans "le Mariage de **Bourget et Loti.** Loti," "Mon Frère Yves," "Pêcheur d'Islande," le style est d'un coloris extraordinaire. L'intrigue n'existe pour ainsi dire pas et l'auteur semble raconter ses propres aventures et ses propres sentiments.

Il nous a été impossible de citer tous les romanciers du xixᵉ siècle. Disons pour conclure qu'il est à désirer que le genre actuel du roman change; à part de trop rares exceptions les romanciers se plaisent à nous décrire des sentiments et des actions peu louables et qui ne peuvent réformer ni l'individu ni la société.

CHAPITRE IV

LA CRITIQUE, LA PHILOSOPHIE ET L'ÉLOQUENCE, ET L'HISTOIRE

On peut dire que Mme de Staël donna l'exemple de
la critique dans son livre, "De l'Allemagne," et après elle on compte beaucoup d'écrivains distingués qui s'occupèrent de
critique et d'histoire littéraire. Villemain (1790–
1867) se fit connaître par un " Éloge de Montaigne "
en 1812; il était déjà depuis deux ans professeur de
rhétorique au collège Charlemagne. Il fut ensuite
professeur à la Sorbonne et y enseigna la littérature
avec éloquence et savoir. Il inaugura la seule
manière scientifique d'étudier la littérature, la
comparaison entre eux des chefs-d'œuvre des différentes langues. On peut encore étudier avec
profit ses cours sur le moyen âge et le XVIIIe siècle.
Il fut ministre de l'instruction publique et pair de
France.

Saint-Marc Girardin et Nisard ont publié d'importants travaux sur la littérature française. Nisard
a le jugement sain, mais son amour pour
le XVIIe siècle le fait un peu négliger les
autres époques. A. de Pontmartin et Gustave
Planche furent aussi des critiques de talent; Jules
Janin, auteur d'un curieux roman, "l'Âne mort et la
femme guillotinée," et de " Barnave," roman historique, fut pendant quarante ans feuilloniste, c'est-à-
dire critique pour les journaux. Il n'eut pas, cependant, le talent de Sainte-Beuve. Celui-ci naquit en
1804 et mourut en 1869. Il écrivit d'abord des vers,

puis un roman, "Volupté," et eut peu de succès, mais il trouva sa voie dans la critique littéraire. Il semble avoir tout lu et tout approfondi et ses ouvrages sont un guide sûr et intéressant pour l'étude de presque toutes les littératures, mais surtout de la littérature française. Il raconte la vie de l'écrivain, décrit le milieu où il se trouve et parle de ses ouvrages avec l'autorité d'un maître. Il consacra vingt ans à une "Histoire de Port-Royal" et a fait revivre les Messieurs et les religieuses de la célèbre abbaye. Ses "Causeries du Lundi," ses "Portraits de Femmes," ses "Portraits Littéraires" forment toute une bibliothèque.

Parmi les contemporains les critiques les plus renommés sont Ferdinand Brunetière, Francisque Sarcey, Jules Lemaître et Émile Faguet. Ce dernier semble être celui dont le jugement est le plus sain. En parlant d'histoire littéraire, il faut mentionner Petit de Julleville, Paulin Paris, Paul Meyer, Léon Gautier et surtout Gaston Paris, dont les travaux sur la vieille langue française et la littérature du moyen âge ont fait faire d'immenses progrès à la philologie et à l'histoire littéraire. *Critiques contemporains.*

Parmi les critiques nous citerons Paul-Louis Courier, le savant helléniste, le traducteur de "Daphnis et Chloé" de Longus, le mordant pamphlétaire, dont la langue est si correcte et si énergique. *Courier.*

Il y eut deux grandes écoles de philosophie au XIX siècle, l'école catholique et l'école éclectique. Les chefs de la première furent de Bonald, Joseph de Maistre, Ballanche et Lamennais. *Philosophie et Éloquence.*

Lamennais (1782–1854) eut une étrange carrière.
Prêtre, il proclame d'abord que le pape est la base de
l'église et de la société et écrit un ouvrage
d'une éloquence entraînante, "Essai sur
l'indifférence en matière de religion." Il publie ensuite "les Paroles d'un Croyant," où il prend la
démocratie pour base de la société, et il finit par
s'éloigner entièrement de l'église catholique. Sa traduction de la "Divine Comédie" parut après sa mort.
C'était un homme d'un grand génie, mais apparem-
ment mal équilibré.

Lamennais.

L'école éclectique prend ce qu'il y a de meilleur
dans chaque système de philosophie. Les chefs de
cette école sont Royer-Collard, Jouffroy, et surtout
Cousin. Celui-ci fut, comme Villemain, un professeur éloquent et un écrivain de talent. Il s'occupa,
non seulement de philosophie, mais aussi d'histoire et
de littérature, et produisit de charmants ouvrages sur
la société française au XVIIᵉ siècle.

Parmi les philosophes citons aussi Auguste Comte,
fondateur de l'école positiviste, Janet, Jules Simon,
Caro, Littré, le savant lexicographe, et Renan, un des
maîtres de la prose française, dont les travaux sur
l'histoire d'Israël sont écrits avec une science et un
talent remarquables.

Le plus grand orateur de la chaire au XIXᵉ siècle
fut Lacordaire. On peut le comparer aux grands prédicateurs du siècle de Louis XIV. N'oublions pas l'abbé de Frayssinous, le P. de
Ravignan et l'évêque Dupanloup. Les orateurs politiques furent nombreux; les plus célèbres furent Ber-
ryer, le général Foy, Montalembert, Dufaure, Gam-
betta et Jules Favre.

Lacordaire.

Nous regrettons de ne pouvoir donner plus de
détails sur les philosophes et les orateurs; nous tâcherons de parler un peu plus longuement des historiens.

C'est au XIX° siècle que l'histoire devient une
science, qu'on étudie les documents, qu'on **Histoire.**
les soumet à une sévère critique, qu'on
s'occupe de la vie des peuples aussi bien que de la vie
des rois.

A la chute de Napoléon, sous un gouvernement
plus libéral, les historiens purent exprimer librement
leurs opinions et ne craignirent pas de dire toute la
vérité. Il y eut trois écoles historiques: l'école philosophique, qui donne les causes et les effets et émet un
jugement basé sur les faits, Augustin Thierry et Guizot en sont les principaux représentants; l'école fata-
liste, qui tient à la précédente, mais qui semble croire
que les hommes sont entraînés par les événements et
qu'ils en sont, pour ainsi dire, les victimes, Thiers et
Mignet en sont les chefs; enfin l'école descriptive qui
se contente de placer les faits devant le lecteur d'une
manière attrayante, mais qui s'abstient de tout com-
mentaire, de Barante en est le plus illustre représentant.

Amédée et Augustin Thierry naquirent à Blois et
furent tous deux des historiens célèbres; le premier
écrivit une grande "Histoire des Gau-
lois" et un magnifique "Tableau de **Thierry.**
l'Empire Romain," mais est loin d'avoir le génie de
son frère. Celui-ci, par ses "Lettres sur l'Histoire de
France," jeta les fondements de la science de l'histoire.
Il tâcha de faire voir les erreurs des historiens précédents et replaça l'histoire de France sur une base
solide. Il publia en 1825 son "Histoire de la Con-

quête de l'Angleterre par les Normands," œuvre éminemment intéressante et basée sur des documents
authentiques. Nous y voyons les Saxons et les Normands bien vivants, nous assistons en réalité à la
bataille de Senlac, nous voyons Guillaume et son
frère Eudes se précipiter sur Harold et ses deux
héroïques frères: le roi des Saxons frappe de sa
lourde hache, mais une flèche lui perce l'œil, il
tombe, il est enseveli sous un monceau de morts, et
c'est Édith au cou de Cygne, la femme aimée, qui
seule pourra reconnaître le corps du héros. Depuis
le temps d'Augustin Thierry la science historique a
fait de grands progrès, et les travaux de Freeman
peuvent être plus mathématiquement exacts que ceux
de son devancier, mais on ne trouve pas chez l'historien anglais la couleur et la force dramatique si remarquables chez l'historien français. C'est surtout
dans les " Récits Mérovingiens " (1840), que Thierry
déploie le talent de faire revivre une époque, et cet
ouvrage est d'autant plus remarquable que l'auteur
était aveugle quand il l'écrivit, ainsi que son " Histoire du Tiers État " (1853). Il mourut en 1856 à
l'âge de soixante et un ans.

François Guizot (1787–1874) est l'écrivain qui a le
mieux fait comprendre la philosophie de l'histoire.
Guizot. Né à Nîmes d'une famille protestante il
vint à Paris et fut bientôt professeur et
homme d'état. Il écrivit un livre intéressant sur
" Corneille et son Temps," mais il est connu surtout
pour ses grandes œuvres historiques. Il forma avec
Villemain et Cousin ce fameux triumvirat de professeurs qui attiraient une si grande foule à leurs cours.
La politique enleva Guizot pendant quelque temps à

l'enseignement et à l'étude de l'histoire. Il fut rival
de Thiers sous la monarchie de Juillet, chef des doc-
trinaires et premier ministre de Louis-Philippe pendant de longues années. Il avait beaucoup de dignité
comme orateur et comme homme public, mais ses
idées politiques ne furent pas assez libérales et
amenèrent la révolution de 1848. Sous l'Empire il
demeura principalement à son domaine de Val
Richer en Normandie et y écrivit de nombreux
ouvrages. Il laissa inachevée une "Histoire de
France racontée à mes petits enfants." Mlle de Meu-
lan, la première femme de Guizot, a écrit de charmants ouvrages d'éducation.

Les œuvres principales de Guizot sont: "Essai sur
l'histoire de France" (1823), "Histoire de la Révolution d'Angleterre" (1826–1854), "Histoire de la
Civilisation en Europe" (1828) et "Histoire de la Civilisation en France" (1829). Pour comprendre ces
deux derniers ouvrages de Guizot il faut connaître
auparavant les faits auxquels il fait allusion, car il
trace les grandes lignes de l'histoire et en étudie le
côté philosophique. Ses "Mémoires pour servir à
l'histoire de mon temps" (1858–1867) est un beau
livre écrit avec dignité et impartialité.

Raconter la vie d'Adolphe Thiers ce serait presque
raconter l'histoire de France, de 1830 à 1873. Nous
nous contenterons d'appeler l'attention
sur les principaux événements de la vie   Thiers.
de cet homme célèbre. Né à Marseille en 1797 il
alla chercher fortune à Paris en 1820 avec son ami
Mignet. Il se fit remarquer par son esprit fin et
sagace et devint un journaliste de talent. Il commença en 1823 la publication de son "Histoire de la

Révolution Française," terminée en 1827. Ce livre,
écrit avec éloquence, et où l'auteur essaie de rendre
justice aux hommes de la Révolution, eut un immense succès et rendit Thiers si populaire que
celui-ci acquit une grande influence politique. Il
fonda le "National" avec le célèbre publiciste Armand Carrel et Mignet, et ce journal contribua à
renverser Charles X. Sous Louis-Philippe, Thiers
fut ministre, mais sa politique énergique déplut au
roi et, à partir de 1840, Guizot fut au pouvoir.

Thiers se remit alors à ses études historiques et
publia "le Consulat et l'Empire," en vingt volumes,
ouvrage mieux écrit que "la Révolution," où l'épopée napoléonienne est racontée de la manière la plus
intéressante. On a accusé l'auteur de partialité pour
son héros, mais il nous a semblé, après une lecture
attentive de cet immense travail, que l'historien fait
bien ressortir les fautes de l'Empereur. Thiers revint à la politique après 1848 et fit opposition à
Louis-Napoléon. Il fut arrêté au Coup d'état, mais
rentra en France peu après et fut député sous l'Empire. Il fit acte de patriotisme en s'opposant à la
déclaration de guerre contre la Prusse en 1870, fut
le négociateur de la France après les désastres, sauva
Belfort, fut le premier président de la troisième république et le libérateur du territoire. Il fut renversé par une coalition royaliste en mai 1873 et
mourut en 1877. Peu d'hommes ont aussi bien
mérité de leur patrie qu'Adolphe Thiers.

Les œuvres de Mignet sont plus sèches que celles
de son ami, mais son "Histoire de la Révolution" est

Mignet. plus correcte et moins passionnée que
celle de Thiers. Il publia aussi d'im-

portants travaux sur Marie Stuart, François Ier et Charles-Quint.

On ne peut rien lire de plus intéressant que "l'Histoire des Ducs de Bourgogne" par de Barante.   L'auteur fait revivre et parler les hommes du temps de Philippe le Hardi, de Jean sans Peur, de Philippe le Bon et de Charles le Téméraire, mais ne nous dit pas ce qu'il pense de leurs actes et de leur caractère.   Ceci n'est pas la vraie méthode historique.

De Barante.

Aucun écrivain ne nous présente l'histoire sous d'aussi vives couleurs que Jules Michelet (1798–1874). C'est un vrai poète et ses œuvres ont un éclat et une force incomparables.   Le coup d'œil qu'il jette sur la France, sur sa géographie, sur sa topographie, dans le premier chapitre de son "Histoire de France," est réellement grandiose, et l'on se sent inspiré en pensant aux grandes choses que l'auteur va nous raconter.   Le chapitre sur Jeanne Darc est sublime et tout l'ouvrage est entraînant.   Trop souvent, cependant, Michelet est plus poète qu'historien et fait appel à son imagination plutôt qu'aux documents.   Il a écrit de nombreux ouvrages et dans tous se voit le poète et le grand écrivain, surtout dans "l'Oiseau," "l'Insecte," "l'Amour," "la Femme," "la Mer," "la Montagne."

Michelet.

Henri Martin (1810–1884) est aussi l'auteur d'une grande "Histoire de France," mais ses idées républicaines le font juger avec peut-être trop de sévérité la France monarchique.

Historiens divers.

Mentionnons encore parmi les historiens éminents : Michaud, "Histoire des Croisades"; de Tocqueville, la " Démocratie en Amérique " et l' "Ancien Régime et la Révolution"; Louis Blanc, "Histoire de la Révolution "; Lanfrey, " Histoire de Napoléon "; Quinet, " Fondation de la République des Province-Unies "; Victor Duruy, " Histoire Romaine."

Taine, célèbre comme critique par son " Histoire de la Littérature Anglaise," est aussi l'auteur des " Origines de la France Contemporaine." Le duc de Broglie, le duc d'Aumale, M. Rambaud, M. Lavisse sont au nombre des historiens contemporains les plus célèbres.

Après l'école des Parnassiens il y eut les Symbolistes, dont Paul Verlaine fut le chef, et dont les **L'Heure** principaux représentants sont à présent **Présente.** Henri de Régnier, F. Viélé-Griffin, Stuart-Merrill, Jean Moréas et Emile Verhaeren ; les quatre derniers nés à l'étranger.

Anatole France a écrit sous le titre d'*histoire contemporaine* trois ouvrages de fine observation des hommes et des choses, "l'Orme du Mail," " le Mannequin d'Osier," "l'Anneau d'Améthyste"; Paul Hervieu a écrit "l'Armature"; Maurice Barrès, "les Déracinés"; Edouard Rod, " Michel Teissier," "les Roches Blanches"; Paul et Victor Margueritte, "le Désastre," " les Tronçons du Glaive," " les Braves Gens," puissante trilogie dont le sujet est la guerre de 1870.

A l'heure présente la France possède parmi ses historiens distingués, Albert Sorel, "l'Europe et la Révolution Française "; Gabriel Hanotaux, "Histoire de Richelieu"; Albert Vandal, "Napoléon et Alexandre"; Henri Houssaye, "1815," " Waterloo "; G. Monod, et A. Luchaire.

Parmi les dramaturges nommons Paul Hervieu,
"les Tenailles"; Eugène Brieux, "les Trois Filles de
M. Dupont"; Henri Lavedan, "le Prince d'Aurec";
Maurice Donnay, "Amants"; François de Curel,
"les Fossiles."

La plus grande gloire littéraire de la France à
l'heure actuelle est celle d'Edmond Rostand, le brillant auteur de "Cyrano de Bergerac" (1897) et de
"l'Aiglon" (1900).   Cyrano nous rappelle "le Cid,"
"Hernani" et l'Hôtel de Rambouillet.   L'œuvre de
Rostand est pleine de fraîcheur, de poésie, d'esprit, et
elle est parfois forte et pathétique.

Avec cette rapide esquisse de la littérature du xix*
siècle nous terminerons cette histoire de la littérature

Conclusion. française.   Nous avons tâché de présenter le tableau des œuvres littéraires
d'un grand peuple, et nous avons cité bien des noms
illustres depuis le moyen âge jusqu'à nos jours.
Qu'on lise les chefs-d'œuvre dont nous avons parlé
et on y trouvera de nobles sentiments exprimés dans
une langue harmonieuse et claire.

Aucune littérature n'est plus féconde, plus sublime,
que celle de ce grand pays qui s'appela la Gaule de
Vercingétorix et qui est maintenant la France républicaine.

INDEX ALPHABÉTIQUE

DES NOMS D'AUTEURS CITÉS DANS CET OUVRAGE

CPSIA information can be obtained at www.ICGtesting.com
Printed in the USA
BVOW03s1220181213

339493BV00016B/302/A